Elke Goez

Papsttum und Kaisertum im Mittelalter

Geschichte kompakt

Herausgegeben von
Kai Brodersen, Martin Kintzinger, Uwe Puschner

Herausgeber für den Bereich *Mittelalter*:
Martin Kintzinger

Berater für den Bereich *Mittelalter*:
Heribert Müller, Bernd Schneidmüller, Stefan Weinfurter

Elke Goez

Papsttum und Kaisertum im Mittelalter

In Liebe für Friedwart

Die Deutsche Nationalbibliothek verzeichnet diese Publikation
in der Deutschen Nationalbibliografie;
detaillierte bibliografische Daten sind im Internet über
http://dnb.d-nb.de abrufbar.

Die Herausgabe des Werkes wurde durch
die Vereinsmitglieder der WBG ermöglicht.
Redaktion: Daphne Schadewaldt, Wiesbaden
Einbandgestaltung: schreiberVIS, Seeheim
Satz: Lichtsatz Michael Glaese GmbH, Hemsbach
Gedruckt auf säurefreiem und alterungsbeständigem Papier
Printed in Germany

Besuchen Sie uns im Internet: www.wbg-wissenverbindet.de

ISBN 978-3-534-19694-4

Inhaltsverzeichnis

Geschichte kompakt

In der Geschichte, wie auch sonst,
dürfen Ursachen nicht postuliert werden,
man muss sie suchen. (Marc Bloch)

Das Interesse an Geschichte wächst in der Gesellschaft unserer Zeit. Historische Themen in Literatur, Ausstellungen und Filmen finden breiten Zuspruch. Immer mehr junge Menschen entschließen sich zu einem Studium der Geschichte, und auch für Erfahrene bietet die Begegnung mit der Geschichte stets vielfältige, neue Anreize. Die Fülle dessen, was wir über die Vergangenheit wissen, wächst allerdings ebenfalls: Neue Entdeckungen kommen hinzu, veränderte Fragestellungen führen zu neuen Interpretationen bereits bekannter Sachverhalte. Geschichte wird heute nicht mehr nur als Ereignisfolge verstanden, Herrschaft und Politik stehen nicht mehr allein im Mittelpunkt, und die Konzentration auf eine Nationalgeschichte ist zugunsten offenerer, vergleichender Perspektiven überwunden.

Interessierte, Lehrende und Lernende fragen deshalb nach verlässlicher Information, die komplexe und komplizierte Inhalte konzentriert, übersichtlich konzipiert und gut lesbar darstellt. Die Bände der Reihe „Geschichte kompakt" bieten solche Information. Sie stellen Ereignisse und Zusammenhänge der historischen Epochen der Antike, des Mittelalters, der Neuzeit und der Globalgeschichte verständlich und auf dem Kenntnisstand der heutigen Forschung vor. Hauptthemen des universitären Studiums wie der schulischen Oberstufen und zentrale Themenfelder der Wissenschaft zur deutschen und europäischen Geschichte werden in Einzelbänden erschlossen. Beigefügte Erläuterungen, Register sowie Literatur- und Quellenangaben zum Weiterlesen ergänzen den Text. Die Lektüre eines Bandes erlaubt, sich mit dem behandelten Gegenstand umfassend vertraut zu machen. „Geschichte kompakt" ist daher ebenso für eine erste Begegnung mit dem Thema wie für eine Prüfungsvorbereitung geeignet, als Arbeitsgrundlage für Lehrende und Studierende ebenso wie als anregende Lektüre für historisch Interessierte.

Die Autorinnen und Autoren sind in Forschung und Lehre erfahrene Wissenschaftlerinnen und Wissenschaftler. Jeder Band ist, trotz der allen gemeinsamen Absicht, ein abgeschlossenes, eigenständiges Werk. Die Reihe „Geschichte kompakt" soll durch ihre Einzelbände insgesamt den heutigen Wissenstand zur deutschen und europäischen Geschichte repräsentieren. Sie ist in der thematischen Akzentuierung wie in der Anzahl der Bände nicht festgelegt und wird künftig um weitere Themen der aktuellen historischen Arbeit erweitert werden.

Kai Brodersen
Martin Kintzinger
Uwe Puschner

Papst und Kaiser – ideologisches Begriffspaar oder realer Gegensatz?

Überblickt man die gesamte Spanne des Mittelalters, so waren Kaisertum und Papsttum über lange Zeit geradezu untrennbar und unentwirrbar miteinander verflochten. Dem frühen und hohen Mittelalter galt das friedliche Miteinander der Universalgewalten als selbstverständliche Umsetzung der gottgewollten Ordnung, wobei dem Kaiser als der Schutzmacht des Papsttums zumeist eine schwergewichtigere Position zugebilligt wurde. Allerdings bemühten sich die Nachfolger Petri schon seit den Tagen Gelasius I. um eine gleichberechtigte Stellung.

Die Emanzipation der beiden Universalgewalten voneinander und die ideologische sowie theoretische Ausformung ihrer jeweils eigenen Positionen musste notwendigerweise zu Konflikten führen, die das relativ harmonische Miteinander früherer Jahrhunderte vor allem im sogenannten Investiturstreit, in der späten Stauferzeit sowie während der Herrschaft Ludwigs des Bayern fast völlig in Vergessenheit geraten ließen. Zudem schwächte die lange kaiserlose Zeit nach dem Tod Friedrichs II. (1250) die imperiale Stellung, ohne dass die Kaiserideologie und die Bedeutung des Imperiums im Denken der Zeitgenossen zur vernachlässigbaren Marginalie herabgesunken wären. Vielmehr führte die extreme Übersteigerung papaler Ansprüche vor allem durch Bonifaz VIII., aber auch durch Urban VI. letztlich zum Niedergang des universalen Herrschaftsansatzes des Papsttums, das am Ende des Mittelalters die *plenitudo potestatis* im Umfang der Nachfolger Petri des späten 13. und noch des frühen 14. Jahrhunderts verloren hatte.

Trotz der zahlreichen und teilweise mit extremer Erbitterung geführten Kämpfe zwischen Kaisern und Päpsten hatte es keine ernsthaften und konsequent umgesetzten Pläne gegeben, das Kaisertum von den deutschen Königen auf andere europäische Herrscher zu übertragen; ebenso wenig wurde der grundsätzliche Anspruch des Papstes, den Kaiser zu krönen, auf Dauer bestritten, auch wenn es zu Beginn des Kaisertums im Westen sowie zu Zeiten Ludwigs des Bayern Kaiserkrönungen durch die Hand nichtgeistlicher Koronatoren gegeben hat. Seit der Kaiserkrönung Ottos I. 962 entwickelte sich ein Anspruch des deutschen Königs auf die Kaiserwürde, der seinen Niederschlag im Königstitel *rex Romanorum* fand, der seit dem 11. Jahrhundert üblich wurde. Diese Entwicklung klar erkennend, forderte der große Jurist Innocenz III. ein grundsätzliches Prüfungsrecht der deutschen Königswahl, prädestiniere diese doch zum Kaisertum, das nur der Papst durch Salbung und Krönung vergeben könne. Nach einer langen Zeit der Auseinanderentwicklung sollte so ein neues Band der Abhängigkeit geknüpft werden, das dem Papsttum ein entscheidendes Mitspracherecht in der deutschen Königswahl gesichert hätte. Allerdings gelang es trotz zahlreicher Versuche nicht, das Approbationsrecht durchzusetzen; in der Goldenen Bulle von 1356 wird das Papsttum nicht mehr erwähnt.

Trotz der Auseinanderentwicklung der Universalgewalten konnten sich die theoretischen Grundüberlegungen zur kaiserlichen Herrschaft niemals wirklich aus der Gegenüberstellung zum Papsttum lösen, weder institutionell noch begrifflich. *Regnum* und *sacerdotium* gewannen vor allem in der Kontraposition zueinander ein gesteigertes Empfinden für die eigene Wertigkeit und blieben, wenn auch nicht immer harmonisch, bis zum Ende des Mittelalters trotz aller Lockerungen, Kämpfe und Konflikte miteinander verbunden.

I. Die Frühzeit

311 Kaiserliches Toleranzedikt von Nikomedia
313 Kaiserliches Toleranzedikt von Mailand
314 1. aus dem gesamten konstantinischen Machtbereich beschicktes Reichskonzil in Arles
324 Beginn des Ausbaus von Konstantinopel
325 Konzil von Nicäa
381 Konzil von Konstantinopel
397 Tod des Ambrosius von Mailand
430 Tod des Augustinus
431 Konzil von Ephesos
440 Pontifikatsbeginn Leos I. († 461)
451 Konzil von Chalkedon
476 Ende des Kaisertums im Westen
494 Gelasianische Zweigewaltenlehre
568 Langobarden erobern Oberitalien
590 Pontifikatsbeginn Papst Gregors I. († 604)

1. Die Nachfolger Petri: Apostolische Sukzession in der Zeit der Verfolgung

Stellung des Bischofs von Rom

Die herausragende Stellung des Bischofs von Rom beruht auf der Überzeugung, er sei der Nachfolger Petri, dem Christus selbst die Leitung seiner Kirche übertragen habe (Matth. 16,18). Allerdings lässt sich diese enge Verknüpfung Petri mit der römischen Gemeinde erst seit der Mitte des 3. Jahrhunderts nachweisen, während aus der Zeit davor kaum Zeugnisse für das Leben und Wirken des Apostelfürsten vorliegen. Tatsächlich gibt es im 1. Jahrhundert keine Anzeichen dafür, dass die Gemeinde in Rom bereits einen klar definierten Leiter gehabt hätte. Grabungsfunde unter St. Peter belegen jedoch, dass man seit der Mitte des 2. Jahrhunderts nicht nur an die Tätigkeit der Apostel Petrus und Paulus in der Ewigen Stadt glaubte, sondern auch das angebliche Grab Petri verehrte. Die apokryphen Skizzen des legendenhaft ausgestalteten Wirkens und Sterbens Petri in Rom entstanden im 3. Jahrhundert, allerdings nicht am Tiber, sondern in Vorderasien. Sie wurden zunächst auch nicht von römischen, sondern von auswärtigen Kreisen zur Legitimation Petri als Apostelfürst und zum Beweis des Vorrangs des römischen Bischofs in der Christenheit verwendet.

Abgesehen von der ersten Verfolgung unter Nero sowie dem zweifelhaften Edikt Domitians blieben die Christen von den Kaisern im 1. Jahrhundert unbehelligt. Erst Trajan (98–117) beschäftigte sich ernsthaft mit ihnen. In einem Spezialreskript an Plinius verbot er die willkürliche Verfolgung und die seit Domitian übliche Praxis anonymer Anzeigen. Christen durften nur verfolgt werden, wenn sie formell angeklagt wurden. Legten sie aber im Gericht ihren Glauben ab und huldigten dem Kaiserkult, blieben sie straffrei, andernfalls drohte ihnen der Tod. Um diesen erträglichen Zustand nicht zu gefährden, vermied es die christliche Gemeinde, die Kaiser zu provozieren. Auch wenn die zahlreichen *lapsi* (im Gericht vom Glauben Abgefallene) ein Problem darstellten, gewann die Gemeinde bis zur Mitte des 3. Jahrhunderts klare Verwaltungsstrukturen, eigene Friedhöfe und wohl auch schon feste Gottesdienstplätze. Seither feierte man das Fest Peter und Paul und begann, die Amtszeit sowie das Todesdatum der römischen Bischöfe aufzuzeichnen. Zudem gedachte man einiger Oberhirten aus besonders krisengeschüttelten Zeiten; die Verehrung der vermeintlich unmittelbaren Nachfolger Petri Linus, Cletus und Clemens ist jedoch nicht vor dem 6./7. Jahrhundert nachweisbar.

Christenverfolgung des Kaisers Decius

Empfindlich gestört wurde die kontinuierliche Entwicklung durch die erste reichsweite Christenverfolgung unter Kaiser Decius (249–251), der im Zuge eines umfassenden Restaurationsprogramms auch den Kaiserkult zur Stärkung der Reichseinheit intensivieren wollte. Der Streit um den Umgang mit den sehr zahlreichen, in Todesangst vom Glauben Abgefallenen rief ein Schisma zwischen dem rigoristischen Presbyter Novatian und dem großzügigeren Pragmatiker Cornelius hervor, der sich letztlich durchsetzen konnte. Als Kaiser Valerian 257 und 258 die Verfolgungen noch verstärkte, die kirchlichen Güter einzog und ein Versammlungsverbot für Christen erließ, stieg die Zahl der Märtyrer erheblich. Unter ihnen befanden sich auch der damalige römische Bischof Sixtus II. sowie sein gesamter persönlicher Umkreis, zu dem auch der Archidiakon und spätere Erzmärtyrer Laurentius gehörte. Die vom Kaiser gewünschte Vernichtung des christlichen Gemeindelebens misslang und nach der Restitution des Kirchenbesitzes unter Gallienus (260) stabilisierte sich die römische Gemeinde. Auch die letzten großen, 302 beginnenden und um 308 abflauenden Verfolgungen durch Diokletian und Galerius scheiterten, obwohl selbst Bischof Marcellinus für kurze Zeit dem Glauben abschwor und die extreme Strenge seiner beiden Nachfolger Marcellus und Eusebius zu Unruhen unter den Christen in Rom führte. Die römische Gemeinde war bereits eine stabile Größe, bevor die kaiserlichen Toleranzedikte von Nikomedia 311 und Mailand 313 die christliche Glaubensausübung legalisierten.

2. Ausbildung des Primatsanspruchs des Papstes in Rom

Während zur Zeit des Paulus ohne jeden Zweifel Jerusalem den wichtigsten Vorort der Christenheit darstellte, stieg nach dessen Zerstörung Rom auf, das Zentrum des Kaiserreiches. Der römischen Gemeinde kam daher eine besondere Bedeutung zu, ohne dass sie bereits Antiochia, Alexandria oder Karthago eindeutig überstrahlt hätte. An eine klare Führungsposition Roms war noch nicht zu denken.

Ausbildung des römischen Vorrangs

Einen besonders wichtigen Baustein auf dem Weg zur Herausbildung des römischen Vorrangs sowie des päpstlichen Primats bildete die Idee der apostolischen Sukzession. In der Frühzeit des 3. Jahrhunderts bedeutete dies allerdings noch nicht, dass alle römischen Bischöfe in bruchloser Folge Nachfolger Petri gewesen wären, sondern betonte lediglich die Tradition Roms bis in apostolische Zeit, wobei noch immer Petrus und Paulus als die für Rom entscheidenden Apostel galten. Je mehr sich die Lehre von der apostolischen Sukzession verfestigte, desto stärker traten die Begriffe *cathedra* und *sedes apostolica* in den Vordergrund, die zunächst jedoch nur hervorhoben, dass der Inhaber einer bestimmten *cathedra* in einer damit verbundenen Lehrtradition stand. Ab etwa 250 verknüpft sich der *cathedra*-Begriff zunehmend mit Petrus, vor allem aus nichtrömischer Sicht, beispielsweise in den Briefen des Bischofs Cyprian von Karthago. Dieser stützte seine These vom Vorrang Roms durch das berühmte Christuswort aus dem Matthäus-Evangelium: „Du bist Petrus der Fels, und auf diesen Felsen will ich meine Kirche bauen" (Matth. 16,18). Begründete Cyprian damit noch kein alleiniges Vorrecht der Ewigen Stadt und ihres Bischofs, so schuf er doch die Grundlagen für den sich langsam herauskristallisierenden Primatsanspruch des Papstes.

Haltung Kaiser Konstantins zum Christentum

Konstantin der Große stellte den Bischöfen von Rom keine Hindernisse in den Weg. Seine Toleranz gegenüber dem Christentum basierte auf nüchternem politischen Kalkül. Er wollte die bereits sehr weit verbreitete und gut strukturierte Kirche als Klammer für sein gesamtes Reich instrumentalisieren und sie auf diese Weise als Baustein seiner Reichseinheitsidee nutzen. Eher unfreiwillig trug er zur Aufwertung des entstehenden Papsttums bei, als er 324 mit dem Ausbau Konstantinopels zum neuen Rom und zur neuen Hauptresidenz begann. Damit läutete er den Niedergang der alten Kapitale und deren politischen Einflusses ein; zugleich entstand durch die Herrscherferne am Tiber ein Vakuum, das die römischen Oberhirten auszufüllen trachteten. Sie intensivierten die Christianisierung, was keineswegs überall friedlich vonstatten ging; vielmehr benötigten die römischen Oberhirten hierbei die massive Unterstützung des Kaisertums. Gleichzeitig begünstigte das sich entwickelnde Papsttum im engsten Schulterschluss mit Konstantin und anderen Mitgliedern der kaiserlichen Familie die Errichtung repräsentativer Kultbauten (beispielsweise S. Croce in Gerusalemme, S. Agnese, S. Lorenzo, S. Peter, S. Sebastiano), die sich aus einfachen Zömeterien langsam zu Kirchen entwickelten, und erwarb sich große Verdienste im karitativen Bereich, nachdem die kaiserliche Fürsorge für die Bevölkerung weitgehend ausgefallen war.

Allerdings war der im Laterankomplex außerhalb des alten Siedlungsgebietes residierende Papst keineswegs unabhängig vom Kaiser. Vielmehr blieb er lange Zeit von den großzügigen Schenkungen des Imperators und der kaiserlichen Familie abhängig. Unter den herrscherlichen Privilegien waren vor allem die vielfältigen Abgabenbefreiungen für kirchliche Besitzungen sowie die Herauslösung des Klerus aus der staatlichen Gerichtsbarkeit von nachhaltiger Wichtigkeit. Aber Konstantin handelte vorwiegend aus politischen Gründen. Sein Ziel war die Einheit der Kirche; Abspaltungen und Sonderentwicklungen sollten unter Verweis auf das Ideal der Stabilität des Reiches unterbunden werden. Wie der Donatistenstreit deutlich macht, scheute sich der Kaiser nicht, in innerkirchliche Fragen einzugreifen. Das erste aus dem gesamten konstantinischen Machtbereich beschickte Reichskonzil im Jahr 314 in Arles offenbarte die Gefahren, welche das kaiserliche

Engagement für die Autonomie der Kirche barg, denn niemand wagte ernsthaft Konstantin Widerstand entgegenzusetzen, zumal er die katholische Linie unterstützte. Der neue römische Bischof, Silvester I., reiste nicht nach Arles, da es seinem gerade entstehenden Amtsverständnis abträglich gewesen wäre, an einer Synode teilzunehmen, die nicht von ihm selbst einberufen worden war. Seine kluge Entschuldigung, er könne Rom nicht verlassen, wo die Apostel ständig residierten und durch ihr Blut Zeugnis ablegten, verhinderte einen Bruch mit Konstantin.

Einen ernsten Konflikt mit dem Imperator hätten sich die Bischöfe von Rom nicht leisten können, auch wenn die Petrusverehrung seit dem 4. Jahrhundert immer stärker wurde und der Petruskult alle anderen Kulte in der Ewigen Stadt in den Schatten stellte. Besonders wichtig wurde neben dem Todestag des Apostelfürsten (29. Juni) das Fest Cathedra Petri (22. Februar), das auf den alten Totengedenktag gelegt wurde und Petrus – zumindest in der Auffassung der römischen Bischöfe – zum Begründer der römischen Gemeinde werden ließ. Parallel dazu finden sich immer häufiger ikonographische Vergleiche Petri mit Moses, wobei die Übergabe der Gesetze (*traditio legis*) mit der Übergabe der Schlüssel (*traditio clavis*) in einem Bildzusammenhang gebracht wurde.

Vorbildfunktion der römischen Gemeinde

Als im Jahr 380 die westlichen Kaiser Gratian und Valentinian II. anerkannten, dass die römische Gemeinde in Glaubensfragen allen anderen Gemeinden als Vorbild dienen sollte, und dies vom Kaiser des Ostreiches Theodosius bestätigt wurde, stärkte dies die Position des römischen Bischofs immens. Unabdingbar für die Untermauerung der Ansprüche der Bischöfe von Rom war aber ihre ununterbrochene Sukzession in der Nachfolge Petri. Zur Absicherung der Sukzession wurden mehrere Faktoren bedeutend. Zum einen die Bischofsgrablege im Calixtus-Zömeterium, die seit der Mitte des 3. Jahrhunderts bestand und von Damasus ausgeschmückt wurde. Zum anderen eine Bischofsliste von Rom, welche ganz genaue, wenn auch fiktive Amtszeiten der römischen Oberhirten nennt. Als erster Bischof wird Petrus angeführt, der seit dem Tod Christi amtiert haben soll. Hinzu kamen die sogenannten Pseudo-Klementinen – ein legendenhafter Lebensbericht Clemens' I. mit romanartigen Zügen – die gegen Ende des 4. Jahrhunderts durch Rufinus von Aquileja ins Lateinische übertragen wurden. Darin ist zu lesen, wie Petrus angeblich die Binde- und Lösegewalt auf seinen Nachfolger Clemens übertragen hat. Da man den Brief für echt hielt, konnte man ihm leicht entnehmen, dass die Übertragung nicht nur von Petrus auf Clemens, sondern auch auf alle weiteren Nachfolger Petri erfolgte. Diese einzelnen Komponenten mündeten in die Lehre von der *sedes apostolica*, aus der hervorgeht, dass alle römischen Bischöfe Nachfolger Petri sind und als solche im Vollbesitz dessen gesamter Amtsvollmacht. Diese sei nicht Petrus allein übertragen worden, sondern sei transpersonal zu verstehen und stamme unmittelbar von Gott.

Zudem profitierte die sich immer stärker ausformende Primatsidee des römischen Bischofs von der sukzessiven Aufwertung des Paulus, der seit dem ausgehenden 4. Jahrhundert neben Petrus trat. Dank kaiserlicher Munifizenz konnte über seinem Grab eine gewaltige Kirche gebaut werden, gleichsam ein Parallelstück zu St. Peter. Seit dieser Zeit häufen sich Darstellungen der beiden Apostel nebeneinander, beispielsweise in den Böden der

Goldgrund-Gläser oder in großen Mosaiken wie in S. Pudenziana. Im Verständnis der Zeit wurden nach und nach beide Apostel zu „Ahnen des römischen Bischofs" (Bernhard Schimmelpfennig), der von Petrus die Binde- und Lösegewalt, von Paulus aber die Lehrgewalt erhalten habe. Niemals jedoch wurde in Frage gestellt, dass Petrus der Wichtigere von beiden war, um der Primatsidee des römischen Pontifex nicht zu schaden.

3. Das werdende römische Papsttum, Ambrosius von Mailand und Augustinus

So linear und zielgerichtet die Entwicklung der Vorrangstellung des Nachfolgers Petri aus der Rückschau auch erscheinen mag, war die Präsenz und Geltungshoheit der Päpste in der Frühzeit doch noch außerordentlich gering und stand in keinem Verhältnis zu ihrem theoretischen Anspruch. Manche grundlegenden Weichenstellungen wurden auch gar nicht in Rom, sondern außerhalb der Ewigen Stadt getätigt. Zu nennen wären hier nur zwei Männer, deren Wirkmächtigkeit sich über das gesamte Mittelalter hindurch erstreckte und die zu den vier wichtigsten Kirchenlehrern gehörten: Ambrosius von Mailand und Augustinus.

Ambrosius von Mailand

Obwohl die Nachfolger des Kaisers Konstantin den Titel *pontifex maximus* ablegten, da er einen allzu heidnischen Beiklang besaß, führten sie dessen Kirchenpolitik fort. Um die geistige und politische Einheit des Staates zu sichern, beriefen sie die vier bedeutenden Konzilien von Nicäa (325), Konstantinopel (381), Ephesos (431) und Chalkedon (451) ein, welche die grundlegenden Glaubenssätze für katholische und orthodoxe Christen bis zum heutigen Tage festlegten. Dem römischen Bischof fehlte in dieser Zeit noch die Anerkennung als zentrale Leitungsmacht der Gesamtkirche und außer dem Kaiser hätte niemand sonst solche Konzilien einberufen können. Aber die enge Verstrickung des Staates mit der Kirche barg auch die Gefahr zunehmender Abhängigkeit. Bei strittigen Bischofswahlen griff selbstverständlich der Kaiser ein und er galt auch als höchste Gerichtsinstanz für alle rechtlichen Streitfälle, in welche der römische Oberhirte verstrickt war. Kritik an dieser engen Vernetzung und eine daraus entstehende Neudefinition des gegenseitigen Verhältnisses erfolgte, aber, wie gesagt, nicht in Rom, sondern in der Peripherie. Bischof Ambrosius von Mailand (374–397) wehrte sich standhaft gegen die Versuche der Kaiserin Justina, in Italien dem Arianismus größere Bedeutung zu verschaffen, und verweigerte ihr die Übergabe einer Kirche an die Arianer. Aus dem gut zweijährigen Ringen ging der Bischof letztendlich als Sieger hervor, nachdem seine Verbannung am Widerstand des Volkes gescheitert war. Nach seinem Verständnis durften sich die staatlichen Organe nicht in kirchliche Angelegenheiten einmischen, was in letzter Konsequenz auch für den Kaiser selbst galt. Als Christ sollte dieser vielmehr den Bischöfen folgen. Mit diesem Argument nötigte Ambrosius sogar Kaiser Theodosius zu einer förmlichen Kirchenbuße, nachdem dieser einen Aufstand in Thessalonike in Blut erstickt hatte. Zudem bemühte sich Ambrosius um die Austilgung heidnischer Spuren, die sich bislang in Rom durch die Toleranz der Kaiser, vor allem seit Julian, hatten behaupten können. So verhinderte er die Rückkehr der Statue der Göttin Victoria in den Sitzungssaal des römischen Senats und bewog Kaiser Gratian zur Einstellung seiner Unterstützung für den römischen Kult. Seine rigoristische Vorgehensweise hatte Ambrosius zu großem Ansehen verholfen und begründete den Sonderrang des Metropoliten von Mailand, dessen Einfluss in Südgallien und Illyrien zeitweilig bedeutend größer war als derjenige des römischen Oberhirten.

Augustinus

Von entscheidender Bedeutung für die weitere Entwicklung wurden die theoretischen Überlegungen des Augustinus (354–430) in seiner Schrift *De civitate Dei*. Für das Verhältnis von Papsttum und Kaisertum erlangten vor allem seine Ansichten über das Wesen weltlicher Herrschaft großen Einfluss. Für Augustinus war rein weltliche Herrschaft grundsätzlich geprägt von Selbstsucht, Gewinnstreben und allen Lastern der *civitas terrena*, deren Bewohner nach dem Sündenfall zwar nicht ganz aus der Heilsgeschichte ausschieden, aber gleichsam eine sündhafte Gegenwelt darstellten. Sie unterstanden weiterhin der göttlichen Gewalt, die sie beispielsweise durch die Einsetzung besonders grausamer Tyrannen bestrafte. So gesehen könnte man die weltliche Herrschaft als Ausgeburt der Sünde verstehen. Die Mächtigen waren aber keine höllischen Sendboten, sondern ein Teil der von Gott vorgegebenen Ordnung, um die Menschen nicht ins völlige Chaos stürzen zu lassen. Rettung vor der Verdammnis zum ewigen Tod gab es nur, wenn sich die weltlichen Machthaber in ihrer Lebens- und Regierungsführung an die Leitmaxime der *civitas Dei* nach Kräften annäherten, wobei ihnen allein die Kirche und ihre Würdenträger helfen konnten. Gerade die Ideen Augustins zu Herkunft und Charakter weltlicher Herrschaft fanden rasch Verbreitung, beispielsweise bei Papst Leo I. (440–461).

4. Der Stellvertreter Petri: Leo I., der Große

Papst Leo I.

Obwohl die päpstliche Doktrin bereits vor Leo I. zur Ausformung gelangte, erreichte sie doch unter ihm, der als einer von nur zwei Päpsten der Geschichte den Beinamen „der Große“ führt, einen unbestreitbaren Höhepunkt. Zum einen sind wir durch ein reiches Brief- und Predigtcorpus vergleichsweise gut über sein papales Wirken informiert, zum anderen begünstigte der stark beschleunigte Niedergang des schwach gewordenen Kaisertums im Westen den Aufstieg des Papsttums zu politischer Bedeutsamkeit. 449 regte Leo I. Valentinian III. maßgeblich zu einem Kaiserreskript zur Manichäerverfolgung an und instrumentalisierte damit die staatliche Verwaltung für seine eigenen kirchlichen Ziele. Seine Autorität wuchs enorm, als es ihm und eben nicht dem zaudernden, ängstlichen Kaiser gelang, 452 Attila und seine Hunnen bei Mantua zum Abzug zu bewegen und 455 bei Geiserich die Schonung der römischen Bevölkerung zu erwirken.

Untrennbar ist sein Name aber mit grundlegenden Äußerungen zum Primat des römischen Bischofs verbunden, der gegenüber dem Kaiser, aber auch gegenüber den Teilkirchen des Ostens seine Gesamtverantwortung, seine dogmatische Urteilsgewalt und sein Richteramt hervorhob. In einem längeren Lehrschreiben legte Leo I. seine Sicht im Monophysitismus-Streit dar, indem er die Lehre von der doppelten Konsubstantialität der einen Person entfaltete. Das Schreiben wurde zwar auf der Synode von Ephesos (449) unterdrückt, weshalb Leo I. bald von der Räubersynode sprach, aber das Bild des hartnäckig widersprechenden Papstes blieb bestehen. Darauf sich beziehend unternahm der Nachfolger des Kaisers Theodosios II. (408–450), Markian (450–457), einen neuen Einigungsversuch auf dem Konzil von Chalkedon. Dort wurden auf der Grundlage der von Leo I. formulierten Thesen die Glaubensdefinitionen festgeschrieben, die im Westen fortan als unverrückbar galten.

Die Gedankengänge des Augustinus aufgreifend, bewog Leo I. im Jahr 445 Kaiser Valentinian III. (419–455) zu einer grundsätzlichen Sanktionierung der Autorität des römischen Bischofs gegenüber allen anderen Kirchen und ihren Oberhirten im Westreich. Ebenso wie im Manichäerstreit bediente er sich des Kaisers wie eines zweckdienlichen Werkzeuges zur Manifestierung der sich verfestigenden päpstlichen Gewalt.

Aber auch gegenüber dem oströmischen Kaiser Leo I. (457–474) betonte Leo I. seine Vorrangstellung, als er ihm 457 schrieb, dass die Herrschaft weltlichen Machthabern vorrangig zum Schutz der Kirchen übertragen worden sei. Ein Gedanke, auf dem seine Nachfolger aufbauen sollten. So schrieb Felix III. Kaiser Zenon, in Zuspitzung der Thesen Augustins und Leos I., dass der Kaiser in Glaubensfragen der Kirche gehorchen und den göttlichen Gesetzen die nötige Achtung entgegenbringen müsse. Freilich war man von der konkreten Umsetzung dieser theoretischen Überlegungen zum Verhältnis zwischen Kaisertum und Papsttum noch sehr weit entfernt, aber das einmal Formulierte geriet nicht mehr völlig in Vergessenheit; die schriftliche Fixierung verlieh der Idee Permanenz.

So sehr Leo I. die Bedeutung des Apostels Paulus für die Nachfolger Petri betonte, so unterstrich er doch zugleich bei jeder Gelegenheit die unangefochtene Vorrangstellung Petri. Nicht zufällig ließ gerade er in St. Paul die Reihe der römischen Bischöfe in Medaillons abbilden, um für jedermann sichtbar auf die Sukzession Petri sowie die damit verbundene Lehre von der *sedes apostolica* hinzuweisen. Es ist wahrscheinlich, dass er einen vergleichbaren Bilderzyklus auch in St. Peter anbringen ließ, wo er als erster Papst zur letzten Ruhe gebettet wurde und damit eine bis heute fortwirkende Bestattungstradition schuf.

Von einschneidender Bedeutung war auch Leos I. Brief an den Metropoliten von Saloniki, Anastasios, in welchem er ausführte, dass nur der Papst allein die volle Amtsgewalt besitze. Ungeachtet dessen, dass sich der Brief auf einen Spezialfall bezog, wurde er seit dem 9. Jahrhundert herangezogen, um die Unterstellung aller Bischöfe unter die *plenitudo potestatis* (Vollgewalt) des Papstes zu begründen. Ähnliche Gedanken formulierte Leo I. in einer Predigt zu Matth. 16,18, in welcher er die Nachfolger Petri als Vorbilder und Muster für alle Bischöfe darstellte. Unermüdlich arbeitete er am Ausbau kirchlicher Strukturen und an der Unterordnung Galliens unter Rom. Allerdings waren die Zeiten zu instabil, um rasch dauerhafte Erfolge zu erzielen. Obwohl die Bistümer weitgehend erhalten blieben, machten die Barbareneinfälle der Alanen, Vandalen, Sweben, Westgoten, Burgunden, Alemannen und Franken eine weitere Ausdehnung des römischen Einflusses außerordentlich schwierig. Aber die Organisation des Papsttums war bereits so gefestigt und vor allem bereits so weit vom Kaisertum unabhängig, dass es dessen Untergang im Westen unbeschadet überleben konnte.

5. In Bedrängnis: Das Papsttum in der Zeit Theoderichs des Großen

Als Romulus Augustulus (460–476) 476 durch den Skiren Odoaker (um 433–493) zur Abdankung gezwungen wurde und das weströmische Reich zusammenbrach, sah sich das Papsttum einer völlig neuen Situation gegenüber. So schwach die letzten Kaiser im Westen auch gewesen sein mögen, ihr immer noch bestehendes Ansehen ließ sich für kirchliche Belange trefflich instrumentalisieren und ihre bloße Existenz schützte die stetige Entwicklung der römischen Bischöfe und der Kirche. De iure unterstand Italien auch weiterhin der Oberhoheit des Kaisers in Byzanz, musste sich aber mit den neuen Machthabern auf der Apenninenhalbinsel, vor allem den Ostgoten und den Langobarden, auseinandersetzen.

Theoderich der Große

Getreu einer in Byzanz seit längerem bewährten Taktik, wollte Kaiser Zenon (474–491) auch im Fall Odoakers den einen Barbarenfürsten gegen einen anderen ausspielen. Er bediente sich dabei Theoderichs (454–526), des Sohnes des gotischen Oberkönigs Thiudimir, der seine Jugendjahre als Geisel am Kaiserhof am Bosporus verbracht hatte und seit 474 selbst Stammeskönig der Ostgoten war. 488 machte sich Theoderich an der Spitze seiner Krieger, denen auch Rugier und Römer zuströmten, auf den Weg, um Odoaker aus dem Felde zu schlagen. Nach längerem, zähen Ringen einigte sich Theoderich mit dem im nahezu uneinnehmbaren Ravenna verschanzten Odoaker 493 darauf, Italien gemeinsam zu beherrschen. Seitens des Ostgoten war dies aber lediglich ein Vorwand, um in die Stadt zu gelangen, wo er Odoaker sogleich mit eigener Hand ermordete.

Für das Papsttum bedeutete die Herrschaft Theoderichs des Großen keine Bedrohung, da der Arianer große Toleranz gegenüber den Katholiken an den Tag legte. Unverzichtbar wurde das gute Verhältnis zu ihm, als sich Rom im sogenannten Akakianischen Schisma mit der griechischen Kirche überwarf. Patriarch Akakios von Konstantinopel (471–489) hatte im Auftrag Kaiser Zenons das „Henotikon" verfasst, worin die Christologie des Konzils von Chalkedon aufgehoben wurde und den Monophysiten Zugeständnisse gemacht wurden. Da man jedoch in Rom die auf der Ideengrundlage Papst Leos I. basierende Glaubenslehre von Chalkedon als unverrückbar empfand, brach Papst Felix III. 484 die kirchliche Gemeinschaft mit Konstantinopel ab. Eine Spaltung, die bis 519 andauern und mit der Verurteilung Zenons und Akakios' durch Kaiser Justinian I. enden sollte.

Zweigewaltenlehre

Da das arianische Glaubensbekenntnis Theoderich daran hinderte, in der Art der weströmischen Kaiser eine caesaropapistische Position in der katholischen Kirche einzunehmen, konnten sich das Papsttum sowie die Kirche unter seiner Herrschaft völlig frei entfalten. Theoderich nahm ohne Aufforderung weder Einfluss auf Synoden noch auf Papstwahlen. Daher ist es wohl kein Zufall, dass gerade damals Papst Gelasius I. (492–496) 494 in einem Schreiben an Kaiser Anastasios (491–518) die papale Lehrmeinung vom Verhältnis des Papsttums zum Kaisertum ausformulierte, die sogenannte **Zweigewaltenlehre**: „Zwei sind es nämlich, durch die an oberster Stelle diese Welt regiert wird: die geheiligte Autorität (*auctoritas*) der Bischöfe und die kaiserliche Gewalt (*potestas*)" (Jaffé, Ph., Regesta Pontificum Romanorum I, Leipzig 1885, Nr. 632).

E

Zweigewaltenlehre
Die Zweigewaltenlehre entwirft ein Bild des rechten Verhältnisses der geistlichen und weltlichen Gewalt zueinander. Dauerhaft wirkmächtig wurde die Unterscheidung zwischen der *auctoritas sacrata pontificum* und der *regalis potestas*, die gemeinsam die Welt nach Gottes Wille regieren sollten. Dabei komme jedoch der geistlichen Gewalt höheres Gewicht zu, da die Geistlichen vor dem ewigen Richter auch Rechenschaft über das Tun der Weltlichen einschließlich des Königs ablegen müssten.

Noch ging es Gelasius I. nicht um einen Primat des Papstes über den Kaiser, sondern um eine klare Trennung der jeweiligen Kompetenzen und die unmissverständliche Oberhoheit des Papstes in Glaubens- und Kirchenfragen. Allerdings räumte schon dieser Papst dem geistlichen Oberhaupt der Welt einen Vorrang ein, da er dereinst vor dem ewigen Richter Rechenschaft für alle ablegen müsse, auch für die Herrscher. Obwohl diese Grundgedanken niemals ganz in Vergessenheit gerieten, wurden sie für das tatsächliche Verhältnis der beiden Universalgewalten erst im 11. Jahrhundert wirkmächtig.

Laurentinisches Schisma

Nur einmal griff Theoderich regulierend in innerkirchliche Angelegenheiten ein: im Laurentinischen Schisma. Nach dem Tode Anastasius' II. (17. Nov. 498) wurden zwei Nachfolger erhoben: Diakon Symmachus in der Lateranbasilika und der Archipresbyter von S. Praxedis, Laurentius, in S. Maria Maggiore. Mit ihnen wurden zugleich zwei unterschiedliche politische Richtungen gewählt. Laurentius galt als Garant für einen Ausgleich mit der Ostkirche und ein Ende des Akakianischen Schismas, wohingegen Symmachus für die kompromisslose Durchsetzung des päpstlichen Primats sowohl innerhalb der Kirche als auch gegenüber dem Kaiser in Byzanz stand. Beide Seiten baten Theoderich um eine Entscheidung, wodurch dieser in einen gleichsam imperialen Rang aufstieg, gehörte es doch zu den kaiserlichen Aufgaben, sich im Fall einer Doppelwahl für einen Kandidaten auszusprechen. Theoderich entschied sich für Symmachus († 514) und feierte das vermeintliche Ende des Schismas mit einem triumphalen Einzug in Rom anlässlich der Feiern zu seinem dreißigjährigen Herrschaftsjubiläum im Jahr 500. Die Festlichkeiten unterstrichen seinen kaisergleichen Rang, entsprachen sie doch genau dem spätantiken Kaiseradventus (Verena Postel).

Aber der Friede trog. Laurentius akzeptierte seine Niederlage nicht und strengte einen Prozess gegen Symmachus an. Obwohl Theoderich aufgefordert wurde, erschien er nicht persönlich vor der Synode und fällte auch keine Entscheidung, um seine Toleranz in Glaubensfragen nicht zu gefährden. Daher mussten die Bischöfe am 23. Oktober 502 selbst entscheiden und erklärten sich für Symmachus. Sie begründeten ihren Entschluss damit, dass sie keinen Höheren richten dürften und der Papst keinem weltlichen

Gericht unterstehe, sondern nur von Gott dereinst gerichtet werden könne. Die dabei gebrauchte Formulierung *prima sedes a nemine iudicatur* (Der päpstliche Stuhl darf von niemandem gerichtet werden) gewann als kirchlicher Rechtsgrundsatz eine enorme Tragweite und prägte das mittelalterliche Kirchenrecht. Der Satz findet sich in den sogenannten „Symmachianischen Fälschungen", fingierten Texten über angebliche frühere Prozesse gegen Päpste, die ohne Urteil endeten. Im Streitfall des Prozesses gegen Leo III. (795–816) griff Karl der Große (768–814) im Jahr 800 auf eben jenen Kernsatz zurück, der argumentativ ebenso wirkmächtig wurde wie die sogenannte Gelasianische Zweigewaltenlehre.

6. Gregor I.: Mönchspapst, *doctor ecclesiae* und *consul Dei*. Das Papsttum im Ringen mit den Langobarden

Langobardeneinfall 568

Waren die Ostgoten als Föderaten gekommen, die sich bemühten, römische Traditionen im Wesentlichen zu wahren und mit den bereits existierenden Eliten zusammenzuarbeiten, um die Ordnung aufrechtzuerhalten, so drangen die Langobarden 568 eindeutig als Eroberer in Norditalien ein. Auch wenn der Geschichtsschreiber Paulus Diaconus die brutale Gewalt ihres Einmarsches auf der Apenninenhalbinsel zu beschönigen trachtete, so kann doch nichts über die Auslöschung der alten tragenden Schichten und Eliten hinwegtäuschen. König Alboin hatte an der Seite des byzantinischen Feldherrn Narses in den Gotenkriegen gekämpft und die neuere Forschung geht davon aus, dass möglicherweise eben jener Narses die Langobarden gegen den politischen Willen Kaiser Justins II. (565–578) nach Italien geholt hat, um sie als Puffer gegen die Franken am Po anzusiedeln (Verena Postel). Aber niemand hatte mit der Gewalt ihres Erscheinens gerechnet. Während der mehrjährigen Belagerung Pavias, der zukünftigen Hauptstadt des Langobardenreiches, eroberten die Langobarden in erschreckender Geschwindigkeit weite Teile der heutigen Regionen Emilia und Toskana und gründeten in Süditalien die Herzogtümer Spoleto und Benevent. Die mühevollen Restaurationen Justins II. waren mit einem Schlag hinweggewischt. Während sich die Erzbischöfe von Aquileja und Mailand nach Grado und Genua flüchteten, arrangierten sich die meisten anderen Bischöfe mit den Langobarden, um sie als Schutz vor Kaiser und Papst im tobenden Dreikapitelstreit zu instrumentalisieren. Bei diesem Streit ging es um eine als nestorianische Häresie vor allem der drei Theologen Ibas von Edessa († 457), Theodoret von Kyrrhos († 466) und Theodor von Mopsuestia († 428) gebrandmarkte Lehre zur Natur Christi. Von Kaiser Justinian I. (527–565) gezwungen, hatte Papst Vigilius (537–555) 553/54 widerwillig dem Dreikapitelverbot zugestimmt, doch wollten die Bischöfe im Norden Italiens keine Einmischungen des Kaisers in innerkirchliche Angelegenheiten dulden. Trotz der bischöflichen Annäherungspolitik zeitigte der Langobardeneinfall erhebliche Wirkungen auf die Bistumsstruktur Norditaliens; nahezu überall kam es zu einer teilweise empfindlichen Dezimierung der Bistümer, vor allem im Sprengel des Erzbistums Mailand, in der Emilia sowie in Benevent.

Byzantinische Rückeroberungsversuche scheiterten; ein byzantinisch-fränkisches Bündnis gegen die Langobarden kam 590 wegen logistischer Probleme nicht zum Tragen. 584 organisierten sich die Langobarden wieder unter königlicher Herrschaft; ihr neuer König wurde Authari (584–590), der durch die Herzöge in großzügigster Weise materiell ausgestattet wurde und von Anfang an einen radikalen Bruch mit der römischen Herrschaft anstrebte. Sein Nachfolger wurde Agilulf, der Autharis Witwe, die katholische Bayernprinzessin Theudelinde, geheiratet hatte. 590 ging jener Agilulf mit Hilfe der Herzöge von Spoleto und Benevent erfolgreich gegen die kaiserlichen Bastionen auf italienischem Boden vor und bald belagerten die Langobarden Rom.

Papst Gregor I.

Dort war 590 Papst Gregor I., der Große (590–604), soeben von Kaiser Maurikios (582–602) bestätigt worden. Dieses Bestätigungsrecht war neu. Kaiser Justinian I. (527–565) hatte es sich gewünscht – und wer hätte es ihm abschlagen können? In seiner berühmten Rechtssammlung, dem Corpus Iuris Civilis, beschrieb er die kaiserlichen Aufgaben in der Kirche: Während die Priester dem Seelenheil dienten, oblag dem Kaiser die Sorge für die zivile Wohlfahrt. Der Imperator war oberster Hüter des Glaubens, wahrte die Einhaltung der kirchlichen Disziplin und hatte damit de facto die Kontrolle über die Kirche inne. Daher beanspruchte er in diesem Zusammenhang auch das Recht zur Approbation des neuen Bischofs von Rom, den er im Rang dem Patriarchen von Konstantinopel gleichstellte.

Unverzüglich übernahm Gregor I. die Sorge für die notleidende Bevölkerung. Wie sein Epitaph würdigend erwähnt, verband er als *consul Dei* Seelsorge, Mission und den Kampf gegen Häretiker – allen voran die Donatisten in Afrika, die Dreikapitel-Anhänger in Istrien und die Arianer bei den Langobarden – mit politischem Engagement und monastischem Lebensideal, war er doch der erste Mönch auf dem Stuhl Petri. Zudem gelang dem um 540 geborenen Spross einer sehr wohlhabenden römischen Senatorenfamilie die Behauptung des römischen Primats gegenüber dem Patriarchen von Konstantinopel. Zunächst jedoch musste er sich als Vermittler und Diplomat bewähren, denn vom Bosporus war keine Unterstützung gegen die andrängenden Langobarden zu erwarten. Schließlich gelang ihm 598 mit Hilfe der katholischen Königin Theudelinde ein Friedensschluss Agilulfs mit Byzanz, der es dem Papst gestattete, die Missionierung der arianischen Langobarden voranzutreiben. Zwar trat Agilulf nicht selbst über, aber er ließ seinen Sohn Adaloald katholisch taufen und förderte den irischen Missionar Colomban, dessen Kloster Bobbio (gegründet 612) sich rasch zur katholischen Speerspitze im Herzen des Langobardenreiches entwickeln sollte. Die durch Gregor I. initiierte Annäherung Agilulfs an den Katholizismus ermöglichte auch eine politische Weichenstellung, die sonst kaum vorstellbar gewesen wäre: die Verlobung seines Sohnes mit der Tochter des austrasischen Herrschers Theudebald II., die den Frieden mit den Franken garantieren sollte. Auch für den Papst stellte dies einen wichtigen Anknüpfungspunkt dar, waren doch die Kontakte zu den Franken praktisch abgerissen und war beispielsweise die Taufe Chlodwigs (wohl um 498) anscheinend spurlos und unkommentiert an Rom vorübergegangen.

Das gute Verhältnis zu den Langobarden ermöglichte es Gregor I., die Verwaltung im kirchlichen, aber auch im weltlichen Bereich weiter auszubauen, um den ständig steigenden politischen und administrativen Anforderungen strukturell und personell gewachsen zu sein. Trotz seiner vielfältigen Aufgaben intensivierte er die Mission, indem er als erster Papst aus eigenem Antrieb Glaubensboten in bislang allzu entlegene Gebiete schickte, namentlich zu den Angelsachsen, wo indessen bereits Iroschotten den Boden bereitet hatten.

Zugleich war es Gregor der Große, der dem Papsttitel die Worte *servus servorum Dei* (Knecht der Knechte Gottes) hinzufügte, die alle seine Nachfolger übernehmen sollten. Zwar ist es richtig, den Demutsgestus dieses Titels zu unterstreichen, doch hat zuletzt Bernhard Schimmelpfennig zu Recht darauf hingewiesen, dass dieser Titel auch vor dem Hintergrund des Konfliktes mit dem Patriarchen von Konstantinopel und der Primatsfrage zu lesen ist und wohl auf Markus 10,44 basiert: „Wer unter euch der erste sein will, der soll aller Knecht sein.“ Im Hinblick auf das päpstliche Verhältnis zum Kaisertum sind auch Gregors theoretische Überlegungen zum Wesen weltlicher Herrschaft bedeutsam. Er betrachtete weltliche Herrscher immer als Instrumente Gottes zur Rettung der Menschen, die ohne Leitung die gottgewollte Ordnung nicht einzuhalten vermochten. Allen Mächtigen riet der Papst, sich vor der *superbia* zu hüten und ihre Untertanen zu Gott zurückzuführen. Das Verhältnis der beiden Universalgewalten zueinander wird bei Gregor nicht unmissverständlich deutlich. Sicher trat er für eine Trennung der Kompetenzbereiche ein, ging aber von einem engen Miteinander in Schutz und Fürsorge aus.

7. Papsttum und Kaisertum im 7. und frühen 8. Jahrhundert

Entfremdung zwischen Rom und Byzanz

Das 7. und 8. Jahrhundert waren geprägt von einer beschleunigten Entfremdung des Papstes von Byzanz, obwohl auffallend viele Nachfolger Petri griechischer Abstammung waren. Aber die Grenzen des byzantinischen Reiches waren so sehr von Persern, Avaren, Slawen, Westgoten und Anhängern Mohammeds bedroht, dass die zahlreichen Abwehrkämpfe den Kaisern keine Zeit für ein vertieftes Engagement auf italischem Boden ließen. Darüber hinaus verschlechterte sich das Verhältnis noch zusätzlich, da die Kaiser am Vordringen des Papstes in den Exarchat von Ravenna keinerlei Interesse zeigten. Vielmehr gedachten sie dort selbst zukünftig Rückeroberungspolitik zu betreiben. Außerdem verschärften sich theologische Differenzen, die durch den Riss, der seit dem Monophysitismusstreit durch die Kirche lief, noch deutlicher zutage traten. In Konstantinopel hörte man es ungern, dass vor allem die Päpste Theodor und Agatho, die beide griechischer Herkunft waren, aus dem Christuswort „Weide meine Lämmer und stärke meine Brüder im Glauben“ ableiteten, dass die katholische Kirche zur Wahrung des rechten Glaubens beauftragt wurde, niemals von diesem abgewichen sei und alle Nachfolger Petri eine Lehraufsicht über alle Christen besäßen. Aus diesem Blickwinkel erschienen Petrus und durch ihn alle seine Nachfolger als Garanten des rechten Glaubens in allen Teilen der Christenheit, also auch im Osten. Diese theoretische Standortbestimmung bildet die

Bilderstreit

Grundlage für die weitere politische Entwicklung des Papsttums (Bernhard Schimmelpfennig).

Die Spannungen intensivierten sich noch durch den sogenannten Bilderstreit. Als sich die Päpste weigerten, auf die byzantinische Linie einzuschwenken, entzog Kaiser Leon III. (717–741) ihnen die Jurisdiktion über Sizilien und Süditalien, die dem Patriarchen von Konstantinopel übertragen wurde. Gleichzeitig zog der Kaiser die Patrimonien ein, was für das Papsttum katastrophale wirtschaftliche Folgen nach sich zog. Die Kirchenhoheit des Bischofs von Rom schrumpfte dramatisch zusammen und erstreckte sich plötzlich nur noch auf Teile Mittel- und Norditaliens. Die Situation spitzte sich bedrohlich zu, als sich das Verhältnis der Päpste zu den Langobarden gravierend verschlechterte und König Aistulf 751 daranging, den Exarchat zu erobern, Landgewinne in Mittelitalien zu machen und schließlich Rom unmittelbar zu bedrohen. Doch damit haben wir vorgegriffen.

II. Die Zeit der Karolinger

Ca. 725	Verbot der Bilderverehrung durch Kaiser Leon III.
751	Wahl Pippins zum König
754	Pippinische Schenkung
774	Karl der Große erringt die Langobardenkrone und besucht erstmals Rom
25. Dezember 800	Kaiserkrönung Karls des Großen in Rom
11. September 813	Mitkaiserkrönung Ludwigs des Frommen in Aachen
817	Pactum Hludovicianum
817	Mitkaiserkrönung Lothars I.
823	Nochmalige Kaiserkrönung Lothars I. durch Paschalis I. in Rom
850	Kaiserkrönung Ludwigs II. in Rom
875	Kaiserkrönung Karls des Kahlen
881	Kaiserkrönung Karls III.
924	Tod Berengars I.; Erlöschen des Kaisertums im Westen

1. Das Papsttum am Vorabend der fränkischen Intervention

Verselbständigung der Päpste

Die bereits angesprochenen Differenzen der Päpste mit den Kaisern führten zu einer langsamen, aber stetigen Herauslösung aus dem byzantinischen Herrschaftsverband. Die zunehmende Verselbständigung der Nachfolger Petri und deren Übernahme auch weltlich-politischer Aufgaben, zunächst in der Stadt Rom selbst und von dort ausgehend in immer weiteren Teilen der Apenninenhalbinsel, führte aber nicht zu einem radikalen Bruch mit der über Jahrhunderte gewachsenen griechisch-byzantinischen Prägung in weiten Teilen der Liturgie, der Rechtsprechung und der Verwaltung. Die allmähliche Trennung führte auch nicht zu einer sofortigen Veränderung der kirchlichen Strukturen; ihre Folgen waren vor allem langfristig.

Papst Gregor II.

Auslöser für die immer heftiger werdenden Konflikte mit dem Kaiser am Bosporus waren zunächst keine geistlichen Probleme, sondern schnöde Finanzforderungen. Nach dem Erfolg Leons III. gegen die Araber 717/18 benötigte er zur Fortsetzung seiner Feldzüge in Kleinasien sowie zur Umsetzung einer grundlegenden Heeres- und Verwaltungsreform Geld. Daher verschärfte er weit intensiver als seine Vorgänger den Steuerdruck, der auch vor Besitz in geistlicher Hand nicht haltmachte. Papst Gregor II. (715–731) wehrte sich heftig gegen die empfindliche Beschneidung seiner Wirtschaftsgrundlage sowie seiner Einkünfte; der Widerspenstige entkam nur knapp einer Verhaftung.

Die ohnehin angespannte Situation spitzte sich zu, als Leon III. ca. 725 – ähnlich wie bereits 723 der Kalif Jezid II. – ein Verbot der Bilderverehrung erließ, die als Gotteslästerung gebrandmarkt wurde. Als er daranging, Bilder zerstören zu lassen und seine Gegner zu verfolgen, setzten sich der Patriarch und Papst Gregor II. zur Wehr. Aber der Kaiser war nicht zum Einlenken bereit, was – unterstützt von großen Teilen des Mönchtums – im byzantinischen Reich bei der einfacheren Bevölkerung zu heftigen Aufständen und bürgerkriegsähnlichen Zuständen führte. Zahlreiche Mönche mussten fliehen und gelangten als kulturprägende Kräfte in den Westen.

Für das Papsttum hatte die antikaiserliche Haltung Gregors II. gravierende Folgen: Leon III. entzog ihm die Jurisdiktion über Sizilien, Unteritalien sowie das Vikariat von Saloniki und übertrug sie dem Patriarchen von Konstantinopel. Vor allem der Verlust der Patrimonien im Süden Italiens und in Sizilien kam einer wirtschaftlichen Katastrophe gleich. Angesichts ihres schwindenden Einflusses im Süden konzentrierten sich die Nachfolger Petri ganz auf Nord- und Mittelitalien, was die Loslösung des Apostolischen Stuhles von Byzanz erheblich beschleunigte und einen radikalen Westruck seiner politischen Ausrichtung zur Folge hatte. Da es seit den Bilderunruhen keinen byzantinischen Exarchen mehr in Rom gab, konnten die Päpste ab dem zweiten Drittel des 8. Jahrhunderts die Herrschaft über Stadt und Dukat allein übernehmen, was sich an den Baumaßnahmen an der Stadtmauer sowie im Hafen von Civitavecchia (ehemals *Centumcellae*) unter Gregor III. (731–741) ablesen lässt.

Gleichzeitig bewirkte der Konflikt mit Byzanz eine Annäherung der Päpste an die Langobarden, da König Liutprand (712–744), der eine tiefe Verehrung für den heiligen Petrus hegte, den Kaiser am Bosporus als gemeinsamen Gegner betrachtete. Als er aber Sutri einnahm, fühlte sich Gregor III. so sehr bedrängt, dass er im Jahr 739 die Hilfe des fränkischen Hausmeiers Karl Martell (714–741) anrief. Dieser war indessen nicht bereit, sich zugunsten der Nachfolger Petri in Italien zu engagieren, zumal Karl Martell eine Tochter Liutprands geheiratet und seinen kleinen Sohn Pippin dem Langobardenkönig zur Erziehung anvertraut hatte.

Unter Papst Zacharias (741–752) entspannte sich das Verhältnis zu den Langobarden dank eines 742 mit Liutprand geschlossenen zwanzigjährigen Waffenstillstands für den Dukat von Rom. Das neue Einvernehmen änderte sich freilich schlagartig nach Liutprands Tod (744) und der unglücklichen, mit seiner Absetzung endenden Regierung des Königs Ratchis (744–749). Dessen Bruder Aistulf (749–756) betrieb ohne religiöse Skrupel eine aggressive Expansionspolitik auch auf Kosten des Papsttums, das sich zunehmend bedroht fühlte, je näher die Langobarden der Ewigen Stadt kamen. 751 stand Aistulf auf dem Zenit seiner Macht.

2. Papsttum und Machtwechsel: Die Pippinische Schenkung

Machtwechsel im Frankenreich

Nach der deutlichen Absage Karl Martells 739 an Gregor III. hatte es keine Kontakte der Hausmeier zum Papsttum mehr gegeben, obwohl sie sich der Christianisierung als Mittel zur politischen Expansion und Integration vor allem östlich des Rheins eifrig bedienten. Da der angelsächsische Missionar Bonifatius aber nicht nur die Rückendeckung des Hausmeiers, sondern immer auch des Papstes suchte und sowohl auf eine organisatorische Konsolidierung seines Missionswerkes als auch auf eine Reform der bereits bestehenden Strukturen und eine Ausmerzung unkanonischer Missstände hinarbeitete, war sein Verhältnis zu Karl Martell eher kühl. Dies änderte sich erst, als dessen Söhne, Karlmann und Pippin, die Macht übernahmen, wobei Karlmann den Bestrebungen des Bonifatius wesentlich aufgeschlossener gegenübergestanden zu haben scheint als sein Bruder, was sich an den Bistumsgründungen in Erfurt, Würzburg und Büraburg auf Fiskalgut ablesen lässt. Allerdings setzte sich Pippin nach dem Rücktritt Karlmanns und der Überwindung seines Halbbruders Grifo im karolingischen Familienzwist durch und betrieb nachdrücklich die Entmachtung der merowingischen Könige im Frankenreich. Die karolingerfreundlichen Quellen betonten auffällig die Rechtmäßigkeit des „Staatsstreiches", begründeten ihn mit der völligen Machtlosigkeit der Merowinger und karikierten deren Zeremoniell. Dennoch konnten sie nur schlecht von den Schwierigkeiten ablenken, denen Pippin bei der Ablösung der durch ein angestammtes Charisma getragenen Nachfolger des sagenumwobenen Merowech begegnete. Um seinem Vorhaben das Anrüchige zu nehmen und gleichzeitig Legitimität zu verschaffen, sandte Pippin (741/751–768) zwei persönliche Vertraute – Bischof Burchard von Würzburg und Fulrad – nach Rom, um nach angelsächsischem Vorbild beim Papst handlungsleitende Richtlinien zu erhalten. Gemäß dem Bericht der Reichsannalen ließ Pippin die Frage stellen „nach den Königen im Frankenreich, die damals keine königliche Gewalt hatten, ob das gut sei oder nicht" (Annales regni Francorum, ed. F. Kurze, Monumenta Germaniae Historica Scriptores rerum Germanicarum in usum scholarum, Hannover 1895, S. 9).

Königserhebung Pippins 751

Der von den Langobarden bedrängte Papst Zacharias gab, möglicherweise sogar schriftlich, die gewünschte Antwort, dass es nämlich besser sei, wenn diejenigen Könige wären, die auch die Macht besäßen, und nicht diejenigen, die keine Macht innehätten, damit die Ordnung nicht gestört würde. Daher befahl er kraft apostolischer Autorität, Pippin zum König zu machen. Das auf den Herrschafts- und Ordnungsvorstellungen Augustins fußende Responsum verschaffte den Karolingern die „erwünschte autoritative Grundlage, um die Diskrepanz zwischen Titel und Inhalt der königlichen Würde zu überwinden" (Rudolf Schieffer). Rechtsverbindlich wurde der Dynastiewechsel indessen erst im November 751 durch die Wahl der Franken in Soissons mittels Akklamation und Thronsetzung. Als neues Element der Königserhebung kam die bischöfliche Salbung hinzu, welche die Legitimität stärken und die göttliche Erwähltheit des neuen Herrschers augenfällig machen sollte. Dass der berühmte Missionsbischof Bonifatius selbst die Salbung vollzogen habe, dürfte eine legendenhafte Ausschmückung der Reichsannalen sein, worin sich allerdings die richtige Erkenntnis spiegelt, dass die Angelsachsen den Franken den Weg nach Rom und damit zu einem neuartigen Königtum gewiesen haben.

Die Pippinische Schenkung

Dass Pippin den politischen Aufstieg seiner Familie mit der Hilfe des Papsttums vollendete, hatte tiefgreifende Bedeutung für das gesamte Mittelalter und erschloss den Karolingern neue Dimensionen, deren Tragweite sie 751 wohl kaum abzuschätzen vermochten. Stephan II. (752–757), der Nachfolger Zacharias', bat in bedrängter Lage um eine Einladung ins Frankenreich und am 6. Januar 754 bereitete Pippin ihm in der Pfalz Ponthion in der Champagne einen eines Kaisers würdigen Empfang, nachdem er dem Papst zuvor schon seinen damals siebenjährigen Sohn Karl entgegengesandt hatte. Die Bitte Stephans um Waffenhilfe gegen die Langobarden fand bei den Parteigängern Pippins offenbar nur geteilte Begeisterung, richtete sich das Ansinnen doch gegen die alten Verbündeten der Franken. Obwohl sein eigener Bruder Karlmann, der sich als Mönch ins Kloster Montecassino zurückgezogen hatte, dagegen intervenierte, beschloss Pippin zu Ostern (14. April) in Quierzy den Kriegszug und versprach dem Papst für den Fall seines Sieges in der sogenannten **„Pippinischen Schenkung"** beträchtliche Gebiete, vor allem den römischen Dukat, Teile des byzantinischen Besitzes auf der Appenninenhalbinsel, den Hafen von Luni, Gebiete um Ravenna und in der Pentapolis sowie eine Verbindungsstraße zwischen den Liegenschaften sowie weite Teile Venetiens und Benevents.

E

Pippinische Schenkung
Unter dem Begriff versteht man die Gebiete, die Pippin nach seinem Sieg über den Langobarden Aistulf 756 Papst Stephan II. übertragen hat. Sie bilden die Grundlage für die weltliche Herrschaft des Papstes und den späteren Kirchenstaat.

Zudem schloss Pippin mit dem Papst ein Freundschaftsbündnis, das in den Augen der Franken den Rang einer Schwureinung unter Gleichrangigen hatte. Zuletzt salbte der Papst am 28. Juli 754 in Saint-Denis Pippin zum König und verlieh ihm den Titel eines *patricius Romanorum*, um die Verantwortung des Herrschers für Rom und die Kirche des heiligen Petrus hervorzuheben; eine verpflichtende Würde, auf die Pippin indessen niemals Bezug nahm. Gleichzeitig salbte Stephan II. auch die Söhne Pippins, Karl und Karlmann, und segnete feierlich Königin Bertrada, wodurch er geschickt die neue Verbindung des Papsttums mit den Franken auf Pippins ganze Familie und präsumptive Nachfolger ausdehnte und diese dadurch zeremoniell erheblich aufwertete. Wahrscheinlich spendete er bei dieser Gelegenheit den Königssöhnen das Firmsakrament, worauf die Bezeichnung *compater* hindeutet, die Paul I. (757–767) als Zeichen dauerhafter geistlicher Verwandtschaft wieder aufgriff, als er das Tauftuch der Pippin-Tochter Gisela empfing. Möglicherweise drohte Stephan II. sogar allen Großen mit dem Bann, sollten sie jemals einen Nichtkarolinger zum König erheben.

Die vielfältigen Bande mit dem Papsttum wurden „zur Triebfeder der karolingischen Italienpolitik" (Rudolf Schieffer). 754 scheiterten letzte Verhandlungen mit Aistulf und nur wenig später gelang es Pippin völlig überraschend, den Langobarden in seiner Residenz in Pavia einzuschließen. Der rasch ausgehandelte Friede war indessen nicht von Dauer; im Winter 755/56 stand Aistulf wieder vor Rom und Stephan II. rief erneut um Hilfe, wobei er sich als Sprachrohr Petri darzustellen wusste, der selbst seine Adoptivsöhne zum Eingreifen mahne. 756 belagerte Pippin zum zweiten Mal Pavia und erzwang einen wesentlich schärfer formulierten Friedensvertrag, der auch Gebietsabtretungen im Exarchat von Ravenna zugunsten des Papstes beinhaltete, allerdings keineswegs in den Dimensionen der Pippinischen Schenkung. Dennoch bildeten diese Liegenschaften den Grundstock für das eigene, unabhängige Herrschaftsgebiet des Papstes in Mittelitalien. Auch wenn sich Pippin fortan kaum mehr um Italien kümmerte, hatte er die entscheidenden Weichen für die politische Westwendung des Papstes und damit auch für dessen Abkehr vom byzantinischen Osten gestellt. Zugleich ist mit Pippins Namen der Beginn des Prozesses der politischen Gewinnung des antiken Kernlandes Italiens verknüpft, dessen Bedeutung für das Werden der abendländischen Einheit nicht überschätzt werden kann.

Papstwahlrecht

Zeitgleich mit der definitiven Westorientierung des Papsttums änderte sich auch dessen Selbstbewusstsein. 769 verkündete Stephan III. (768–772) ein neues Papstwahlrecht, das eine Beteiligung der Laien ausschloss und den Wählerkreis auf den römischen Klerus einengte. Allerdings konnte der Einfluss der Adelsfamilien entgegen den ursprünglichen Intentionen durch die neue Verordnung nicht eingeschränkt werden. Gleichzeitig wurde festgelegt, dass nur noch Kardinalpriester und Diakone wählbar waren. In diesem Dekret begegnet erstmals der Begriff *cardinales*, der eine Gruppe von Presbytern umschreibt, die besonders eng mit dem Papst vertraut waren; der erste Schritt zur Ausprägung des Kardinalats.

Neues päpstliches Selbstbewusstsein

Sichtbarer Ausdruck des neuen Selbstbewusstseins war die Konstantinische Schenkung, die wohl in der zweiten Hälfte des 8. Jahrhunderts entstand. Der erste Teil der wohl berühmtesten mittelalterlichen Fälschung erzählt die aus dem späten 5. Jahrhundert stammende Silvesterlegende mit der Bekehrung Kaiser Konstantins des Großen zum Christentum durch den Apostelfürsten Petrus und Papst Silvester I. Der zweite Teil begründet die Verlegung des Regierungssitzes nach Konstantinopel, da kein irdischer Kaiser dort residieren solle, wo der Stellvertreter des himmlischen Kaisers seinen Sitz habe, also in Rom. Dann werden die angeblichen Schenkungen Konstantins an das Papsttum aufgelistet. Zunächst die Ehrenrechte: Der Papst besitze als Oberhaupt der Kirche kaiserlichen Rang, weshalb ihm der Kaiser den Stratordienst leiste und ihm die Papstkrone (später Tiara genannt) schenke. Dem Papst gebühre die kaiserliche Ehre, auf einem weißen Schimmel zu reiten, der päpstliche Klerus sei ranggleich mit dem kaiserlichen Senat; der Papst residiere im Lateran, den die Fälschung irrig als alten Kaiserpalast bezeichnet. Dann die Besitzrechte: Der Kaiser übertrage dem Papst die Hoheit über die westlichen Länder und Inseln, die allerdings auffälligerweise nicht genauer definiert werden.

Wahrscheinlich sollte die Konstantinische Schenkung ursprünglich die Emanzipation des Papsttums vom byzantinischen Reichsverband legitimieren, blieb aber bis ins 10. Jahrhundert nahezu unbekannt. Erst im sogenannten Investiturstreit wurde sie massiv zur Begründung päpstlicher Ansprüche eingesetzt.

3. Der überrumpelte Kaiser oder ein Meisterwerk der Inszenierung? Die Wiederbegründung des Kaisertums im Westen: Leo III. und Karl der Große

Langobardenpolitik Karls des Großen

Als Karl der Große im Jahr 773 den Hilferuf Papst Hadrians I. (772–795) empfing, er möge mit Heeresmacht gegen den Rom bedrängenden Langobardenkönig Desiderius vorgehen, befand sich seine eigene Herrschaft in einer schweren Krise. Nach dem überraschenden Tod seines Bruders Karlmann (4. Dez. 771) hatte sich dessen Witwe Gerberga gemeinsam mit ihren Kindern und oppositionellen Franken in den Schutz eben jenes Langobardenkönigs begeben. Hinzu kam, dass Karl nahezu zeitgleich seine Gemahlin verstoßen hatte, eine Tochter des Langobardenkönigs. Diesen Affront wollte Desiderius nicht hinnehmen und versuchte, als internationaler Schiedsrichter aufzutreten, indem er den Papst nachdrücklich aufforderte, um der Gerechtigkeit willen die Söhne Karlmanns zu Königen zu salben, gleichsam als Gegengewicht zu Karl. Hadrian I. entschied freilich anders!

Im Spätsommer 773 überwand Karl die Alpen, um im Kampf mit Desiderius nicht nur seine guten Beziehungen zum Nachfolger Petri, sondern vor allem seine politische Existenz zu retten. In Verona fielen ihm seine Schwägerin und ihre Kinder in die Hände, deren Schicksal unklar bleibt. Anschließend belagerte sein Heer Pavia. Karl selbst besuchte Ostern 774 (3. April) als erster Frankenherrscher Rom, was den Papst, wenn man seinem Biographen glauben darf, nicht nur erstaunt, sondern zutiefst erschreckt hat. So sehr er sich Karls Hilfe gegen die Langobarden wünschte, so ungern sah er die Präsenz des Königs in der Ewigen Stadt. Nachdem ihn der Papst mit den protokollarischen Ehren eines *patricius Romanorum* empfangen hatte, betete Karl wie ein einfacher Pilger am Petrusgrab und erneuerte sowohl die Pippinische Schenkung als auch das Freundschaftsbündnis mit dem Papst. Nach seiner Rückkehr überwältigte er Desiderius in Pavia und eignete sich ohne formellen Wahlakt die langobardische Königswürde an.

Sein am 5. Juni 774 erstmals auftretender neuer Königstitel war Programm: *Carolus Dei gratia rex Francorum et Langobardorum atque patricius Romanorum* (Monumenta Germaniae Historica, Diplomata Karolinorum, Die Urkunden Pippins, Karlmanns und Karls des Großen, bearb. v. E. Mühlbacher, Hannover 1906 (ND München 1991), Nr. 80 für Kloster Bobbio). Karl überwand damit die Begrenzung auf ein einziges Regnum, machte deutlich, dass die vormals langobardischen Gebiete Ober- und Mittelitaliens nun mit dem Frankenreich verbunden waren, und öffnete diese Gebiete für den fränkischen Adel. Der *patricius*-Titel betonte seinen Schutz über Rom und den sich langsam andeutenden Kirchenstaat, wobei man im Frankenreich gewohnt war, Schutz immer im Zusammenhang mit Herrschaft zu denken. In Rom schien der Papst um das fränkische Schutzverständnis gewusst zu haben und versuchte, seine Selbständigkeit hervorzuheben, indem er unter anderem erstmals Münzen mit seinem und nicht mehr mit dem kaiserlichen Bild prägen ließ.

Zweiter Romaufenthalt Karls des Großen (781)

781 weilte Karl zu Ostern erneut in Rom und ließ seinen Sohn vom Papst taufen, der auch die Patenschaft übernahm. In der Taufe nahm der vierjährige Knabe einen neuen Namen an, fortan hieß er nicht mehr Karlmann, sondern Pippin, was freilich nicht nur eine Huldigung an seinen Großvater darstellte. Vielmehr handelte es sich um einen politisch hochbrisanten Akt, denn mit dem Namenswechsel wurde Karls Sohn Pippin der Bucklige aus einer freien Verbindung mit Himiltrud endgültig aus dem Kreis der vollblütigen Karlssöhne herausgedrängt und schied damit als möglicher Thronerbe aus. Am Ostermontag erhielten die Karlssöhne Pippin und Ludwig wohl in St. Peter die Königssalbung und Karl wies ihnen ihre künftigen Reiche zu: Pippin erhielt das Königreich der Langobarden, Ludwig Aquitanien. Sein

ältester, in diesem Zusammenhang nicht erwähnter Sohn Karl war wohl für die Francia vorgesehen, während seine jüngeren Brüder wohl als dynastische Notreserve dienen sollten. Auch das Schenkungsversprechen regelte Karl in Rom, aber in äußerst geringem Umfang: Der Papst erhielt nur die bislang zum Herzogtum Spoleto zählende Sabina sowie fiskalische Gefälle in der Toskana; auf weitere Ansprüche in Toskana und Spoleto dürfte Hadrian I. in einer eigenen Urkunde verzichtet haben.

Hatte Hadrian gehofft, Karl würde nun gegen die Byzantiner im Süden vorgehen, wurde er bitter enttäuscht, denn der Frankenkönig verhandelte mit dem Hof am Bosporus um eine Ehe seiner Tochter Rotrud mit Kaiser Konstantin VI., da diese Verbindung Karls politische Zugewinne in Italien legitimiert hätte. Aber vor allem wegen des militärischen Engagements der Franken in Süditalien und der großen Dissenzen im Bilderstreit kam die Ehe nicht zustande.

Schon vor 800 bezog Karl als *rex Francorum Gallias Germaniam Italiamque regens* in theologischen Fragen klare Positionen und stilisierte sich sowie seine Hoftheologen, allen voran Alkuin, im Streit um die Bilderverehrung oder den Adoptianismus als Hüter des rechten Glaubens über die Grenzen seines Reiches hinaus, ohne dass von einer Mitwirkung des Papstes die Rede gewesen wäre. Auf der Reichssynode von Frankfurt (794) bezeichnete sich Karl in programmatischer Absicht als „Sohn und Schützer der heiligen Kirche Gottes".

Papst Leo III.

In Rom empfand man dies wohl ähnlich, denn Ende des Jahres 795 sandte der neue Papst Leo III. (795–816) Karl sein Wahldekret, die Schlüssel zum Petrusgrab und das *vexillum* der Ewigen Stadt und bat gleichzeitig um Machtboten, welche die Treueide der Römer abnehmen sollten, wobei der Pontifex wohl an die Eide gegenüber dem *patricius* gedacht haben wird. Karl schickte im Gegenzug einen Teil der Awarenbeute als Geschenk und erläuterte 796 seine Vorstellung von der Zusammenarbeit mit dem Papsttum. Karl sah sich für den Schutz der Kirche nach innen und außen zuständig, während der Papst für den Herrscher beten sollte, um auf diese Weise den Kampf gegen die Feinde der Kirche zu unterstützen. Dem Papst wurde der sakramentale Vollzug der Gottesverehrung und Heilsvermittlung zugewiesen, Karl die Aufsicht über die irdische Kirche.

Päpstliches Selbstverständnis vor 800

In Rom war man mit dieser Aufgabenverteilung nicht zufrieden und gab den eigenen Standpunkten auch in Bildern Ausdruck, deren Entstehungszeit umstritten ist, die aber sicher vor der Kaiserkrönung 800 einzuordnen sind. In St. Peter zeigte ein Silberbild Petrus als Schutzherrn des Papstes und des Frankenkönigs, in S. Susanna bildet ein kopial überliefertes Apsismosaik Christus und Heilige zusammen mit Papst Leo und König Karl ab, und im Triklinium des Lateran entstand ein berühmtes, heute barock umgestaltetes Mosaik: Es zeigt Christus, der die Apostel zur Missionierung der Welt entsendet und in diesem Zusammenhang Petrus die Schlüssel der geistlichen Gewalt und Konstantin eine Fahne zum Zeichen der weltlichen Gewalt überreicht. Petrus wiederum gibt Leo III. das Pallium und Karl eine Fahne. Ging die ältere Forschung davon aus, dass dieses Mosaik den Romzug Karls vorbereiten sollte, glaubt man heute, dass es sich um die antizipierende Darstellung eines Kaisertums von Petri Gnaden handelte (Bernhard Schimmelpfennig), was Karl selbst freilich wohl anders gesehen haben dürfte.

Papst Leo III. in Paderborn

Seit längerem wusste Alkuin und damit der Karlshof, dass Leo III. in Rom mit zahlreichen Problemen zu kämpfen hatte. Am Markustag 799 nahmen ihn seine Gegner sogar gefangen, misshandelten ihn aber nicht; vielmehr konnte der Papst seinen Feinden entkommen. Unverzüglich reiste er zu Karl nach Paderborn, wobei unklar ist, ob der König dem Papst absichtlich eine so weite Reise zumutete, um dessen Abhängigkeit von fränkischer Hilfe möglichst augenfällig zu verdeutlichen. Angesichts der Tatsache, dass in Byzanz Kaiser Konstantin VI. abgesetzt worden war und seine Mutter Eirene die Herrschaft ausübte, ermahnte Alkuin Karl dringend, nun als alleiniger von Christus zum *rector populi Christiani* berufener König, die Kirche zu schützen. Er sei der Schirmherr des *Christianum imperium* (Alcvini sive Albini epistolae, in: Epistolae Karolini aevi, hg. v. E. Dümmler – K. Hampe (Monumenta Germaniae Historica, Epistolae IV, 1898–1899, Brief 177). Aber trotz dieser kaiserlichen Epitheta deutet nichts darauf hin, dass Karl damals das Kaisertum mit aller Macht erstrebte, vielmehr dürfte sein Ideal der alttestamentliche König David gewesen sein und nicht so sehr der römisch-christliche Kaiser Konstantin (Peter Classen).

Die Hauptbedenken Karls dürften sich gegen die Person Papst Leos III. selbst gerichtet haben. Eine Legation sollte die Vorwürfe gegen ihn untersuchen, wobei sich die Frage stellte, ob man zur Aburteilung der Papstgegner als Majestätsverbrecher nicht zwingendeinen Kaiser benötige. Wahrscheinlich wurde die Übertragung der Kaiserwürde auf Karl als beste Lösung zur Klärung aller theologischen, politischen und rechtlichen Probleme bereits in Paderborn diskutiert und abgesprochen. Für den August 800 kündigte Karl nach längerem Zögern seinen Romzug an.

Q

Die Reichsannalen zum Jahr 801
(Annales regni Francorum, S. 112; Übersetzung in: Quellen zur karolingischen Reichsgeschichte I, S. 75):

Als der König gerade am heiligen Weihnachtstag sich vom Gebet vor dem Grab des seligen Apostels Petrus zur Messe erhob, setzte ihm Papst Leo eine Krone aufs Haupt und das ganze Römervolk rief dazu: dem erhabenen Karl, dem von Gott gekrönten großen und friedenbringenden Kaiser der Römer Leben und Sieg! Und nach den lobenden Zurufen wurde er vom Papst nach der Sitte der alten Kaiser durch Kniefall geehrt und fortan, unter Weglassung des Titels Patricius, Kaiser und Augustus genannt.

Die Kaiserkrönung Karls des Großen

Die umstrittenen Ereignisse der Kaiserkrönung Karls des Großen sind durch drei zeitgenössische Quellen belegt: Die fränkischen Reichsannalen berichten aus der Hofperspektive, die Vita Leos III., deren entscheidende Kapitel wohl bereits 801 entstanden, trägt den päpstlichen Standpunkt bei und das wertvolle Zeugnis der Lorscher Annalen basiert auf intimen, sehr zeitnahen Kenntnissen. Am 23. November 800 wurde Karl mit eindeutig kaiserlichen Ehren empfangen, denn Leo III. war ihm bis zum 12. Meilenstein entgegengekommen (Annales regni Francorum, S. 112). Dennoch zog sich die Synode zur Überprüfung der Vorwürfe gegen den Papst so lange hin, bis dieser am 23. Dezember einen Reinigungseid leistete. Unmittelbar danach, so die Lorscher Annalen, habe man beschlossen, Karl den Kaisertitel zuzusprechen, da das *nomen imperatoris* und dessen Würde nicht mehr bei den Griechen zu finden sei und Karl Rom und die antiken kaiserlichen Residenzen innehabe. Bescheiden habe Karl am Weihnachtstag (25. Dezember 800) vor Gott das *nomen imperatoris* durch Leo III. angenommen. Während der darauffolgenden Messe habe Leo den neuen Kaiser mit einer wertvollen Krone gekrönt, das Volk der Römer sei in Hochrufe ausgebrochen, der Papst habe auf Knien dem Kaiser gehuldigt und dessen Sohn Karl zum König gesalbt.

Angesichts dieses ausgefeilten Zeremoniells wirkt die spätere Äußerung Einhards in der Vita Caroli unglaubwürdig, Karl wäre lieber der Weihnachtsmesse ferngeblieben, hätte er geahnt, was ihm dort widerfahren würde. Dennoch sprach die Forschung lange von Karl als dem gleichsam hinterrücks gekrönten Kaiser wider Willen. Doch dies dürfte Einhard nicht gemeint haben. Vielmehr brachte er zum Ausdruck, dass Karl mit dem Procedere der Kaiserkrönung nicht einverstanden gewesen sein konnte, denn darin lag erheblicher Sprengstoff. Die Akklamation durch die Römer konnte das Missfallen der Franken erregen, die sich den Römern überlegen fühlten und auf deren Rückhalt Karls Macht beruhte. Allerdings war auch den Zeitgenossen klar, dass das Kaisertum grundsätzlich römisch und universal ausgelegt war und nicht auf ein Volk begrenzt werden sollte und konnte. Das Zusammentreffen des Kaisertums mit den Vorstellungen eines frühmittelalterlich-gentilen Königtums musste dennoch zu einigen Schwierigkeiten führen. Die vielfältigen Probleme und Zwänge zur Rücksichtnahme spiegeln sich im komplizierten Kaisertitel Karls des Großen deutlich wider: *Karolus serenissimus augustus a deo coronatus magnus pacificus imperator Romanorum gubernans imperium qui et per misericordiam dei rex Francorum et Langobardorum.*

Leo III. hatte die Gunst der Stunde genutzt, um dank eines sakral legitimierten Kaisertums seine Gegner aburteilen zu lassen. Doch die Kaiserkrönung des Weihnachtstages 800 hatte eine die tagesaktuellen Belange in den Schatten stellende Bedeutung. In Kaiser Karl fand die neue Einheit des Abendlandes ihre Integrationsfigur und das Leitideal künftiger Herrschergenerationen, obwohl damals niemand ahnen konnte, ob das wiederbelebte Kaisertum im Westen auf Dauer lebensfähig sein würde.

Das neue Kaisertum des Westens hatte ideell-langfristige, aber auch unmittelbare Konsequenzen, die dem Papsttum nicht zuträglich waren. Karl fasste seine neue Würde als Basis seiner Romherrschaft auf und ließ nach seinem Abzug dauerhaft bestellte *missi* (Machtboten) zurück, um auch in Absenz die Geschicke der Ewigen Stadt und des Papsttums in weltlicher, aber auch in geistlicher Hinsicht zu kontrollieren, was im Streit um das Glaubensbekenntnis (*filioque*) deutlich werden sollte.

4. Die Anfänge des Zwei-Kaiser-Problems

Byzantinische Reaktionen auf die Kaiserkrönung Karls des Großen

Naheliegenderweise musste die römische Kaiserkrönung in Byzanz für Irritationen sorgen, zumal Karl bewusst kaiserliche Gepflogenheiten des Ostens kopierte; beispielsweise den Urkundenvermerk *legimus* oder die Verwendung von Goldbullen. Sie trugen die Umschrift: *Dominus Karolus Im-*

perator Pius Felix Pater Patriae Augustus. Das Revers zeigte das Stadttor Roms mit der Devise: *Renovatio Romani Imperii,* wobei *renovatio* nicht als bloße Wiederherstellung zu deuten ist, sondern als Neuschöpfung in Gestalt einer täglich verpflichtenden Aufgabe im Sinne des Apostels Paulus.

Kaiserin Eirene schickte eine Gesandtschaft zur Friedenswahrung in den Westen, die mit einer Gegengesandtschaft beantwortet wurde. Gespräche über eine mögliche Ehe der Kaiserin mit Karl dem Großen, welche die ältere Forschung angenommen hat, dürften indessen nicht geführt worden sein. Die Gerüchte darüber zeigen aber die Unsicherheit am Bosporus, wie mit einem Usurpator zu verfahren sei, der keinen Krieg, aber prinzipielle Gleichrangigkeit wünschte. Dass sich an Karls Haltung nichts änderte, als Nikephoros I. 803 die umstrittene Kaiserin Eirene stürzte, dürfte beweisen, dass er und seine Berater das Kaisertum im Osten im Jahr 800 nicht als verwaist betrachtet hatten.

5. Romfreies Kaisertum

Nach seinem Abzug aus Rom kümmerte sich Karl selbst kaum noch um die Belange des Papsttums. 802 ließ er einen allgemeinen Treueid auf den *imperator christianissimus* schwören und betonte damit in programmatischer Absicht die christliche und eben nicht die römische Seite seines Kaisertums. Als ihn der Nachfolger Petri 804/05 besuchte, um gemeinsam Weihnachten in Aachen zu feiern, hielt Karl ihn fern von seiner Residenz, um den römischen Ursprung seines Kaisertums in Vergessenheit geraten zu lassen.

Divisio regnorum

806 ordnete Karl in Diedenhofen in der sogenannten *Divisio regnorum* (Name modern) seine Nachfolge, wobei sein gleichnamiger, seit 800 zum König gekrönter Sohn als alleiniger Erbe der karolingischen Familienbesitzungen und präsumptiver Nachfolger in den Vordergrund trat. Das Kaisertum indessen erwähnte Karl nicht, da es anders als die fränkische Königsmacht nicht teilbar war. Die *defensio ecclesiae* delegierte er an alle seine Söhne, die gleichlautend als *imperii vel regni nostri heredes* bezeichnet wurden.

Mitkaiserkrönung Ludwigs des Frommen

Dass Karl das Kaisertum als eine allein an seiner Person haftende und daher prinzipiell nicht weiterzugebende Würde betrachtete, wird heute von der Forschung negiert. Vielmehr hatte er keinen Zweifel am Fortbestand des Kaisertums in seiner Familie, wobei er die römische Dimension des Imperiums nicht verschleierte, aber die fränkischen Wurzeln des Kaisertums überdeutlich herausstrich. Der Papst galt ihm lediglich als vornehmster Bischof des Frankenreiches. Als er nach dem Tod seiner Söhne Pippin (810) und Karl (811) seine Nachfolge neu regelte, schlug er im September 813 den Großen vor, das *nomen imperatoris* auf seinen Sohn Ludwig zu übertragen, wobei er – möglicherweise nach byzantinischem Vorbild – an ein Mitkaisertum ohne päpstliche Partizipation dachte. Am 11. September 813 wurde Ludwig in der Aachener Marienkirche zum Mitkaiser gekrönt, entweder durch seinen Vater oder in Form einer Selbstkrönung, wie Thegan berichtet. Rom, die Römer und der Papst erhielten keine Gelegenheit zur Einflussnahme; die Basis des Kaisertums waren allein die Franken, was auch in der Bullen-Legende zum Ausdruck kommt: *Renovatio regni Francorum.* Im Kaisertitel verzichtete Ludwig freilich auf eine regionale Zuweisung und nannte sich schlicht: *Hludowicus divina ordinante providentia imperator augustus.*

6. *Translatio imperii*

Eine *translatio imperii a Graecis ad Francos* findet sich nicht in der politischen Konzeption Karls und Ludwigs, wobei man berechtigte Zweifel daran hegen darf, dass die beiden Kaiser nach einem genau durchdachten, für alle Zeiten konzipierten Modell gehandelt haben. Vielmehr handelte es sich um die erste Weitergabe des Kaisertums bei den Franken und man dürfte experimentiert haben. Noch war es nicht möglich, den Frankennamen und das *imperium* in der Titelführung zu verbinden.

Die Idee, Weihnachten 800 habe eine *translatio imperii* – im Sinne der kaiserliche Würde und Macht – nicht nur auf Karl, sondern auf das *dominium Francorum* stattgefunden, findet erstmals in der Vita des Hamburger Erzbischofs Willehad schriftlichen Niederschlag, die um das Jahr 850 in Kloster Echternach entstanden ist. Wiederum 100 Jahre später formuliert Abt Adso von Montier-en-Der in seinem Mahnbrief (*de ortu et tempore Antichristi*) an Königin Gerberga den Gedanken, dass der Tag des Weltuntergangs sowie des Jüngsten Gerichts so lange fern sei, wie es fränkische Könige gebe, denn der Endkaiser, der vor der Ankunft des Antichrist das Imperium noch einmal aufbaue, sei ein fränkischer Herrscher. Für Adso waren die Franken das Reichsvolk und die Kontinuität ihrer Könige war die Garantie für den Fortbestand der Welt. Von einer *translatio imperii a Graecis ad Francos* ist indessen erst am Ende des 11. Jahrhunderts im Rückblick auf die Geschehnisse des Jahres 800 die Rede.

7. Wiederannäherung an Rom

Pactum Hludovicianum

Nach dem Tod Leos III. im Juni 816 vereidigte der neue Papst, Stephan IV. (816–817), die Römer auf den Kaiser und begab sich selbst zu Ludwig dem Frommen, den er in Reims gemeinsam mit seiner Gemahlin salbte und mit einer mitgebrachten, angeblichen Konstantins-Krone krönte, um an die römischen Ursprünge des Kaisertums zu erinnern. Die neugeknüpften Bande mündeten 817 in das Freundschaftsbündnis des *Pactum Hludovicianum,* das einen Mittelweg zwischen römischem Emanzipationsstreben und karolingischem Suprematie-Anspruch darstellt. Ludwig garantierte dem Papst die römischen Hoheitsrechte und Kirchengüter, die Gerichtsbarkeit abgesehen vom kaiserlichen Interventionsrecht und den Römern die freie Bischofswahl, wenn der Elekt seine Bindung an die fränkischen Herrscher bestätige. Damit ist das *pactum* den großen Immunitäts- und Schutzprivilegien des Kaisers für die bedeutenden fränkischen Bischofskirchen vergleichbar. Die Kirchenreform im *Imperium Christianum* im Sinne Benedikts von Aniane führte der Kaiser indessen ohne den Papst durch.

Ordinatio Imperii

Auch für Ludwig den Frommen stellte sich das Problem der Nachfolgeregelung in Gestalt eines unteilbaren, universalen Kaisertums und des Erbrechts aller legitimen Kaisersöhne. Im Gegensatz zu seinem Vater formulierte Ludwig in der *Ordinatio Imperii* einen Vorrang des zur Stabilisierung des karolingischen Riesenreiches dienenden Kaisertums, das er allein seinem ältesten Sohn Lothar I. übertrug. 817 krönte er ihn ohne Mitwirkung des Papstes zum Mitkaiser. Aber die Negierung des römischen Einflusses währte nicht lange. Noch im gleichen Jahr schlossen Paschalis I. und Ludwig der Fromme das *Pactum Hludovicianum,* worin der Kaiser wohl auch auf Eingriffe in das Patrimonium Petri verzichtete, was bedeutete, dass der Papst in Rom ohne die Aufsicht kaiserlicher *missi* herrschen konnte.

Kaiserkrönung Lothars I.

823 krönte Paschalis I. (817–824) Lothar I. (817–855) in Rom noch einmal zum Kaiser; ein Meilenstein für die Vergabe des Kaisertums allein durch den Papst, jedenfalls aus der Sicht der Nachfolger Petri. Als 824 Eugen II. (824–827) erhoben wurde, zeigte er seine Wahl sofort dem Kaiser an, der persönlich nach Rom reiste. 825 einigten sie sich auf das Vertragswerk der *Constitutio Romana.* Wohl als Reaktion auf heftige Unruhen in der Ewigen Stadt diente sie der engeren Verzahnung des Verhältnisses zwischen Papst und Kaiser. In neun Kapiteln wird das künftige Miteinander geregelt: Über die Gesetzestreue der Römer wachten fürderhin päpstliche und kaiserliche *missi,* wobei alle Richter unter kaiserlicher Kontrolle standen und jedermann dem Papst Gehorsam schuldete. Wer unter dem Schutz des Kaisers und des Papstes stehe, sei tabu. Ganz neu war die Regelung der Papstwahl, die zwar den Römern vorbehalten blieb, aber der Elekt musste nun vor seiner Weihe in Gegenwart eines kaiserlichen *missus* sowie des Volkes einen Treueid leisten, wodurch der kaiserliche Einfluss auf die Papstwahl gewahrt wurde. In der Folge intensivierte sich bis ins Jahr 875 die päpstliche Abhängigkeit vom Kaiser, da Lothar I. und Ludwig II. (850–875) eine sehr aktive Italienpolitik betrieben. Aber auch über den Zusammenbruch des Karolingerreiches hinaus blieb die *Constitutio Romana* wirkmächtig; ihre Spuren finden sich noch im *Privilegium Ottonianum* (962) und im *Privilegium Heinricianum* (1020).

8. Das Ende der Karolingerzeit

Die Regierungen Lothars I. und Ludwigs II. markieren den endgültigen Verzicht auf die Weitergabe des Kaisertums ohne päpstliche Beteiligung. 850 krönte Lothar I. seinen Sohn eben nicht in Aachen zum Mitkaiser, sondern Leo IV. (847–855) setzte ihm in Rom die Kaiserkrone aufs Haupt. Solange sie herrschten und aktiv in Italien Politik betrieben, konnte sich das Papsttum auf den kaiserlichen Schutz verlassen, der an die persönliche Präsenz der Herrscher in der Ewigen Stadt geknüpft war. Nach dem Tod Ludwigs II. änderte sich die Situation jedoch und die Zerstrittenheit der Karolinger gab den Päpsten Gelegenheit, ihre eigene Position auszubauen. 875 bevorzugte Johannes VIII. (872–882) Karl den Kahlen (843–877, Kaiser 875–877) und 881 Karl III. (876–888) vor anderen Bewerbern und machte damit unmissverständlich deutlich, dass der Papst nicht nur allein die Kaiserwürde vergab, sondern dass er auch das Recht hatte, nach Gutdünken über den künftigen Imperator zu entscheiden.

Verfall des Ansehens des Kaisertums

Allerdings sank das Ansehen des Kaisertums in den Wirren des zerbrechenden Karolingerreiches außerhalb Italiens sehr stark. Bald war die einst universale Würde Karls des Großen auf die bloße *defensio ecclesiae Romanae* und die Herrschaft über die Ewige Stadt reduziert. Bis zum Tod Berengars I. (924) existierte das Kaisertum als seines Ansehens beraubtes Phantom fort, bevor es 924 endgültig erlosch.

Die Verfallszeit ist nur wegen eines einschneidenden Ereignisses in der Geschichte der beiden Universalgewalten überhaupt der Erwähnung wert: Als sich 830 die Söhne Ludwigs des Frommen gegen ihren Vater erhoben, reiste Gregor IV. (827–844) ins Reich, um die Interessen Lothars I. gegenüber Ludwig zu vertreten. Dabei erließ er eine Dekretale, die durch die Pseudo-Isidorischen Dekretalen, eine große Rechtsfälschung aus der Mitte des 9. Jahrhunderts, enorme Verbreitung fand. Gregor IV. legte fest, dass ausschließlich der Papst die *plenitudo potestatis* besitze, während Christus den Bischöfen nur einen Teil der Verantwortung (*pars sollicitudinis*) übertragen habe. Diese Grundüberzeugung von der Stellung des Papsttums in der Welt und der Kirche blieb auch in den dunklen Zeiten lebendig, als von der Suprematie der Nachfolger Petri nichts mehr zu spüren war und das Papsttum zum Spielball römischer Adelscliquen erniedrigt wurde, um dann im 11. Jahrhundert immense Sprengkraft zu erlangen.

III. Das dunkle Jahrhundert: Papsttum und Kaisertum unter den Ottonen

919	Königswahl Heinrichs I. († 936)
936	Herrschaftsantritt Ottos I. († 973)
951/52	Hochzeit Ottos I. mit Adelheid
962	Kaiserkrönung Ottos I. in Rom
967	Mitkaiserkrönung Ottos II. in Rom
16. März 982	Erstmals Kaisertitel *Romanorum imperator augustus* verwendet
983	Königswahl Ottos III.
983	Tod Ottos II.
996	Erhebung Gregors V., des ersten „deutschen" Papstes
21. Mai 996	Kaiserkrönung Ottos III.
999	Erhebung Silvesters II. (Gerbert von Aurillac)
23. Januar 1002	Tod Ottos III. in Paterno
1002	Herrschaftsantritt Heinrichs II.
1004	Krönung Heinrichs II. in Pavia
14. Februar 1014	Kaiserkrönung Heinrichs II.
13. Juli 1024	Tod Heinrichs II.

1. Im Bann römischer Adelsgruppen

König Heinrich I.

Nach dem Tod Berengars I. von Italien 924 erlosch das Kaisertum im Westen. Damit hätte sich theoretisch für jeden Herrscher der fränkischen Teilreiche die Chance geboten, seine Macht imperial zu überhöhen. Aber trotz dieser möglichen Konkurrenz beeilten sich die Ottonen nicht, über eine eigene Italienpolitik und den Erwerb der Kaiserkrone nachzudenken. Allerdings hat die ältere Forschung Heinrich I. (919–936) diesbezüglich falsch eingeschätzt. Galt noch Heinrich von Sybel und Martin Lintzel die Politik des ersten Ottonen als nationaler Gegenentwurf zur Südausrichtung des Italienkonzepts seines Sohnes, so gibt es lange übersehene Hinweise darauf, dass wahrscheinlich schon Heinrich I. Romzugspläne geschmiedet hatte. Die Nachricht Widukinds von Corvey, der König habe einen Romzug nur aus gesundheitlichen Gründen abgesagt (Die Sachsengeschichte des Widukind von Korvei (Widukindi monachi Corbeiensis rerum gestarum Saxonicarum libri III), hg. v. P. Hirsch – H.-E. Lohmann, Monumenta Germaniae Historica Scriptores rerum Germanicarum in usum scholarum, 1935, I, 40), und der Erwerb der **heiligen Lanze** könnten Indizien dafür sein, dass Heinrich zumindest eine Intensivierung der Italienpolitik plante, was letztlich auf den Gewinn der Kaiserkrone hätte hinauslaufen müssen. Die tödliche Erkrankung des Königs verhinderte jedoch die Ausführung dieser Vorhaben. Aber auch ohne Kaiserkrone verstand Heinrich sein Königtum grundsätzlich universell und imperial und auch Widukind schrieb ihm *summum semper et ubique imperium* zu, lange bevor er in seiner Sachsengeschichte mögliche Romzugspläne andeutete.

E

Heilige Lanze
Die Flügellanze trägt in ihrem durchlöcherten Blatt einen Nagel, der angeblich vom Kreuz Christi stammt. Sie gelangte durch König Rudolf von Burgund an Heinrich I. und gehörte bald zu den Reichsinsignien. Seit der Zeit Heinrichs IV. wird das gebrochene Blatt von einer silbernen Manschette gehalten, die unter Karl IV. durch eine goldene Hülle zusätzlich verstärkt wurde. Als Krönungsinsignie kam die heilige Lanze nur bei dem letzten Ottonen, Heinrich II., zum Einsatz.

Zögernde Haltung Ottos I.

Nach dem Tod des Vaters bemühte sich Otto I. (936–973) keineswegs rasch um eine eigene Italienpolitik. Zwar finden sich seit den 940er Jahren in seinen Urkunden Ansätze imperialer Überhöhung seiner Herrschaft, doch bleiben diese Versuche der Kanzlei allzu sporadisch, um auf ein politisches Konzept schließen zu lassen. Zu Lebzeiten seiner ersten Gemahlin Edgitha scheint sich Otto ganz auf sein ostfränkisches Reich konzentriert zu haben. Jüngst warf man ihm deswegen sogar Zögerlichkeit und Lethargie vor (Johannes Laudage) und schon bei zeitgenössischen Biographen stieß die Tatenlosigkeit des zweiten Ottonen auf Verwunderung. Allerdings fehlten ihm anfänglich möglicherweise die finanziellen und logistischen Mittel zu einer machtvollen Italienpolitik, zudem verboten zahlreiche Konflikte innerhalb seiner Familie, die das Reich an den Rand eines Bürgerkrieges trieben, jede längere Abwesenheit des Herrschers. Außerdem ist es fraglich, ob Italien damals in seinem Denken überhaupt eine Rolle spielte, da es noch nicht zum Reich gehörte.

Niedergang des päpstlichen Ansehens

Die äußerst unruhige erste Hälfte des 10. Jahrhunderts musste erst überwunden werden, um eine politische Konsolidierung und darauf aufbauend innovative und raumgreifende Neuordnungskonzepte zu ermöglichen. In Rom herrschte eine „Pornokratie" (Bernhard Schimmelpfennig) und das Papsttum verkam zum Spielball rivalisierender römischer Adelsfamilien, was das Ansehen der Nachfolger Petri erheblich schädigte. Der Papst blieb zwar das unangefochtene Oberhaupt der katholischen Kirche, aber er galt den Zeitgenossen eher als Verkörperung eines Mythos denn als politisch und kirchlich selbständig Akzente setzende Kraft – umso mehr, nachdem es dem Gewaltherrn Alberich (932–955) gelungen war, die Lage in Rom zu stabilisieren und zugleich die Päpste völlig von seinem Wohlwollen abhängig zu machen. 954 ließ er die römischen Adelsfamilien schwören, seinen Sohn Octavian zum Papst zu wählen, was auch geschah; er nannte sich Johannes XII. (955–964). Seit dem 10. Jahrhundert wechselten die Päpste häufiger bei Amtsantritt den Namen, während dies vorher nur bei heidnischen und unzüchtigen Namen der Fall war oder wenn der Kandidat Petrus hieß.

Italien im Fokus Ottos I.

Wann Otto I. Italien intensiver in den Blick nahm, ist umstritten. Erste sichere Kontakte knüpfte er 947/48 zum Papst, als es um die Besetzung des Erzbistums Reims ging. Ob dies bereits einen Schritt auf dem Weg zur Kaiserkrönung darstellte oder lediglich der Befriedung des Reiches im Westen sowie der Strukturierung seiner Kirchen- und Missionspolitik diente, ist unklar. Sicher ermöglichte die Synode über die Reimser Frage auch die Errichtung der Bistümer Brandenburg, Havelberg, Ripen, Schleswig und Aarhus, doch muss die Missionierung der Elbslawen nicht zwingend als imperialer Akt gewertet werden, auch wenn das Kaisertum ideell eng mit der Heidenmission verbunden ist. Aber schließlich verstärkten die neuen Bistümer die Ostgrenze des Ottonenreiches und missionarische Aufgaben gehörten auch zu den vornehmsten Obliegenheiten des Königs und nicht nur des Kaisers.

Einen Meilenstein auf dem Weg nach Rom dürfte die Ernennung Erzbischof Friedrichs von Mainz zum päpstlichen Vikar Ende 937 darstellen. Da Friedrich Sachse und eng mit dem liudolfingischen Hause verbunden war, dürfte wohl Otto I. seine Erhebung betrieben haben. Die enge Bindung des neuen Mainzer Metropoliten an Rom bedeutete auch für die Herrscherfamilie eine entscheidende Weichenstellung; zudem gab sie möglicherweise den Ausschlag im Streit der drei rheinischen Erzbischöfe um das Recht, den neuen König zu salben und zu krönen. – Bekanntlich verschob sich das Krönungsrecht erst unter Konrad II. Da sich Erzbischof Willigis von Mainz weigerte, die Gemahlin Konrads II., Gisela, zu krönen, erbot sich Erzbischof Pilgrim von Köln, an dessen Erzstuhl das Krönungsrecht dann auch verblieb. Seither gilt: Der Mainzer wählt, der Kölner krönt.

Den eigentlichen Ausschlag für eine Intervention Ottos im Süden gab der Tod König Lothars 950, dessen Gemahlin Adelheid damals gerade 20 Jahre alt und Mutter einer Tochter war. Berengar von Ivrea ergriff die Gelegenheit, setzte die junge Frau in einer Burg am Gardasee gefangen, von wo ihr erst am 20. August 951 eine abenteuerliche Flucht zu Adalbert-Azzo auf die Burg Canossa gelang, der möglicherweise als Brautwerber für die junge Witwe tätig wurde.

Hochzeit Ottos I. mit Adelheid

Am 23. September 951 zog Otto I. über die Alpen, um Berengar zu vertreiben, die Hand Adelheids und wahrscheinlich auch die Kaiserkrone zu erlangen. Für Letzteres spricht die auffällige Verwendung von Metallbullen zur Besiegelung seiner Urkunden, ein Vorrecht des Imperators. Doch Ottos erster Griff nach der Kaiserkrone scheiterte an der durch den Gewaltherrn Alberich erzwungenen Absage Papst Agapets II. (946–955).

Dass die Ehe mit Adelheid die wahre „Pforte zum Kaisertum“ (Stefan Weinfurter) gewesen sei, lässt sich nicht durch die Quellen erhärten. Die Weigerung Agapets II., Otto in Rom zu empfangen und zu krönen, nötigte den König zu einer Umstrukturierung seiner ursprünglichen Italienkonzeption. Fürderhin verzichtete er auf den Titel *rex Italicorum*, den er ab Februar 952 nicht mehr führte, und strebte einen Ausgleich mit Berengar von Ivrea an. Am Ende der Verhandlungen war das Königtum Berengars kaum mehr als ein ottonisches Lehen, Ausfluss der Königsgewalt Ottos I. und völlig abhängig von dieser.

2. Die Kaiserkrönung Ottos I.

Lechfeldschlacht

Nach den Rückschlägen brachte der Sieg auf dem **Lechfeld** gegen die Ungarn 955 die Wende. Im Jubel über den triumphalen Ausgang der Schlacht wurden die Weichen für die künftige Entwicklung gestellt. Der sächsische Historiograph Widukind schreibt in seiner Sachsengeschichte: „Glorreich durch den herrlichen Sieg wurde der König von seinem Heer als Vater des Vaterlandes und Kaiser begrüßt." (Die Sachsengeschichte des Widukind von Korvei (Widukindi monachi Corbeiensis rerum gestarum Saxonicarum libri III), hg. v. P. Hirsch – H.-E. Lohmann, Monumenta Germaniae Historica Scriptores rerum Germanicarum in usum scholarum, 1935, III, 49) Damit entwirft der Chronist das Bild eines germanischen Heerkaisers, den hegemoniale Oberhoheit über andere Könige und charismatisches Schlachtenglück auszeichneten. Konsequenterweise verschweigt Widukind die römische Kaiserkrönung, wofür er in der älteren Mathildenvita scharf getadelt wird, denn mit seinem Schweigen habe er das Kaisertum in den Geruch der Illegitimität gebracht. Ausdrücklich stellte Johannes XII. in einer Urkunde vom 12. Februar 962 einen Zusammenhang zwischen dem Ungarnsieg, den Missionsbistümern Magdeburg und Merseburg sowie der Kaiserkrönung her; aber die Urkunde wurde nach der Kaiserkrönung formuliert und muss daher vorsichtig interpretiert werden.

E

Lechfeld
Offenes Gefilde vor der Bischofsstadt Augsburg. Der Begriff Lechfeldschlacht wurde zum Synonym für das Ende der Ungarneinfälle im Reich.

Papst Johannes XII.

Dass gerade Johannes XII. Otto I. zum **Kaiser** krönen sollte, mag verwundern, war es doch dieser Papst, der Ottos kirchliches Lieblingsprojekt, die Errichtung des Erzbistums Magdeburg, massiv behinderte. Aber die Lage in Rom hatte sich dramatisch zugespitzt. Berengar von Ivrea und Adalbert vermochten eine Schreckensherrschaft zu etablieren und prangerten gleichzeitig den zügellosen Lebenswandel des jugendlichen Papstes immer unmissverständlicher an. Grausamkeit, Trunk- und Spielsucht sowie die Anrufung heidnischer Götter beim Würfeln gehörten zu den häufigsten Anklagen. In dieser Bedrängnis rief Johannes XII. Otto I. zu Hilfe und bot ihm neben der Kaiserkrone auch die Würde des *patricius Romanorum* an, was nur einen Schluss gestattet: Der Papst benötigte dringend eine neue durchsetzungsfähige Ordnungsmacht. Gleichzeitig kam er Otto in der Magdeburger Frage entgegen und übersandte ihm ein angebliches Originaldokument Konstantins. Die feierliche Purpururkunde mit Goldbuchstaben sollte das alleinige Verfügungsrecht des Papstes über die Kaiserkrone beweisen und bedeutete zugleich die konkrete Forderung nach Gütern und Rechten für die römische Kirche.

E

Kaisertitel im mittelalterlichen Reich
Nachdem Karl der Große einen sehr komplizierten Kaisertitel gewählt hatte, um vor allem die Franken nicht zu brüskieren, veränderte sich dieser Titel rasch. Die Ottonen nannten sich *imperator augustus* und im späten 10. Jahrhundert auch *imperator Romanorum*. Seit dem 11. Jahrhundert setzte sich dann der Titel *Romanorum imperator augustus* als Standardtitel für den Kaiser durch. Diesen Titel, der den universalen Anspruch des Kaisertums zum Ausdruck brachte, führten die Kaiser im Westen immer erst nach der Kaiserkrönung, wodurch sie sich deutlich von den Gepflogenheiten in Byzanz unterschieden.

Vorbereitungen zur Kaiserkrönung Ottos I.

Nun überließ man im Reich nichts mehr dem Zufall. In St. Alban in Mainz entstand der *Ordo ad regem benedicendum*, der sich intensiv mit Fragen der Salbung und Krönung des Königs und Kaisers beschäftigte. Der Aachener Krönung von Ottos I. gleichnamigem Sohn zu Pfingsten 961 (28. Mai) lag erstmals dieser **Ordo** zugrunde. Aber bereits am Tag der Wahl Ottos II. zum König hatte sein Vater öffentlich bekundet, baldmöglichst nach Rom ziehen zu wollen, und führte fortan den Titel *imperator augustus*, der einen Vorgriff auf künftige Ereignisse, aber vielleicht auch den Versuch darstellte, den alleinigen Anspruch des Papstes auf Vergabe der Kaiserkrone zurückzuweisen.

E

Ordo
Der Krönungsordo regelte als Gottesdienstordnung den geistlichen Teil der Königserhebung und umfasst die Bestandteile Einkleidung, Übergabe der Insignien, Salbung, Krönung, Thronsetzung sowie die Laudes. Der Ordo enthält jeweils die gesamten Gebete und Worte, welche die Bischöfe bei den einzelnen Zeremonien an den König richten. Zur Edition der Ordines siehe: Die Ordines für die Weihe und Krönung des Kaisers und der Kaiserin, hg. v. Reinhard Elze (MGH Fontes iuris germanici antiqui IX), Hannover 1960; C. Vogel – Reinhard Elze, Le Pontifical romano-germanique du dixième siècle. Le Texte I, Città del Vaticano 1963.

Nachdem Otto I. Weihnachten glanzvoll in Pavia gefeiert und dabei seine langobardische Königswürde unterstrichen hatte, wurde er am 2. Februar 962 in St. Peter in Rom durch Papst Johannes XII. zum Kaiser gekrönt. Das Krönungsdatum war mit besonderer Sorgfalt gewählt worden, wie man im Mittelalter überhaupt planbare politische Großereignisse nach Möglichkeit auf heilige Tage legte. Der 2. Februar ist zugleich Mariä Lichtmess und das Fest der Darbietung Jesu im Tempel, womit die Fleischwerdung des Herrn ihren Abschluss findet. Die sakrale Überhöhung des Kaisertums fand ihren textlichen Ausdruck vor allem im letzten Satz des Tagesevangeliums bei Lucas 2, 22–32: Simeon spricht: „... Nun magst Du diesen Knecht, o Herr, nach Deinem Wort in Frieden entlassen, meine Augen haben gesehen Dein Heil, das Du bereitet hast vor allen Völkern, ein Licht zur Bekehrung der Heiden und zur Herrlichkeit Deines Volkes Israel."

Das Zeremoniell der Kaiserkrönung entsprach den Richtlinien des *Pontificale Romano-Germanicum,* des ältesten Ordos zur Kaiserkrönung, wobei sich dieser Ordo an der Königssalbung orientierte, denn nur das Königtum hatte die für das unmittelbare Gottesgnadentum so überaus wichtigen biblisch-alttestamentarischen Wurzeln, die dem Kaisertum fehlten. Der König war *Christus domini,* der Gesalbte des Herrn, und dieses Programm wurde in der Krönungsliturgie des Jahres 962 auf den Kaiser übertragen und damit eine Analogie zwischen dem Kaiser und Christus selbst hergestellt (Ernst-Dieter Hehl, Johannes Laudage).

Die Kaiserkrönung Ottos I.

Die Krönung begann mit dem feierlichen Zug des Kaiserpaares vom Monte Mario zum Petersdom, wo es vom Papst und den Römern empfangen wurde. An den Stufen der Kirche dürfte Otto vor dem Papst auf die Knie gefallen sein, um seine Verehrung für das apostolische Amt auszudrücken. Anschließend hob ihn der Papst auf und gab ihm den Friedenskuss. Während die Laudes gesungen wurden, gelangte der künftige Kaiser vor das Atrium der Kirche, wo er gelobte, die Kirche Gottes stets nach Kräften zu schützen und zu verteidigen. Zuvor bereits hatte Otto seine Kleider gewechselt und einen Ornat angelegt, wobei der Kleiderwechsel den Wandel der Person in der Kaiserkrönung symbolisierte. Eine Veränderung, die sich auch im Siegelbild des Kaisers ablesen lässt. Als König wurde Otto als siegreicher Krieger dargestellt, immer im Profil und mit Schild und Lanze ausgerüstet. Als Kaiser blickt er den Betrachter frontal an. Die auffällige Barttracht weist ihn als Mann aus, den kein jugendlicher Leichtsinn mehr vom rechten Weg abbringen kann. In der Rechten trägt er ein Kreuz oder einen Lilienstab und in der Linken die Sphaira, eine Weltkugel, zum Zeichen seiner universalen Herrschaft. Damit imitiert er das Siegelbild der Bischöfe und stellt sein Kaisertum auf eine bislang ungekannte sakrale Stufe.

Feierlich geleitete der Papst das Herrscherpaar dann zur silbernen Mittelpforte der alten Peterskirche, wo die eigentliche Krönungsliturgie begann. Dabei fällt auf, dass Otto und Adelheid gesalbt wurden, also beide zum Kaisertum aufstiegen. Die Übergabeformel im Augenblick der Krönung umreißt die gesamte Kaiseridee, bei der es sich um eine „Antizipation und [ein] Abbild der Herrschaft Gottes im Himmel" handelte (Johannes Laudage). Otto sollte als Stellvertreter Christi regieren.

Die Magdeburger Frage

Auf einer gemeinsamen Krönungssynode wurde endlich die Errichtung des Erzbistums Magdeburg sowie des Bistums Merseburg geklärt und durch eine päpstliche Urkunde vom 12. Februar 962 bekräftigt. Am 13. Februar übergab Otto I. dem Papst das sogenannte *Ottonianum*; eine prachtvolle Pergamenturkunde, die am Grab Petri deponiert wurde. Sie enthielt Gebietsabtretungen zugunsten des Papstes in ganz Italien, vor allem den römischen Dukat, die Pentapolis, den Exarchat von Ravenna, die Herzogtümer Spoleto und Benevent, die gesamte Sabina, weite Teile Tusziens und Kalabriens, Sizilien und Korsika sowie die Küstenlandschaft zwischen Fondi und Neapel. Die gewaltige Schenkung basierte auf mindestens sechs karolingischen Dotationen sowie der gefälschten Konstantinischen Schenkung. Das Problem der überreichen Stiftung bestand darin, dass Otto Gebiete vergab, auf die er keinen Zugriff hatte, so dass das *Ottonianum* eher als vage Versprechung für die Zukunft denn als tatsächliche Schenkung zu deuten ist. Im Gegenzug forderte der Kaiser sehr konkrete Zusagen: Er verpflichtete die Römer auf eine kanonische Papstwahl und beanspruchte das Recht, kaiserliche *missi* zu den Papstwahlen zu schicken, denen gegenüber der Kandidat einen Sicherheits- und Reinigungseid zu leisten hatte und deren Verweildauer in der Ewigen Stadt nicht begrenzt wurde. Ganz offensichtlich beinhaltete die *defensio ecclesiae* aus der Sicht des Ottonen den massiven Ausbau des kaiserlichen Einflusses in Rom. Damit stand er in der Tradition Karls des Großen, akzeptierte wie dieser den Papst als unangefochtenen Leiter der römischen Kirche, allerdings unter der Obhut des Kaisers. Lag bereits in dieser Konstellation viel Konfliktstoff, so geriet der Papst vollends in Bedrängnis, wenn der römische Adel von ihm die Sicherung seiner politischen Selbständigkeit forderte.

3. Kaiser Otto I. und die Päpste

Zerwürfnis mit Papst Johannes XII.

Nach der Kaiserkrönung belagerte Otto Berengar von Ivrea und dessen Familie in der Bergfestung San Leo. Dort erfuhr er um die Osterzeit 963, dass sich Johannes XII. wieder seinem ausschweifenden Leben hingegeben und zudem mit Berengars Sohn Adalbert kooperiert und diesen in Rom beherbergt hatte, was ihm durch Otto ausdrücklich verboten worden war.

Warum der Papst so rasch die Seiten wechselte, wird durch den tendenziösen Bericht Liutprands von Cremona verunklärt. Der Chronist sieht in der haltlosen Gier des Papstes nach Vergnügungen aller Art die alleinige Triebfeder für dessen Abfall vom Kaiser, aber diese Argumentation greift zu kurz. Vielmehr dürfte Johannes XII. seinerseits Otto I. für wortbrüchig gehalten haben, denn der Kaiser hatte in der Toskana und der Lombardei die Großen auf sich vereidigt, obwohl er nach dem Wortlaut des Ottonianum diese Gebiete dem Papst hätte übereignen müssen. Wahrscheinlich sah sich Johannes XII. deswegen auch seinerseits nicht mehr an eigene Zusagen gebunden.

Als immer mehr Indizien für die Konspirationen des Papstes sogar mit Ungarn und Byzantinern auftauchten, eröffnete Otto I. den Kampf und zog im September/Oktober 963 vor Rom, woraufhin Johannes XII. die Flucht ergriff. Sofort vereidigte Otto die Römer darauf, nur dann einen Papst zu wählen oder zu weihen, wenn sie die kaiserliche Zustimmung und diejenige seines Mitkönigs dazu eingeholt hätten. Eine Synode in St. Peter endete mit der Absetzung des Papstes wegen sexueller Ausschweifungen und angeblicher Apostasie.

Johannes berief sich im Gegenzug auf den Rechtsgrundsatz, dass niemand den Papst richten dürfe außer Gott, und drohte allen teilnehmenden Bischöfen mit dem Kirchenbann. Den Kaiser hat er auffälligerweise nicht mit dem Bann bedroht; dies war gegenüber dem *Christus domini* noch nicht denkbar. Zur Konfliktbeilegung bot der Kaiser an, der Papst möge sich durch einen Reinigungseid in Rom von allen Anschuldigungen befreien. Als Johannes dieses Ansinnen vehement zurückwies, wurde er endgültig abgesetzt, weniger aus politischen denn aus sittlich-religiösen Gründen. An seiner Stelle erhob man Leo VIII. (963–965).

Aber mit der Neuwahl kehrte keine Ruhe ein, da die Römer dem abgesetzten Johannes XII. die Stadttore öffneten und der in heftige Bedrängnis geratene Leo VIII. fliehen musste. Während der Kaiser auf militärische Verstärkung wartete und sich in Rom mit Aufständen konfrontiert sah, starb überraschend Johannes XII. Unter Missachtung des ausdrücklichen kaiserlichen Verbotes und ungeachtet der Tatsache, dass mit Leo VIII. ein Nachfolger Petri existierte, wählten die Römer im Mai 964 einen neuen Papst: Benedikt V. (964).

Diesen Verstoß gegen seine Anordnungen konnte Otto I. nicht hinnehmen und im Juni 964 ergab sich ihm Rom nach kurzer Belagerung. Innerhalb weniger Monate kam es erneut zu einem Papstabsetzungsprozess. In einem feierlichen Akt wurde Benedikt V. im Lateran seiner pontifikalen Gewänder entkleidet, nachdem er sich zuvor des Eidbruches sowie der Usurpation des Papstthrones für schuldig bekannt hatte. Zwar beließ man dem Reuigen die Diakon-Würde, brachte ihn aber sicherheitshalber ins Exil nach Hamburg, um neuerliche Unruhen in Rom zu vermeiden. Als im März 965 Leo VIII. starb, erhob man im Oktober im Beisein kaiserlicher Gesandter und mit Zustimmung des Ottonen, der die Ewige Stadt bereits nordwärts verlassen hatte, Bischof Johannes von Narni: Johannes XIII. (965–972). Von ihm, der vielleicht mit den Crescentiern verwandt war, versprach sich Otto I. offenbar eine Herrschaft im Einklang mit den stadtrömischen Geschlechtern. Wie Gerd Althoff treffend feststellte, hatte Otto I. als erster westlicher Kaiser in kurzer Zeit erleben müssen, welche Probleme die neue Kaiserwürde mit sich bringen konnte: mühevolle Italienzüge, um dem Papsttum zu Hilfe zu eilen, einschließlich der Unbill der Witterung mit den todbringenden Seuchen der heißen Sommermonate, die politische Unzuverlässigkeit und Wetterwendigkeit der Römer sowie die Katastrophe von Schismen.

Obwohl spätere Historiker, vor allem Heinrich von Sybel, diese Nachteile der Kaiserwürde gegenüber anderen politischen Konzepten herausstrichen, wogen die Zeitgenossen das Für und Wider offenbar nicht ab, galt das Kaisertum doch unbestritten als göttlicher Auftrag und allerhöchste Auszeichnung, da nur dem *Christus domini* die Stellvertreterschaft auf Erden sowie der Schutz der Kirche zustehe. Die Unverbrüchlichkeit des Eintretens für das Kaisertum mit allen zu Gebote stehenden Mitteln hat freilich nicht dazu geführt, dass die Ottonen oder die ihnen nachfolgenden Kaiser ein tragfähiges Konzept zur Stukturierung und Perpetuierung ihrer Herrschaft in Reichsitalien entwickelt und umgesetzt hätten. Erst die Staufer versuchten durch ihre Reichslegaten eine dauerhafte Kommunikation mit den Gebieten südlich der Alpen zu etablieren und zu institutionalisieren; doch scheiterte dieser Ansatz spätestens nach dem Tod Friedrichs II. (1250).

Glaubte Otto I. Rom in befriedetem, stabilem Zustand zurückgelassen zu haben, wurde er enttäuscht. Schon 966 erreichte ihn ein Hilferuf Johannes' XIII., der in die Hände seiner Gegner gefallen war. Zwar entließen sie ihn beim Herannahen des Kaisers, der Weihnachten 966 in Rom feierte, doch das Strafgericht fiel dennoch außerordentlich blutig aus, so dass einige Zeitgenossen Anstoß daran nahmen.

Brautwerbung in Byzanz

Im Anschluss wandte sich Otto I. nach Süden, um in Benevent und Capua freundschaftliche Kontakte zu festigen. Damit geriet er in die Interessensphäre des byzantinischen Kaisers Nikephoros Phokas (963–969). Dennoch suchte man nicht den bewaffneten Kampf, sondern den diplomatischen Ausgleich, und Otto I. schickte eine Gesandtschaft, um für seinen gleichnamigen Sohn um eine Braut zu werben. Der Geschichtsschreiber Liutprand von Cremona berichtet als Teilnehmer dieser heiklen Mission in höchst polemischer Weise und vermittelt den Eindruck, man habe am Bosporus den Ottonen nicht ernst genug genommen. Erst als Johannes Tzimiskes den Basileus ermordete und die Macht an sich riss, kam das Eheprojekt in Gang: Man sandte Theophanu nach Westen, die allerdings keine purpurgeborene Kaisertochter, sondern lediglich eine Kaisernichte war.

Errichtung des Erzbistums Magdeburg

Zu Ostern 967 erntete Otto I. auf einer Synode in Ravenna den Lohn seines Einsatzes für das Papsttum. Feierlich stimmte Johannes XIII. der Errichtung des Erzbistums Magdeburg zu, des Lebens- und Lieblingsprojektes des Kaisers. Eingedenk der Verdienste Ottos, die in einem Atemzug mit denjenigen Karls des Großen und Konstantins genannt werden, solle, so der Papst, die neue Erzdiözese völlig gleichwertig neben den bereits existierenden Metropolitansitzen des Reiches stehen. Die noch fehlende Zustimmung des von der Sprengeleinteilung schmerzlich betroffenen Erzbischofs von Mainz sowie des Bischofs von Halberstadt war den Synodalen bewusst, wurde aber nicht thematisiert.

Noch wichtiger wurde die Aufforderung des Kaisers und des Papstes an den zum Mitkönig gekrönten Kaisersohn Otto II. (961–983), zu Weihnachten 967 nach Rom zu kommen. Dort wurde Otto II. feierlich zum Mitkaiser erhoben, nicht in karolingisch-romfernen Formen, sondern durch die Mittlerschaft des Papstes. Damit war es Otto I. gelungen, die Dynastie auch im Hinblick auf das Imperium zu sichern.

Mitkaiserkrönung Ottos II.

Noch einmal wurde das Papsttum im Leben Ottos I. wichtig, als nämlich Johannes XIII. im April 972 den Mitkaiser Otto II. mit Theophanu vermählte; eine Hochzeit, welche die Streitigkeiten in Süditalien beruhigte und das Verhältnis zu Byzanz entspannte. Im Zuge der Hochzeitsfeierlichkeiten krönte und segnete der Papst die Braut, die Otto II. 974 stolz *coimperatrix* nannte.

4. Otto II. und die Romzentrierung des abendländischen Kaisertums

Nach dem Tod Ottos I. am 7. Mai 973 ging die Herrschaft dank bestmöglicher Vorkehrungen bruchlos auf seinen gleichnamigen Sohn und Mitkaiser über, den Widukind von Corvey als *spes unica totius ecclesiae* pries. Hatte sich der Vater in seinen späten Jahren sehr lange in Italien aufgehalten, widmete sich der Sohn zunächst bis 978 der Ordnung seines Reiches diesseits der Alpen. Erst ab 980 wandte er sich Italien und dem Kaisertum zu, das ihn bis zu seinem Tod 983 völlig in den Bann zog.

Kaiserideal Ottos II.

Otto II. war erfüllt vom Ideal des imperialen Kaisertums, was auch in der ältesten, nachkarolingischen Herrscherdarstellung zum Ausdruck kommt: Ein heute im Musée Condé in Chantilly aufbewahrtes Einzelblatt zeigt die Huldigung der Provinzen Gallia, Francia, Germania und Alamannia, symbolisiert durch Frauengestalten. Möglicherweise sah er die Chance, als glanzvoller Kaiser seinen Vater im öffentlichen Ansehen übertreffen zu können. Die Grundpfeiler seiner Kaiseridee bildeten die Herrschaft über Rom, die intensive und enge Zusammenarbeit mit dem Papst sowie die uneingeschränkte Macht über Italien, wobei er diesen Anspruch auf antike Traditionen stützte. Um Letzteres zu erreichen, unterband er rigoros jede Opposition auch dann, wenn die vermeintlichen Rebellen bislang verlässliche Partner gewesen waren, wie beispielsweise Venedig. Auch im Süden strebte er nach Ausdehnung seiner Herrschaft und betrieb erfolgreich die Erhebung Salernos zum Erzbistum, als Gegengewicht zum byzantinischen Metropolitansitz Otranto. Sein aggressives Auftreten führte indessen rasch zu militärischen Konflikten mit Byzanz und den fatimidischen Sarazenen, die sich seit 975 in Unteritalien zu etablieren vermocht hatten und am 13. Juli 982 dem Kaiser in *Columna regia* (heute wüst, nahe Reggio Calabria) eine katastrophale Niederlage beibrachten.

Um seinen Herrschaftsanspruch angemessen zu demonstrieren, führte Otto II. seit dem 16. März 982 einen neuen Kaisertitel, der traditionsbildend und seit der Kaiserkrönung Ottos III. (21. Mai 996) für alle westlichen Kaiser üblich wurde: *Romanorum imperator augustus* (Monumenta Germaniae Historica, Diplomata regum et imperatorum Germaniae II/1, Die Urkunden

Ottos des II., hg. v. Th. Sickel, Berlin 1888, Nr. 272). Der Titel richtete sich vor allem gegen Byzanz, wo man sich der Tragweite des dauerhaften Verlustes Roms für die Stellung des Basileus durchaus bewusst war.

Das Papsttum und die geistlichen Institutionen

Wie der Papst zur Politik Ottos II. stand, bleibt weitgehend dunkel. Die zunehmende Verschlechterung des Verhältnisses zwischen Rom und Byzanz führte automatisch zu einer intensiveren Westbindung der Nachfolger Petri. Die Päpste waren aber so klug, die Erweiterung ihres Einflusses im Reich nicht allein auf ihre Beziehungen zu den Kaisern zu stützen. Vielmehr vertieften sie die Kontakte zu den geistlichen Institutionen, allen voran den Klöstern, die in reichem Maße Schutz- und Exemtionsprivilegien erhielten, wovon während der gesamten Ottonenzeit nicht weniger als 137 Stück ausgefertigt wurden. Zwar unterstanden die exemten Konvente zugleich immer auch dem Schutz des Königs, der im Ernstfall rascher und militärisch wirksamer eingreifen konnte, aber die engere Rombindung ist vor allem im Hinblick auf die Zentralisierung unter den späteren Reformpäpsten nicht zu unterschätzen.

5. *Renovatio Romani imperii:* Otto III. und die Päpste Gregor V. und Silvester II.

Obwohl Otto II. überraschend mit nur 28 Jahren 983 starb, hatte er doch schon für seine Nachfolgeregelung gesorgt. Zu Pfingsten 983 erhoben die Fürsten in Verona auf sein Drängen seinen 980 geborenen Sohn, Otto III. (983–1002), zum Mitkönig. Aber eine lange Minderjährigkeitsregierung enthielt dennoch erhebliches Unsicherheitspotential, auch nachdem die Thronspekulationen des unter Otto II. abgesetzten Bayernherzogs, Heinrichs des Zänkers, abgewendet werden konnten.

Vormundschaftsregierung der Theophanu

Während der Vormundschaftsregierung von Ottos Mutter Theophanu ist keine direkte Einflussnahme des Papsttums auf den Königsknaben auszumachen; wesentlich geprägt wurde dieser vielmehr durch seinen Lehrer Gregor von Burtscheid, der ihn mit der griechischen Geisteswelt vertraut machte. Möglicherweise rührt aus dieser Zeit Ottos Wunsch nach einer byzantinisch geprägten Hofhaltung in Rom, um nicht hinter Byzanz zurückzustehen.

Bemerkenswert ist die Übertragung des Hoheitsgebietes eines gewissen Dagome *iudex*, seiner Frau Oda und ihrer Söhne Misica sowie Lambert 990/92 an den heiligen Petrus. Es handelte sich dabei um den Versuch des Polenherrschers Mieszko, in Polen eine eigene Kirchenorganisation aufzubauen und den Einfluss des Reiches zurückzudrängen. Dass Papst Johannes XV. (985–996) die Übertragung gegen den Willen der Regentschaft ausgehandelt hatte, ist wenig wahrscheinlich, aber der Vorgang verdeutlicht doch, dass der Nachfolger Petri die für ihn günstige Schwäche des Reiches auszunutzen gewillt war.

989 zog Theophanu ohne ihren Sohn nach Italien und wurde in einer Ravennater Urkunde als *Theophanius gratia divina imperator augustus* bezeichnet. Bei der Maskulinisierung ihres Titels dürfte es sich aber nicht um ein politisches Programm, sondern um die Eigenmächtigkeit eines Schrei-

bers handeln, obwohl Theophanu in vielerlei Hinsicht byzantinische Gewohnheiten kopierte. Es fehlen stichhaltige Beweise für den ernsthaften Versuch, im Westen ein weibliches Kaisertum nach byzantinischem Vorbild zu etablieren.

Erste Romkontakte Ottos III.

Der erste Kontakt Ottos III. zum Papsttum ergab sich 995, also noch zur Zeit seiner Minderjährigkeit. Papst Johannes XV. bat den Ottonen um Hilfe gegen den römischen Stadtpräfekten Crescentius, der ihn aus der Ewigen Stadt vertrieben hatte. Der jugendliche König handelte rasch, riefen ihn doch neben der Schutzverpflichtung gegenüber dem Papsttum auch die Hoffnung auf die Kaiserkrone und die seit mehr als zehn Jahren ungeordneten italienischen Verhältnisse über die Alpen. Als er im März 996 Regensburg verließ, wurde ihm die heilige Lanze als siegbringende Reliquie und unübersehbares Zeichen seines herrscherlichen Selbstverständnisses vorangetragen. Mit ihr stellte er sich in eine Reihe mit seinen kaiserlichen Vorgängern und erinnerte zugleich an deren Heidensiege.

Papst Gregor V.

Als ihn in Pavia die Nachricht vom Tod Johannes' XV. und die Bitte der Römer um Bestellung eines Nachfolgers erreichte, übte er dieses allein dem Kaiser vorbehaltene Recht mit Selbstverständlichkeit aus. Seine programmatische Wahl fiel auf den mit ihm verwandten Hofkaplan Brun, Sohn des Herzogs von Kärnten, den ersten „Deutschen" auf dem Stuhl Petri. Die Erhebung Gregors V. (996–999) setzte innovative Zeichen: Zum einen war die Wahl eines nichtitalischen, dem König und zukünftigen Kaiser vertrauten Papstes ein Novum und zum anderen ging die Nominierung des Kandidaten über den Wortlaut des Ottonianum weit hinaus, denn dort war nur von einer Bestätigung des Elekten und eben nicht von der Auswahl des zu Wählenden die Rede. Ottos III. Ziel war es, mit seiner gewagten Entscheidung das Papsttum aus den römischen Adelsquerelen herauszureißen, doch Gregor V. stieß auf zahlreiche Schwierigkeiten. Als Fremdem fehlte ihm eine eigene Klientel in der Ewigen Stadt, so dass er völlig von der Rückendeckung des Kaisers abhängig war. Die gute Zusammenarbeit der beiden Universalgewalten war zur unabdingbaren Notwendigkeit geworden.

Kaiserkrönung Ottos III.

An Christi Himmelfahrt (21. Mai) 996 krönte Gregor V. Otto III. in St. Peter zum Kaiser und feierte unmittelbar danach mit ihm eine gemeinsame Synode, die ihre künftige, enge Kooperation versinnbildlichen sollte. Neue Zeichen dieser Gemeinsamkeit setzten die bis dato völlig unbekannten Interventionen des Papstes in Kaiserurkunden sowie die Unterfertigung einer päpstlichen Bulle durch Otto III. Aus dieser Zeit rührt auch das Bild des Kaisers und des Papstes als Lichter der Welt. Allerdings stellte im 10. Jahrhundert noch niemand die Frage, welche der Gewalten die Sonne und welche den Mond symbolisierte.

Auf der Krönungssynode traf Otto III. erstmals mit **Gerbert von Aurillac** zusammen, den der Kaiser ab 997 als Lehrer ständig in seinem Umfeld behielt, nachdem seine Berufung zum Erzbischof von Reims Probleme bereitet hatte.

E

Gerbert von Aurillac
Geboren um 950 in Aquitanien wurde Gerbert im cluniazensisch geprägten Kloster St-Géraud-d'Aurillac erzogen und ging um 967 nach Katalonien, um seine Ausbildung im Kloster Ripoll zu vervollständigen. Auf einer Romreise 970/71

lernte er Kaiser Otto I. kennen. Auf dessen Vermittlung konnte er seine Studien in Reims vertiefen und wurde bald zum Leiter der dortigen Kathedralschule. 991–996 war er Erzbischof von Reims und kämpfte unermüdlich um die Anerkennung der Rechtmäßigkeit der Absetzung seines Amtsvorgängers sowie seiner eigenen Erhebung. 996 musste er Reims verlassen und lernte im Mai 996 in Rom Otto III. kennen, der Gerbert bat, sein persönlicher Lehrer und Berater zu werden. Gerbert wurde zum Vordenker der kaiserlichen Pläne der *Renovatio imperii Romanorum*. Auf Betreiben Ottos III. wurde Gerbert am 9. April 999 zum Papst gewählt und nannte sich fortan Silvester II. Der Name war Programm und erinnerte an Silvester I. und Konstantin. Während des Aufstandes der Römer gegen Otto III. 1001 musste auch Silvester II. die Ewige Stadt verlassen, die er erst nach dem Tod des Kaisers im April 1102 wieder betreten konnte. Am 12. Mai 1003 starb Silvester II. in Rom.

Nach dem raschen Abzug Ottos III. aus Rom wurde die Fragilität des kaiserlichen Papstschutzes deutlich, der nur so lange währte, wie der Kaiser sich in der Ewigen Stadt aufhielt. Bei erster Gelegenheit vertrieben die Römer Gregor V., der ihnen lediglich als Papst des Kaisers galt. Daher zog Otto III. im Dezember 997 erneut nach Rom, um Gregor V. zu helfen und dessen Gegenpapst Johannes XVI. (997–998) zu vertreiben, den der Stadtpräfekt Crescentius mittlerweile eingesetzt hatte. Pikanterweise war der Gegenpapst kein Geringerer als Johannes Philagathos, ein Günstling von Ottos Mutter Theophanu. Im Februar 998 gelangte der Kaiser in die Ewige Stadt. Rasch wurde der flüchtige Johannes XVI. gefasst, grausam gefoltert, verstümmelt und in einem öffentlichen Schauprozess in beschämender Weise seiner pontifikalen Gewänder entkleidet. Crescentius wurde enthauptet, sein Leichnam von den Mauern der Engelsburg gestürzt und schließlich gemeinsam mit denjenigen von 12 Gefährten an den Füßen aufgehängt. Die erbitterte, rachedürstende Grausamkeit des Kaisers und seines Papstes rief sogar bei den Zeitgenossen Kritik hervor. Der Eremit Nilus von Rosano bat darum, Johannes Philagathos in seinem Kloster pflegen zu dürfen, wurde aber abgewiesen. Im Zorn verhieß er den beiden Vertretern der Universalgewalten, dass ihnen Gott wegen ihrer unstillbaren Rachsucht dereinst die Sünden nicht vergeben werde.

Neue Romkonzeption Ottos III.

Noch im gleichen Jahr 998 werden tiefgreifende Veränderungen in der Rompolitik Ottos III. sichtbar: Eine Bleibulle zeigt erstmals auf dem Avers den Kaiser sitzend und auf dem Revers die gewappnete Büste der Roma mit der Umschrift: *Renovatio imperii Romanorum*. Es handelte sich dabei sicher auch – aber nicht nur – um einen Rückgriff auf die Bullen-Legende Karls des Großen: *Renovatio Romani imperii*. Im Januar 1001 kam es erneut zu einer Modifizierung: Nach der Rückkehr des Kaisers aus Gnesen lautete die Bullen-Devise *Aurea Roma*. Diese Neuerungen sowie einige Aussagen Gerberts von Aurillac legten lange den Schluss nahe, Otto III. habe eine dauerhafte Verlegung seines Herrschaftsschwerpunktes nach Rom geplant, um an der Stätte der antiken Imperatoren seine feste Residenz aufzuschlagen; ein Vorhaben, das nicht selten als undeutsch und nationalen Interessen zuwiderlaufend verurteilt wurde. Diese These ist indessen nicht mehr haltbar. Zunächst ist es schwierig, von panegyrischen Äußerungen und huldigenden Darstellungen auf tatsächliche politische Konzepte zu schließen. Zudem hätte eine solche Radikallösung den Konsens der Fürsten vorausgesetzt, für dessen Einholung es keine Anzeichen gibt. Ebensowenig lassen sich Spuren einer flächendeckenden politischen Mobilisierung der mit dem angeblichen Plan Unzufriedenen vor allem in Sachsen erkennen. Es gab noch kein ethnisch herauskristallisiertes Selbstbewusstsein, das durch eine dauerhafte Südorientierung des Herrschers hätte verletzt werden können (Knut Görich). Vielmehr galt den Zeitgenossen die kaiserliche Herrschaft über Rom als Selbstverständlichkeit.

Sicher festzuhalten bleibt, dass sich Otto III. bemühte, die kaiserliche und die päpstliche Autorität in Rom und in Italien zu intensivieren und dauerhaft in Evidenz zu halten. Daher bemühte er sich auch im Zusammenwirken mit Gregor V. um innerkirchliche Reformmaßnahmen sowie die Rückführung entfremdeter Güter in geistliche Hand. Mit Hilfe der kaiserlichen *potentia* sollte der Papst die Kirche sowie die Welt reinigen.

Papst Silvester II.

Ein politisches Konzept, das noch intensiviert wurde, als im Februar 999 Papst Gregor V. überraschend starb und an seiner Stelle Gerbert von Aurillac erhoben wurde, der den programmatischen Namen Silvester II. (999–1003) wählte. Bewusst stellte er sich damit in eine direkte Traditionslinie zum angeblichen Konstantins-Bekehrer Silvester I. und wollte gemeinsam mit dem neuen Konstantin, Otto III., eine noch nie dagewesene Zusammenarbeit der Universalgewalten begründen.

Otto III. sah seine kaiserlichen Aufgaben in diesem neuen Miteinander durchaus offensiv, was während seiner **Gnesenreise** deutlich wurde, die bekanntermaßen zur kirchlichen und politischen Selbständigkeit Polens führen sollte. Damals erweiterte er seinen Kaisertitel durch die Zusätze *servus Jesu Christi* und *servus apostolorum* und stilisierte sich damit öffentlich als Nachfolger des Apostels Paulus, mit dem erklärten Ziel der Ausbreitung des Glaubens durch den Kaiser.

E

Tag von Gnesen

In der Burg Gnesen wurde im Jahr 1000 in Anwesenheit Kaiser Ottos III., eines päpstlichen Legaten sowie Bolesławs I. Chrobry am Grab des heiligen Adalbert das Erzbistum Gnesen mit den Suffraganen Krakau, Breslau und Kolberg eingerichtet. Zum ersten Erzbischof wurde ein Halbbruder des heiligen Adalbert, Radim Gaudentius, berufen. 1025 wurde Gnesen der Krönungsort Bolesławs I. Chrobry, seines Sohnes Mieszko II. sowie dessen Gemahlin Richeza. Damit symbolisiert Gnesen die kirchliche sowie die politische Selbständigkeit Polens.

Öffnung des Karlsgrabes in Aachen

Gleichzeitig suchte er aber auch den Kontakt zu seinen Vorgängern. Auf der Rückreise aus Gnesen ließ er in Aachen das Grab Karls des Großen öffnen und entnahm ihm mehrere Gegenstände. Die Gründe dafür dürften vielfältig gewesen sein. Möglicherweise knüpfte er an antike Traditionen an (Caesars Besuch am Alexander-Grab und die Öffnung des Alexander-Grabes durch Augustus), wahrscheinlich jedoch besuchte er in seinen Augen das Grab eines präsumptiven Heiligen und unternahm damit den ersten Schritt zur Etablierung des Karlskultes, als integrative Klammer für das Ottonenreich. Diese Deutung würde auch erklären, warum Otto III. festlegte, in Aachen und eben nicht in Rom bestattet zu werden.

Nach seiner Rückkehr aus Gnesen legte Otto III. in einer Schenkungsurkunde an den Papst seine Vorstellungen vom Miteinander der Universalgewalten dar (Monumenta Germaniae Historica, Diplomata regum et imperatorum Germaniae II/2, Die Urkunden Ottos des III., hg. v. Th. Sickel, Berlin 1893, Nr. 389). Sorglosigkeit und Ungeeignetheit früherer Päpste hätten dem Papsttum, seinem Ansehen und Besitzstand schwer geschadet. Andererseits hätten sich die Nachfolger Petri Reichsrechte angeeignet mit Beweismitteln, wie beispielsweise dem *Constitutum Constantini*, die Otto III. zurückwies. Dennoch schenkte Otto III. dem Papst, was ihm gehörte, und betonte auf diese Weise auffällig die kaiserlichen Rechte. Die Urkunde hob auch die Bedeutung Roms als *caput mundi* hervor; die Roma allein mache aus Königen Kaiser, woraus allerdings wohl kaum eine in letzter Konsequenz durchdachte Romsuprematie gefolgert werden kann.

Tod Ottos III.

Die Hochschätzung der Stadt Rom sagt indessen noch nichts zum Verhältnis Ottos III. zu den Römern aus. Nach seiner kurzzeitigen Vertreibung hielt er zwar angeblich eine aufsehenerregende Rede an die Römer, in welcher er deren mangelnde Liebe beklagte, zumal er um ihretwillen seine sächsischen Gebiete vernachlässigt habe, doch sollten diese Worte den Römern nur ihre Fehler vor Augen halten und können nicht als Beweis für eine tatsächliche Hintansetzung der nördlich der Alpen gelegenen Gebiete zugunsten Reichsitaliens gedeutet werden. Als Otto III. mit nur knapp 22 Jahren überraschend am 23. Januar 1002 in der Burg Paterno nahe Rom dem Fieber erlag, war die Lage in der Ewigen Stadt keineswegs geklärt.

6. *Romanorum invictissimus rex:* Heinrich II.

Im Reich stand nach dem Tod Ottos III. eine komplizierte Nachfolge an, aus der Heinrich II. (1002–1024) als Sieger hervorging. Ende 1002 übergab ihm Leo von Vercelli den *Versus de Ottone et Heinrico*. Darin beschreibt er, dass mit Ottos Tod bereits das Weltende gedroht hätte, wäre nicht Heinrich II. gekommen, um dies mit seinem Regierungsantritt gerade noch zu verhindern. Allerdings müsse er nun in Italien für klare Verhältnisse sorgen, denn dort hatte sich Markgraf Arduin von Ivrea zum König krönen lassen.

Zögerliche Italienpolitik Heinrichs II.

Nach langem Zögern wandte sich Heinrich II. am 14. Mai 1004 tatsächlich südwärts und wurde in Pavia zum König gekrönt. Danach jedoch kehrte er überraschend nach Norden zurück, um Italien erst 10 Jahre später wieder zu betreten. Diese auffallende Untätigkeit wird neuerdings dahingehend interpretiert, dass der Ottone möglicherweise durch ein erhebliches Legitimationsdefizit vom Eingreifen in Italien abgehalten worden war (Stefan Weinfurter). Noch genügte es einfach nicht, der „deutsche" König zu sein, um gleichsam automatisch auch in Italien tatkräftige Politik betreiben zu können. Die deutsche Königskrönung begründete zu dieser Zeit noch nicht selbstverständlich die Anwartschaft auf die Kaiserkrone und offenbar auch noch keinen Rechtsanspruch auf Reichsitalien. Erst nach und nach wurde das Legitimationsdefizit abgebaut: Im November 1007 nannte sich Heinrich II. erstmals *Romanorum invictissimus rex,* doch schon zuvor adaptierte er kaiserliche Autoritätszeichen, wie beispielsweise das kaiserliche Majestätssiegel Ottos III. und die Bleibullen, was allerdings auch anderweitig zu beobachten ist und daher nicht überbewertet werden darf. 1016 begann

Papst Benedikt VIII. (1012–1024), in der Datierung seiner Urkunden auch die Herrschaftsjahre des Ottonen zu zählen; ein deutliches Signal, dass man in Rom durchaus einen Zusammenhang zwischen der deutschen Königskrönung und der Anwartschaft auf die Kaiserkrone sah. Die Titelvariante *Romanorum rex* wurde später von den Saliern übernommen; wahrscheinlich jedoch formulierte die Reichskanzlei erstmals unter Heinrich II. die Idee des erhöhten Königtums mit dem Anspruch auf die römische Kaiserwürde (Stefan Weinfurter).

In die gedanklichen Vorbereitungen zum Romzug platzte die Nachricht von einer Doppelwahl in Rom: Am 12. Mai 1012 hatten die Crescentier Gregor (VI.) (1012) und wenig später die Tuskulaner Benedikt VIII. erhoben. Gregor wandte sich hilfesuchend an Heinrich II., wurde von diesem aber auf eine Entscheidung in Rom vertröstet. Gleichzeitig bat der König jedoch Benedikt VIII. um Bestätigung seiner Bistumsgründung Bamberg, was der definitiven Anerkennung dieses Papstes gleichkam.

Im April 1013 wurde in Pöhlde endgültig die Romfahrt beschlossen. Wohl gleichzeitig entstand die berühmte Darstellung Heinrichs II. im Bamberger Perikopenbuch, Ausdruck für das kaiserliche Denken des Ottonen, der im Bild gemeinsam mit seiner Gemahlin Kunigunde von Petrus und Paulus zur Kaiserkrönung geleitet wird, während Christus selbst ihnen die Kronen auf das Haupt setzt.

Kaiserkrönung Heinrichs II.

Am 14. Februar 1014 wird Heinrich II. durch Benedikt VIII. feierlich in Rom empfangen und erhält aus den Händen des Papstes die Sphaira (Globus) als Zeichen kaiserlicher Weltherrschaft über das christliche Universum. Die Sphaira stiftete Heinrich später an die burgundische Reformabtei Cluny. Das Gratulationsschreiben Abt Odilos von Cluny an den neuen Kaiser findet deutliche Worte für den universalen Charakter der Herrschaft über das *Imperium Romanum.*

Nach seiner Kaiserkrönung verwendete der letzte Ottone ein Bleibullen-Siegel, das im Revers die Mauerkrone Roms mit dem Apostelfürsten Petrus zeigt, weshalb Stefan Weinfurter vom „Petruskaisertum" sprach. Allerdings hinderte diese Wertschätzung den Kaiser nicht daran, eigenmächtig in liturgische Fragen – ***filioque*-Streit**; Aufnahme des Credo in den Messvollzug – einzugreifen. Nach seinem Dafürhalten umfasste seine Verantwortlichkeit die Gesamtkirche.

E

***Filioque*-Streit**
Um den Zusatz *filioque* im nicäno-konstantinopolitanischen Glaubensbekenntnis, der besagt, dass der heilige Geist vom Vater und vom Sohn hervorgeht, entbrannte im 9. Jahrhundert ein erbitterter Streit zwischen der lateinischen und der griechischen Kirche, wobei der sachliche Inhalt ebenso umstritten war wie die Rechtmäßigkeit der Einfügung in das Glaubensbekenntnis. Nachdem Karl der Große das *filioque* ins Glaubensbekenntnis hatte aufnehmen lassen, gelangte es 807 auch nach Jerusalem. 809 bekannte sich Papst Leo III. zwar zum Inhalt des *filioque*, nahm es aber nicht in das Symbolum auf. Erst auf Bitten Kaiser Heinrichs II. wurde das *filioque* ca. 1013 durch Benedikt VIII. auch in Rom eingeführt. Die griechische Kirche wertete das *filioque* als Hauptgrund des Schismas von 1054.

Heinricianum

Bald nach Heinrichs II. rascher Rückkehr in sein Reich nördlich der Alpen wurde die Lage Benedikts VIII. in Rom unhaltbar. Hilfesuchend reiste der

Nachfolger Petri persönlich ins neue Rom, nach Bamberg; eine Reise, welche die neue Wertigkeit und Autorität des Kaisertums deutlich macht. Nach dem gemeinsamen Osterfest wurde das sogenannte *Heinricianum* ausgefertigt; eine feierliche Purpururkunde mit Goldschrift. Darin bestätigt der Kaiser dem Papst das Ottonianum, übergibt ihm Rechte in Fulda und Bamberg und schenkt ihm Ländereien zwischen Narni, Terni und Spoleto. Zudem sicherte der Kaiser einen Heereszug nach Unteritalien zu.

Politik Heinrichs II. in Süditalien

Im Herbst 1021 brach er nach Süden auf und im Juni 1022 eroberte er die wichtigste byzantinische Bastion im nördlichen Apulien, Troia. Da Heinrich II. aber nicht energisch weiterkämpfte, sondern Süditalien abrupt verließ, veränderte sein Sieg die Gesamtsituation nicht und der Feldzug muss als Fehlschlag gewertet werden. Anschließend hat der letzte Ottone Italien nicht wieder betreten. Anders als bei Otto I. oder Otto III. stand das Kaisertum niemals im Zentrum der Herrschaftskonzeption Heinrichs II., den Stefan Weinfurter daher zu Recht als „kaiserlichen König" bezeichnet.

IV. Im Zeichen von Kirchenreform und Investiturstreit: Die Salierzeit

4. September 1024	Wahl Konrads II. († 4. Juni 1039)
26. März 1027	Kaiserkrönung Konrads II. und Giselas
14. April 1028	Königswahl Heinrichs III. († 5. Oktober 1056)
20. Dezember 1046	Synode von Sutri
25. Dezember 1046	Konsekration Clemens' II.
25. Dezember 1046	Kaiserkrönung Heinrichs III.
1049	Inthronisation Leos IX.
16. Juli 1054	Spaltung zwischen lateinisch-römischer Kirche und Ostkirche
17. Juli 1054	Königswahl Heinrichs IV.
1059	Papstwahldekret Nikolaus' II.
22. April 1073	Wahl Gregors VII.
15. Februar 1076	Exkommunikation Heinrichs IV.
28. Januar 1077	Bannlösung Heinrichs IV. in Canossa
11. April 1111	„Pravilegium"
13. April 1111	Kaiserkrönung Heinrichs V.
23. September 1122	Wormser Konkordat

Die gut 100 Jahre währende Salierzeit ist geprägt von tiefgreifenden Umbrüchen und Wandlungen, die unter Heinrich IV. (1056–1106) im sogenannten Investiturstreit ihren spektakulären und die mittelalterliche Gesellschaft nachhaltig erschütternden Höhepunkt fanden. Dabei ist der Begriff „Investiturstreit" sehr unglücklich gewählt, da der Streit um die Modalitäten der Bischofseinsetzung nur ein Aspekt des Konflikts war und nicht als alleiniger Auslöser der Differenzen gewertet werden darf. Zudem erweiterten sich die Problemfelder rasch und ließen sich nicht auf ein Thema begrenzen. Die gegensätzlichen Ansichten berührten vielmehr die Grundfesten der bisherigen Weltordnung.

Bis in die Mitte des 11. Jahrhunderts bestand die seit dem Frühmittelalter zu beobachtende enge Vernetzung aller Lebensbereiche, die sich gegenseitig bedingten und stützten. Nun jedoch setzte eine immer stärkere Differenzierung ein, aus der letztlich „Kirche" und „Staat" hervorgingen und ein jeweils eigenes, eigenständiges Bewusstsein entwickelten. Ein schmerzhafter Individualisierungsprozess, der nicht reibungslos verlaufen konnte, da der Kaiser sich bislang nicht nur als *defensor ecclesiae* sah, sondern auch unverhohlen Mitbestimmungs- und Herrschaftsrechte innerhalb der Kirche forderte, die ihm das Papsttum zunehmend weniger zuzugestehen gewillt war.

1. Konrad II.

Heinrich II. starb am 13. Juli 1024 kinderlos. Fast schien es, als habe er in seinen späten Jahren die Kirche und vor allem sein Bistum Bamberg (gegr. 1007) als seine wahren Erben betrachtet. Daher hinterließ sein Tod ein Vakuum, das Ängste heraufbeschwor. Abt Bern von Reichenau fürchtete gar um die Einheit des Reiches, als es nach Heinrichs Tod zu Abspaltungsbemühungen in Italien kam.

Erhebung Konrads II.

Aber schon am 4. September 1024 einigte man sich in Kamba auf Konrad II. (1024–1039) als neuen Herrscher, für den neben geblütsrechtlichen Gründen auch seine moderne, über die eigene Lebenszeit hinausreichende Herrschaftskonzeption gesprochen haben dürfte, welche die Salier durch ihr ausgeprägtes Hausbewusstsein und ihren effektiven Machtaufbau schon seit längerem demonstrierten. Als er am 8. September (Mariä Geburt) im Mainzer Dom gekrönt werden sollte, ließ Konrad – wie sein Biograph Wipo berichtet – angeblich den Zug zur Kirche anhalten, um zuvor einem Bauern, einer Witwe und einem Waisenkind ihr Recht zuzusprechen und Barmherzigkeit walten zu lassen. Eine geschickte Inszenierung des neuen Königs und der neuen Dynastie. Auch der Krönungstag war nicht zufällig gewählt, sondern spiegelt die tiefe Marienfrömmigkeit der Salier.

Königsideologie Konrads II.

Die im Zeremoniell aufscheinende Königsideologie Konrads II. wurde maßgeblich für seine Sicht des Kaisertums. Durch Weihe und Salbung verwandelte sich Konrad II. nach dem Verständnis der Zeit in einen neuen, „am göttlichen Walten beteiligten Menschen" (Franz-Reiner Erkens). Die Fest-Predigten der Erzbischöfe von Mainz und Köln führten den Gläubigen die Sakralität des Herrschers deutlich vor Augen. Der König ist als *vicarius Christi* gleichsam das irdische Abbild göttlicher Herrlichkeit. Er ist *rex et propheta* (König und Prophet), *rex et sacerdos* (König und Priester, allerdings ohne Priesterweihe), *mediator cleri et plebis* (Mittler zwischen den Geistlichen und den Laien; gelegentlich findet sich auch *mediator dei ac plebis*) und sogar *typus Christi* (Abbild Christi), dessen Handlungen göttlichem Willen entsprechen. Diese enorme Verkirchlichung des Königtums basierte auf der Grundvorstellung, das Amt sei *a Deo commissum*, also von Gott selbst verliehen. Zudem galt der König schon seit den Tagen Ottos II. und vor allem Heinrichs II. als von Gott gekrönt, weshalb die Krone auch das wichtigste Symbol des christusbezogenen Herrscherbildes wurde. Von allen **Reichsinsignien** (Ring, Mantel, Spangen, Zepter und Stab, der im Verlauf des 11. Jahrhunderts vom Reichsapfel abgelöst wurde) erhielt er sie zuletzt.

E

Insignien
Unter Insignien versteht man (legitimierende) Kennzeichen einer ererbten oder verliehenen geistlichen oder weltlichen Würde bzw. eines Amtes. Im Insignienverständnis des 10. Jahrhunderts fielen Herrschaftszeichen und Heiltum zusammen. Zum ältesten Bestand der Reichsinsignien gehörten das Krönungsevangeliar sowie die Stephansbursa aus der Karolingerzeit. Hinzu kamen die heilige Lanze, die Reichskrone, das Reichskreuz, das Reichsschwert, Zepter und Reichsapfel sowie die Krönungsgewänder, im 14. Jahrhundert dann noch Adlerdalmatica und Stola.

Welche Krone Konrad II. indessen trug, ist umstritten, da die Inschrift auf dem Hahnenkamm-Bügel der Reichskrone auch auf Konrad III. verweisen könnte: *CHVONRADUS DEI GRACIA ROMANORV(m) IMPERATOR AVG(ustus)*. Wahrscheinlich jedoch wurde dieser Bügel als Ersatz für einen älteren nach der Kaiserkrönung Konrads II. montiert. Wie keine andere Reichsinsignie symbolisierte die **Krone** die Sakralität der Königsidee. Ihre oktogonale Form erinnert an den Tag des Gerichts, den achten Welttag. Das aufgesteckte Kreuz (ursprünglich ein Brustkreuz) demonstriert die königliche Stellvertreterschaft Christi auf Erden. Zugleich ist sie Abbild des himmlischen Jerusalem und die Bildplatten der Krone versinnbildlichen die Königsideologie. Vor allem das Spruchband König Davids (*Honor regis iudicium diligit*) sowie dasjenige des Königs Salomo (*Time dominum et recede a malo*) und die Darstellung des Christus Pantokrator mit einem Vers aus dem 8. Buch der Sprüche Salomonis (*Per me reges regnant*) und die Verkündigung des Propheten Jesaia an König Ezechias (*Ecce adiciam super dies tuos XV annos*) manifestieren die Gotterwähltheit des Herrschers. Daher war es auch immer eine zeremonielle Besonderheit mit herausragender Symbolkraft, wenn der König (oder Kaiser) unter der Krone ging.

E

Krone
Die Krone war das bedeutendste mittelalterliche Herrschaftszeichen. Der Begriff *corona* bezeichnete ursprünglich einen vegetabilen Kopfschmuck in Kranzform. Für die mittelalterliche Krone wurde die Verbindung von Diadem und kaiserlichem Prunkhelm entscheidend. Die Reichskrone in ihrer achteckigen Form, mit ihrem zahlensymbolischen Edelsteinschmuck sowie dem alttestamentlichen und auf Christus bezogenen Bildprogramm wurde zum Sinnbild des christlichen Herrschertums. In der Forschung ist die Datierung der Reichskrone stark umstritten. Sie wird sowohl Otto I. (962) als auch Otto III. und Heinrich II. zugewiesen. Dass der Begriff an dieser Stelle erläutert wird, bedeutet nicht, dass die Verfasserin für eine Spätdatierung optiert.

Von kaum zu überschätzender Bedeutung für das Königtum Konrads II. und die gesamte Salierzeit war die Festlegung einer zentralen Grablege im Dom zu Speyer. In der bewussten Konstruktion eines gemeinsamen Memorialorts spiegelt sich das neue, transpersonale Verständnis von Reich und Herrschaft, das Wipo in einer fingierten Rede Konrads II. an die Bewohner Pavias thematisiert: Die Pavesen hatten nach dem Tod Heinrichs II. die innerstädtische Pfalz zerstört, da es keinen König mehr gebe und sie daher niemandem Unrecht täten. Konrad II. hielt dagegen, dass das *regnum* nach dem Tod des Königs fortbestehe, wie auch das Schiff weiter existiere, wenn der Steuermann stirbt. Diese neuartige Grundüberzeugung fußt maßgeblich auf der Vorstellung, dass die Könige als Stellvertreter Christi Teil an der ewigen Herrschaft Gottes hätten. Für die irdische Perpetuierung der Krongewalt innerhalb der salischen Familie trug Konrad II. umsichtig Sorge, indem er seinen Sohn, Heinrich III., 1028 zum König wählen ließ und in seiner ersten Kaiserbulle als *Heinricus spes imperii* der politischen Öffentlichkeit präsentierte. Die zweite Kaiserbulle des Jahres 1033 ging noch darüber hinaus und versinnbildlichte in der Darstellung von Vater und Sohn die dynastische Einheit der Salier.

Konrad II. stellte seine Herrschaft ganz in die Tradition Karls des Großen, was er unmittelbar nach der Krönung seiner Gemahlin Gisela augenfällig werden ließ, als er in Aachen auf dem Karlsthron Platz nahm. Auch die Zeitgenossen erkannten die bewusste Nachfolge und Wipo konstatierte, dass am Sattel Konrads II. die Steigbügel Karls des Großen hingen.

Im Gegensatz zu seinem Amtsvorgänger drängte es Konrad II. zum Erwerb der Kaiserkrone. Im Februar 1026 brach er nach Süden auf. Ob er in Mailand die Langobardenkrone erhielt, ist unklar; den langobardischen Königstitel führte er jedoch seit Juni 1026: *Chuonradus divina favente clementia rex Francorum, Langobardorum et ad imperium designatus Romanorum* (Monumenta Germaniae Historica, Diplomata regum et imperatorum Germaniae IV: Die Urkunden Konrads II., hg. v. H. Bresslau, Berlin 1909, Nr. 64). Obwohl er keinen Zweifel an seinem alleinigen Anrecht auf die Kaiserkrone hegte, führte er noch nicht den Titel *Romanorum rex*, der seit Heinrich III. geläufig und seit Heinrich V. vorherrschend wurde.

Kaiserkrönung Konrads II.

Zu Ostern 1027 (26. März) krönte Papst Johannes XIX. (1024–1032) Konrad II. und Gisela in St. Peter in Rom; die Anwesenheit hochrangiger Gäste, darunter König Knut von Dänemark und König Rudolf III. von Burgund sowie Abt Odilo von Cluny, machte die Zeremonie zur strahlenden Demonstration salischen Kaisertums.

Johannes XIX. war seinem Bruder, Benedikt VIII., 1024 im Amt nachgefolgt und stammte aus der Familie der Tuskulaner, die mit Benedikt IX. (1032–1045) auch den Nachfolger Johannes XIX. stellten. Reformansätze ließen die eng mit dem römisch-deutschen Königtum verbundenen Tuskulaner nur zu, wenn sie die Familieninteressen nicht tangierten. Umfassende Reformmaßnahmen waren mit ihnen nicht realisierbar, sie griffen erst nach der Verteibung der Tuskulaner vom Papstthron.

Konrad II. und Heinrich III.

Obwohl Konrad II. in Rom keinen Schwierigkeiten begegnet war, verließ er Italien schnellstmöglich, um die Empörung seines Sohnes Ernst niederzuwerfen. Kaum war dies geschehen, ließ er am 14. April 1028 seinen Sohn Heinrich (*28. Oktober 1017) in Aachen zum König wählen, salben und krönen und sicherte die Dynastie für eine weitere Generation. Damit bekräftigte Konrad II. eine Tendenz, die sich indessen schon früher abgezeichnet hatte: Der Kaiser ließ zur Sicherung der Thronfolge zu seinen Lebzeiten seinen Sohn möglichst bald zum König erheben, jedoch nicht zum Mitkaiser, wie dies nur einmal unter Otto I. nach byzantinischem Vorbild erfolgt war. Dennoch hatte Konrad II. die Nachfolge im Kaisertum im Blick, wie die Bullenumschrift von 1028 unmissverständlich belegt: *Heinricus spes imperii.*

Noch deutlicher wird die neue Bulle des Jahres 1033: Sie zeigt Vater und Sohn sowie im Revers die Aurea Roma mit der möglicherweise von Wipo stilisierten Umschrift: *Roma caput mundi regit orbis frena rotundi* (Rom, Haupt der Welt, führt die Zügel des Erdkreises). Konrads Kaiseridee war romzentriert und universal. Daher verwundert es nicht, dass sich unter ihm die Bezeichnung *imperium Romanum* für den salischen Herrschaftsraum einbürgerte (seit der Stauferzeit *sacrum imperium Romanum* und im Spätmittelalter dann heiliges römisches Reich deutscher Nation).

Über das Verhältnis Konrads II. zum Papsttum ist wenig bekannt; ernste Differenzen gab es nicht. Allerdings duldete der Kaiser keine Eingriffe des Papstes in das Gefüge der Reichskirche, selbst dann nicht, wenn es – wie im Fall des Abtes Bern von Reichenau – lediglich um das Vorrecht des Tragens bischöflicher Insignien während der Messe ging.

2. Heinrich III. und die Synode von Sutri (1046): Das Papsttum unter der Herrschaft des Kaisertums?

Als Konrad II. am 4. Juni 1039 in Utrecht starb, fand er wunschgemäß seine letzte Ruhe in Speyer. Unangefochten übernahm sein Sohn Heinrich III. die Herrschaft und führte das salische Königtum zu einer bislang ungeahnten sakralen Überhöhung. Sofort bemerkten die Zeitgenossen Heinrichs große Frömmigkeit, weshalb sie ihn mit König David verglichen, dem mit harter Hand regierenden König aus dem Alten Testament. Als zweiter David galt Heinrich so unangefochten wie keiner seiner Vorgänger oder Nachfolger als *typus Christi* und *caput ecclesiae*, verantwortlich für die Gemeinschaft der Gläubigen und das Heil der Christenheit. Als *rex et sacerdos* verwendete er mit Selbstverständlichkeit die Investitursymbole Ring und Stab und verfügte wie seine Vorgänger über Kirchen und Klöster.

Probleme am Vorabend der Kaiserkrönung Heinrichs III.

Von Wipo schon 1041 als *pius rex caesarque futurus* tituliert, zog Heinrich III. im Sommer 1046 nach Süden, um die Kaiserkrone zu erlangen. Aber in Rom stand es nicht zum Besten: Gegen den Tuskulanerpapst Benedikt IX. waren Vorwürfe laut geworden, darunter auch derjenige der Simonie. Schließlich erhoben die Crescentier den Gegenpapst Silvester III. (Bischof Johannes von Sabina, 1045–1046). Zwar wurde dieser rasch vertrieben, aber Benedikt IX. legte im Mai 1045 sein Amt trotzdem nieder, nachdem er eine üppige Entschädigung empfangen hatte. An seine Stelle trat Erzpriester Johannes Gratianus von S. Giovanni in Porta Latina, Gregor VI. (1045–1046), ein unbescholtener, geachteter Mann, dessen Amtsantritt sogar der strenge Reformer Petrus Damiani begrüßte und der persönlich wohl kein Simonist war.

Synode von Sutri 1046

Welche Detailinformationen Heinrich III. über die römischen Zustände besaß, ist unklar. Die Verhandlungen mit Gregor VI. verliefen reibungslos, bis der Salier erfuhr, dass sein zukünftiger Coronator sein Amt gekauft habe. Daraufhin hielt er am 20. Dezember 1046 in Sutri (ca. 50 km nördlich von Rom) eine Synode ab, die nur der Überprüfung dieses Papstes und nicht der grundsätzlichen Umgestaltung der römischen Verhältnisse oder gar der Gesamtkirche dienen sollte.

Alle drei Päpste, Gregor VI., Benedikt IX. und Silvester III., waren nach Sutri geladen, doch Benedikt IX. reiste nicht an. Silvester, der längst resigniert hatte, durfte in seine alte Diözese zurückkehren. Gregor VI. jedoch wurde inhaftiert und nach Deutschland gebracht; ihn begleitete sein Kaplan Hildebrand. 1046 starb Gregor VI. in der Umgegend von Köln. Benedikt IX. wurde in Rom von einer Bischofssynode *in absentia* abgesetzt, an seiner Stelle erhob man Bischof Suidger von Bamberg – Clemens II. (1046–1047), der am Weihnachtstag 1046 konsekriert wurde und sofort danach Heinrich III. zum Kaiser krönte.

Durfte der Salier in Sutri so handeln? Unter den Zeitgenossen herrschte darüber Uneinigkeit. Einzelne Stimmen, wie Wazo von Lüttich, meldeten Bedenken an, aber noch stellte niemand grundsätzlich die Kirchenhoheit des sakral legitimierten Königtums in Frage. Erst in der Rückschau des 12.

Jahrhunderts trifft Heinrich III. massive Kritik; um die Mitte des 11. Jahrhunderts bewertete man sein Durchgreifen dagegen überwiegend positiv.

3. Die sogenannten deutschen Päpste

Die sogenannten deutschen Päpste

Mit der Erhebung Clemens' II. beginnt die Zeit der sogenannten deutschen Päpste: Clemens II. (Suidger von Bamberg, 1046–1047), Damasus II. (Poppo von Brixen, 1048), Leo IX. (Brun von Toul, 1049–1054) und Viktor II. (Gebhard von Eichstätt, 1055–1057). Sie sind in mehrerer Hinsicht bemerkenswert. Bislang galt der kirchenrechtliche Grundsatz, dass jeder Bischof mit seiner Kirche gleichsam eheähnlich verbunden sei und daher nicht in ein anderes Bistum transferiert werden dürfe, was auch für Rom galt. Daher waren nur höchst selten Bischöfe zu Päpsten gewählt worden. Nach 1046 wurde es aber geradezu zur Regel, dass die Nachfolger Petri vor ihrer Wahl ein Bistum geleitet hatten. Auch in der Namengebung spiegelte sich ein neues Programm: Clemens I., Damasus I., Leo I. und Viktor I. waren Päpste der Frühzeit, die man als literarische Vorkämpfer und Gestalter der *ecclesia catholica* verehrte. Die „deutschen Päpste" griffen diese Tradition mit dem erklärten Ziel auf, der Kirche zu ihrer eigentlichen Wertigkeit und Weltgeltung zu verhelfen.

Papst Leo IX.

Die Pontifikate Clemens' II. und Damasus' II. waren zu kurz, um gestalterisch wirksam werden zu können, wirkliche Bedeutung erlangte erst Leo IX., der erste Reisepapst der Geschichte. Als er nach Rom ging, brachte er sich – auch dies ein Novum – seinen Beraterstab mit: Hugo Candidus von Remiremont, Azolin von Compiègne, Humbert von Moyenmoutier, Friedrich von Lothringen, den späteren Stephan IX. (1057–1058), sowie vor allem Hildebrand, den späteren Gregor VII. (1073–1085). Zudem wurde er von auswärtigen Helfern unterstützt: Odilo von Cluny, Petrus Damiani oder Erzbischof Halinardus von Lyon. Damit kam aber nicht mehr nur der Papst nicht aus Rom, sondern auch seine Helfer waren nicht mehr Mitglieder römischer Adelsfamilien. Nur so konnte das Reformpapsttum wirksam und dauerhaft aus dem innerrömischen Adelszwist herausgelöst und von den in der Ewigen Stadt vorherrschenden Familieninteressen befreit werden.

Ausformung des Kardinalkollegiums

Langsam formte sich aus den Beratern eine sich zunehmend verfestigende Reformgruppe, die über den Tod des Papstes hinaus zusammenblieb und als Gemeinschaft agierte. Diese personelle Konstanz trug wesentlich zur Perpetuierung der Reformideen bei! Allmählich bürgerte sich für die Gruppe die Bezeichnung *cardinales* ein. Parallel dazu wurde die Kanzlei umgestaltet und entwickelte sich schrittweise zur Kurie der katholischen Weltkirche. Der Begriff *curia* dürfte auf die Vorbildfunktion der königlichen Zentralverwaltung (*curia regis*) hinweisen.

Der Reisepapst Leo IX.

Wie niemand zuvor versuchte **Leo IX.** dem Papsttum Weltgeltung zu verschaffen. Auf sechs Reisen über die Alpen verbreitete er aktiv seine Reformideen. Zudem lud er noch am Tag seiner Inthronisation zu einer Synode, aus der sich die Fasten- und Ostersynoden entwickeln sollten; die erste dauerhafte, regelmäßige und institutionalisierte Form der Kommunikation zwischen Rom und den Bischöfen der *ecclesia catholica*. Sein Verhältnis zum Kaiser blieb dennoch unbelastet, da Leo IX. keinen Anstoß an dessen theokratischer Herrschaftspraxis nahm. Nur in Süditalien gab es Probleme: Als die Normannen ihre Macht nach Benevent ausdehnten, rief Leo IX. Heinrich III. unter Bezug auf die Kaiserpacta zu Hilfe. Ein Waffengang wurde versprochen, kam aber nie zustande. Daraufhin zog Leo IX. allein gegen die Normannen, erlitt eine katastrophale Niederlage und geriet selbst in Gefangenschaft.

E

Leo IX.
Der am 21. Juni 1002 geborene Bruno aus dem elsässischen Grafengeschlecht derer von Egisheim wurde an der Domschule von Toul erzogen, diente Konrad II. als Hofkaplan und wurde 1026 zum Bischof von Toul gewählt. Seiner Diözese stand er bis 1051 vor. Am 12. Februar 1049 wurde er auf Betreiben Kaiser Heinrichs III. als Papst inthronisiert und nahm den Namen Leo IX. an. Unter ihm wurde das Papsttum zur treibenden Kraft und zum Zentrum der Kirchenreform; zudem steigerte er die Primatsstellung der Nachfolger Petri. Die Berufung auswärtiger Mitarbeiter machte Leo IX. unabhängig von stadtrömischen Parteiungen. Unter seinem Pontifikat formte sich langsam das Kardinalskollegium aus. Zudem war er der erste Reisepapst der Geschichte. Als Leo IX. im Juni 1053 ohne kaiserliche Hilfe militärisch gegen die Normannen vorging, erlitt er bei Civitate eine katastrophale Niederlage und geriet in Gefangenschaft. Erkrankt kehrte er nach Rom zurück, wo er am 19. April 1054 verstarb.

Im April starb Leo IX. in Rom; der einzige hochmittelalterliche Papst, der schon bald nach seinem Tod als Heiliger verehrt wurde. Grund dafür dürfte sein Kampf für ein allgemeines Simonieverbot sein, das die von Gregor I. definierten drei Formen der Simonie – *simonia a manu* (Kauf), *simonia a lingua* (Erwerb durch Versprechungen) und die *simonia ab obsequio* (Verpflichtung infolge einer Weihe) – umfasste.

Bald entbrannte Streit zwischen gemäßigten, pragmatischen Simoniegegnern und strengen Reformern. Mussten Simonisten grundsätzlich neu geweiht werden? Für beide Seiten ein zentrales Problem. Fasste man den Simoniebegriff sehr weit, dann waren nahezu alle Geistlichen Simonisten und die Kirche hätte mit einem Schlag den Großteil ihres Klerus verloren. Mindestens ebenso schwerwiegend war die Frage, ob von Simonisten gespendete Sakramente Gültigkeit besaßen. Die Verunsicherung unter den Gläubigen ging tief.

Der Ausbruch des großen Schismas zwischen Rom und Byzanz

Ein einschneidendes Ereignis der Kirchengeschichte hat Leo IX. nicht mehr erlebt: das große Schisma von 1054. Seit langem gab es im dogmatischen und rituellen Bereich Differenzen mit der Kirche des Ostens, die sich durch das neue Selbstbewusstsein des Reformpapsttums zunehmend verschärft hatten. Rom sah sich nicht mehr auf einer Stufe mit den anderen Patriarchen der fünf Hochthrone (Rom, Konstantinopel, Alexandria, Antiochia und Jerusalem), während diese dem Papst in Rom lediglich einen Ehrenvorrang einzuräumen bereit waren. Zu neuen Verhandlungen im Juli 1054 schickten beide Seiten außerordentlich polarisierende Unterhändler: Für Byzanz sprach der Patriarch Michael Kerullarios und für den Westen Kardinal Humbert von Silva Candida. Die Gespräche endeten in wüsten Beschimpfungen und am 16. Juli 1054 legte die römische Gesandtschaft am

Hochaltar der Hagia Sophia die Bannbulle des Apostolischen Stuhles nieder. Dass dieser bereits seit drei Monaten verwaist war, wusste am Bosporus niemand. Als Reaktion darauf bannte die Ostkirche eine Woche später ihrerseits die lateinische Christenheit; eine Spaltung, die trotz mehrerer Einigungsversuche bis heute anhält.

Papst Viktor II.

Erst im September 1054 wurde ein neuer Papst gewählt: Viktor II., vormals Bischof Gebhard von Eichstätt und Kanzler des Reiches. Er knüpfte an die Übernahme des Amtes die Bedingung, dass der Kaiser für die Rückgabe aller entfremdeten Güter und Rechte an den Apostolischen Stuhl sorgen müsse, wobei er vor allem auf den Dukat von Rom sowie den Exarchat von Ravenna abzielte. Viktor II. war gewillt, der sich andeutenden Weltgeltung des Reformpapsttums auch territoriale Selbständigkeit folgen zu lassen.

Trotz der Emanzipationstendenzen entwickelte sich das Verhältnis des Papstes zum Kaiser gut; gemeinsam feierten sie 1055 in Florenz sowie 1056 in Goslar Synoden, die das Miteinander der Universalgewalten ein letztes Mal spiegelten. Mehrfach intervenierte Viktor II. in Kaiserurkunden und er stand am 5. Oktober 1056 in der Pfalz Bodfeld am Sterbebett Heinrichs III. und versprach dem Kaiser, sich dessen sechsjährigen Sohnes und Erben, Heinrichs IV. (1056–1106), anzunehmen. Nachdem der Friede im Reich gesichert schien, wandte sich Viktor II. nach Süden, verstarb aber plötzlich im Juni 1057.

Damit ergab sich eine völlig neue Situation: Das Machtvakuum im Reich bot den stadtrömischen Geschlechtern die Chance, erneut Einfluss auf die Papsterhebung zu gewinnen. Zugleich begann die Entfremdung zwischen Kaisertum und Papsttum, die im Konflikt Gregors VII. mit Heinrich IV. ihren Höhepunkt finden sollte.

Priesterkönigtum und Gottesgnadentum

Mit Heinrich III. endete die Zeit unangefochtener christlicher Königsideologie in Verschmelzung von Priesterkönigtum und Gottesgnadentum, die im Speyerer Dom sichtbaren Ausdruck gefunden hatte. Das gewaltige Gotteshaus und die prächtige Pfalz Goslar sind steinerne Zeugen einer bislang ungeahnten Herrschaftsrepräsentation und des extrem gesteigerten Selbstbewusstseins der Salier. Im Tetralogus nennt Wipo den Kaiser den zweiten Mann im Erdkreis unmittelbar nach dem Herrn des Himmels. Dieses Selbstverständnis forderte unbedingten Gehorsam gegenüber kaiserlichen Anweisungen. Daher verurteilte Heinrich III. als Erster die Auflehnung gegen den Herrscher als Majestätsverbrechen, das mit dem Tod bestraft wurde. Möglicherweise war zunehmende Kritik an seiner kaiserlichen Machtausübung der Grund für diese Härte. Beim Tod Heinrichs III. gab es an den Rändern des Reiches Unruhen; schwere Zeiten kündigten sich an.

4. Der junge Heinrich IV., das Papstwahldekret (1059) und der Beginn der Konklave-Ordnung

Wollte die trotz des Todes des Papstes weiterbestehende Reformgruppe einen eigenen Kandidaten für die Nachfolge Petri erheben, war Eile geboten. Eine gültige Papstwahlordnung gab es nicht, so dass man nur auf den *patricius Romanorum* Rücksicht hätte nehmen müssen. Aber Heinrich III. war tot und der Übergang der Würde an seinen Sohn umstritten; Hilfe bot der siebenjährige Knabe ohnehin nicht und eine förmliche Anfrage bei Hofe hätte zu viel Zeit in Anspruch genommen.

Papst Stephan IX.

In der Umgebung Viktors II. befanden sich Hildebrand, damals Provisor in S. Paolo fuori le mura, sowie die Kardinäle Humbert von Silva Candida und Bonifatius von Albano; Letzterer brachte die Trauernachricht nach Rom, wo schon am 2. August 1057 mit Stephan IX. der Bruder Herzog Gottfrieds des Bärtigen von Niederlothringen erhoben wurde. Ob die Kaiserinwitwe Agnes gegen die Wahl protestierte und man daraufhin eine Gesandtschaft an den Hof sandte, ist unklar. Die Annales Altahenses berichten, die Erhebung sei *rege ignorante* erfolgt und erst nachträglich anerkannt worden.

Stephan IX., der keinesfalls eine hektische Verlegenheitslösung darstellte, sondern ein erfolgreicher Diplomat gewesen war, starb indessen bereits acht Monate nach seiner Wahl und konnte kaum Akzente setzen. Nach seinem Tod flüchteten Teile der Reformgruppe nach Florenz und die Stadtrömer erhoben ihrerseits am 5. April 1058 Bischof Johannes von Velletri zum neuen Papst: Benedikt X. (1058–1060).

Papst Nikolaus II.

Im Gegenzug wählten die Reformkardinäle am 6. Dezember 1058 in Florenz den dortigen Bischof Gerhard, Nikolaus II. (1058–1061). Ein schwieriger Start, denn die Wahl erfolgte – abseits der üblichen, aber nicht verschrifteten Regeln – weder in Rom noch durch Klerus und Volk Roms. Bewusst verzichtete die Reformgruppe auf eine spätere Akklamation und setzte damit ein Zeichen: Bei der Papstwahl ging es den Reformern um den Leiter der Christenheit und erst nachrangig um den neuen Bischof von Rom.

Papstwahldekret 1059

Der Name Nikolaus' II. ist eng mit dem Papstwahldekret *In nomine Domini* des Jahres 1059 verbunden, das im Kern folgende Regelungen umfasst: Die Wahl eines Papstes darf grundsätzlich außerhalb Roms stattfinden, wenn in der Ewigen Stadt kein reibungsloser Ablauf gewährleistet werden kann. War die Inthronisation aus widrigen Umständen im Anschluss an die Wahl nicht möglich, besitzt der Electus schon vor der Weihe alle Rechte und Machtmittel des Apostolischen Stuhles. Die Weihe in Rom kann nachgeholt werden. Den Kardinalbischöfen steht ein Vorwahlrecht zu; sie einigen sich auf einen Kandidaten. Damit war der wichtigste Schritt zum exklusiven Wahlrecht der Kardinäle getan; ein Novum und zugleich eine prinzipielle Festlegung, die bis heute besteht. Die Kardinäle setzten sich aus drei Gruppen zusammen: Kardinalbischöfe, Kardinalpriester und Kardinaldiakone. Die ersten beiden Gruppen waren durch den liturgischen Dienst an den fünf Basiliken Roms hervorgehoben: Lateran, St. Peter im Vatikan, S. Maria Maggiore, S. Paolo fuori le mura, S. Lorenzo fuori le mura. Die Diakone stießen aufgrund ihrer traditionellen Dienste am päpstlichen Hof zu diesem Kreis. Durch ihre räumliche Nähe zum Papst wurden die Kardinäle rasch zum wichtigsten Beratergremium des Nachfolgers Petri, der sie bevorzugt als Legaten entsandte, so dass sie sich immer mehr zu eigenverantwortlichen Sprachrohren des Papstes entwickelten. Der Einfluss von Klerus und Volk Roms auf die Papstwahl wurde auf deren akklamatorische Zustimmung ohne rechtsverbindlichen Charakter begrenzt; das Gewicht des römischen Adels wurde marginalisiert.

Für das Kaisertum besonders wichtig wurde der sogenannte Königsparagraph. Am Ende der Wahlbestimmungen heißt es: unter Berücksichtigung des geschuldeten Ehrerweises und der Referenz gegen unseren geliebten Sohn Heinrich, den gegenwärtigen König und nach Gottes Wille zukünftigen Kaiser, wie wir ihm dieses Recht zugestanden haben und wie es seine Nachfolger vom Apostolischen Stuhl persönlich jeweils erbitten werden (MGH Const. I, Nr. 382, § 6, S. 540). Damit wird das Recht des Herrschers zwar gewahrt, aber auf ein Konsensrecht reduziert, das breiten Interpretationsspielraum bietet. Die dem König geschuldete Achtung (*debitus honor*) wird nur als Zugeständnis des Papstes erwiesen. Heinrich IV. sowie seinen Nachfolgern steht lediglich das Beteiligungsrecht zu, welches sie jeweils persönlich vom Apostolischen Stuhl erlangen. Obwohl dies dürftig klingt, stellt der Königsparagraph doch „den ersten, kanonistisch relevanten Beleg [dar], auf welchen sich ein Anspruch der Krone auf Mitwirkung bei der Papsterhebung gründen ließ" (Werner Goez). Die Wirkmächtigkeit des königlichen Einflusses würde fürderhin immer eine Frage der aktuellen Machtverteilung sein. Durch die normannische Waffenhilfe sowie die Schwäche des Reiches hatte das Selbstbewusstsein des Reformpapsttums eine neue Qualität gewonnen, die sich im Königsparagraph widerspiegelt; man hatte in Rom das Gefühl, nötigenfalls auch ohne die Unterstützung des Kaisers auskommen zu können.

5. Beginn der Spannungen: Die Frühzeit Heinrichs IV.

Lateransynode 1059 und der Kampf gegen Nikolaitismus und Simonie

1059 erklärten die Synodalen aber auch den Kampf gegen Nikolaitismus und Simonie. Das Vorgehen gegen Simonisten wog für den Herrscher schwer, sollte doch fürderhin kein Geistlicher mehr eine Kirche aus Laienhand erhalten, weder gegen Geld noch umsonst (MGH Const. I, Nr. 384, § 6, S. 537). Damit wurde 1059 erstmals ein allgemeines Verbot der Investitur durch Laien ausgesprochen, wobei unklar ist, ob es sich nur auf adlige Eigenkirchen bezog oder ob man tatsächlich bereits an die Investitur von Bischöfen und Reichsäbten durch den König dachte. Sollte Letzteres der Fall gewesen sein, bezeichnete man den Herrscher damals zum ersten Mal als Laien. Das Fehlen von Strafandrohungen legt aber den Verdacht nahe, dass es sich bei der Formulierung um den Versuch handelte, Radikalreformer zu beschwichtigen, zu denen auch Kardinal Humbert von Silva Candida zählte, dessen kurz zuvor verfasster Traktat *Libri tres adversus simoniacos* den König lediglich als Verwalter eines Amtes und damit als Laien verstand, weshalb ihm die Bischofsinvestitur nicht zustehe.

Obwohl die fortschreitende Emanzipation des Reformpapsttums Konfliktpotential zwischen den Universalgewalten heraufbeschwor, kann man die Lateransynode 1059 dennoch nicht als „Heerschau reichsfeindlicher Reformer, die auf einen Bruch mit dem deutschen Königtum hinarbeiteten" bezeichnen (Egon Boshof). Allerdings ließ der Archidiakon Hildebrand im Anschluss an die Synode durch Petrus Damiani Zitate aus Dekretalen und päpstlichen Verlautbarungen heraussuchen, welche die Autorität des Papsttums belegten; sicheres Zeichen für den zielstrebigen Ausbau der papalen Souveränität.

Bischofsinvestitur

Angesichts der Bedeutung der Bischöfe als wichtigste politische und administrative Stützen des Königtums im Reich konnte sich der Herrscher keine Diskussion um sein Investiturrecht leisten. Jede Infragestellung seiner Befugnisse musste eine tiefgreifende Machtkrise auslösen, da der König den Verlust der Bischöfe nicht durch alternative Kräfte zu kompensieren vermochte. Neben den vielfältigen Aufgaben der Kleriker als Berater, Diplomaten, Verwalter und Heerführer fungierte die Kirche auch als einende Klammer gegen separatistische Tendenzen im Reich und trug so zu dessen Stabilisierung bei. Es war daher für den Herrscher unverzichtbar, die Bischöfe selbst auszuwählen, vorzugsweise aus der ihn begleitenden Hofkapelle, die sich zum Elitepool des Reiches entwickelt hatte.

Die Investitur der neuen Bischöfe erfolgte in größtmöglicher Öffentlichkeit durch den Pontifikalring, der nach dem Tod des alten Bischofs an den Herrscherhof übersandt wurde, sowie durch einen Stab. Obwohl es sich dabei um geistliche Investitursymbole handelte, wurde kaum Kritik an dieser in ottonisch-frühsalischer Zeit üblichen Erhebungspraxis laut. Solange die Sakralität des Herrschers unbestritten war, galt auch die Investitur mit Ring und Stab durch den König nicht als anrüchig.

Aber die Zeichen standen auf Sturm und zwei Krisenherde boten Zündstoff. Da waren zum einen die Normannen, deren aggressivste Anführer, Richard von Aversa und Capua sowie Robert Guiscard, zu zuverlässigen Helfern des Reformpapsttums und dessen Emanzipation vom Kaiser geworden waren. Zudem nahmen sie ihre Eroberungen in Unteritalien vom Apostolischen Stuhl zu Lehen und erlangten damit die bislang fehlende, offizielle Legitimation. Da diese Verlehnungen die Interessen des Reiches tangierten, führten sie am Hof zu Irritationen.

Honorius II. und Alexander II.

Äußerst konfliktträchtig war auch das disziplinarische Vorgehen Nikolaus' II. gegen Erzbischof Anno II. von Köln und andere Reichsbischöfe. Eine Eskalation des Streites wurde nur durch den Tod des Papstes verhindert, der indessen sofort eine neue Krise heraufbeschwor. Der stadtrömische Adel sowie der oberitalienische Episkopat unterbreiteten Heinrich IV. Kadalus von Parma als zukünftigen Nachfolger Petri und übersandten dem jungen König zugleich die Insignien des römischen *patricius* (Mantel, Ring, Goldreif). Da Kadalus ein unbescholtener Mann und aufrechter Kämpfer gegen Simonie und Nikolaitismus war, stimmte Kaiserin Agnes dem Vorschlag zu. Am 28. Oktoner 1061 übernahm Heinrich IV. die *patricius*-Insignien und nominierte in Basel Cadalus von Parma, der sich Honorius II. (1061–1064) nannte. Damit jedoch ließ sich der Hof von Kräften instrumentalisieren, die Heinrich III. mühsam aus dem Papstwahlprozess hinausgedrängt hatte.

Ohne Rückfrage am Hof handelte die Reformgruppe und erhob am 30. September 1061 Bischof Anselm von Lucca – Alexander II. (1061–1073), der in der Nacht zum 1. Oktober 1061 in S. Pietro in Vincoli inthronisiert wurde. Damit war ein Schisma ausgebrochen. Herzog Gottfried der Bärtige schlichtete und bewog beide Päpste, in ihre Diözesen zurückzukehren, wozu sich Honorius II. im Vertrauen auf sein besseres Recht und seine guten Beziehungen zum Hof bereit erklärte.

Der Ausbruch des Papstschismas verdeutlicht die eklatante Schwäche der Regentschaft. Aber trotz schwerwiegender Kritik an Kaiserin Agnes gewöhnten sich die Fürsten keineswegs daran, ohne König und Kaiser auszukommen, sondern forderten vehement einen frommen, gerechten und machtvoll agierenden, im Grunde idealen Herrscher.

Entführung Heinrichs IV. in Kaiserswerth

Wohl vor allem deshalb und damit dem Verantwortungsbewusstsein der Fürsten für das Reich dienend, entführte Erzbischof Anno II. von Köln den elfjährigen König im April 1162 in Kaiserswerth und riss damit die Macht an sich. Auf den Radikalreformer Anno wiederum konnte Alexander II. vertrauen. Eine von Petrus Damiani angeregte Klärung des Schismas durch ein Konzil unter Mithilfe Heinrichs IV. war nicht im Sinne der Reformpartei, die sich keinesfalls vom königlichen Urteil abhängig machen wollte. Im Oktober 1062 wurde Alexander II. interimistisch mit den Amtsgeschäften betraut; 1063 scheiterte eine militärische Intervention Honorius' II. und Pfingsten 1064 entschied sich eine Synode in Mantua definitiv für Alexander II.

Sutri lag noch keine zwanzig Jahre zurück, aber die Machtkonstellationen hatten sich völlig verschoben. Die Papstschismen von 1058 und 1061 markieren Meilensteine: 1058 ließ sich Kaiserin Agnes für Nikolaus II. gewinnen und 1061 gelang es ihr nicht, sich durchzusetzen; mit Kadalus scheiterte erstmals ein Kandidat des deutschen Königshofes und „in Zukunft sollte bei einem Schisma niemals mehr der kaiserliche Kandidat die Anerkennung der gesamten ‚ecclesia catholica' finden" (Werner Goez).

Papsttum übernimmt Führung des Reformprozesses

Selbstbewusst übernahm das Papsttum die alleinige Führung im Reformprozess; gleichzeitig schritt die Hierarchisierung der Kirche unaufhaltsam fort. Nun sah sich der Papst – in Adaption eines Ehrentitels des Herrschers – als Repräsentant Christi auf Erden und setzte diese Position nicht nur spirituell, sondern auch aktiv um. Das päpstliche Weisungs- und Diziplinierungsrecht stieß schon bei den Bischöfen auf heftigen Widerstand; seine Ausweitung auf Laien provozierte ernste Konflikte.

Anders als noch vor 20 Jahren galt nun der Papst als Garant des rechten Glaubens, Stellvertreter Gottes auf Erden und unangefochtenes Zentrum der katholischen Kirche. Obwohl die Ideen nicht neu waren, verbanden sie sich erstmals mit einer räumlich und sachlich unbegrenzten papalen Zuständigkeit für die gesamte Christenheit. Die Zeiten, da das Papsttum um die Gleichrangigkeit mit dem Kaiser kämpfte, waren vorbei. Gregor VII. und die gregorianische Publizistik interpretierten die gelasianische Zweigewaltenlehre als Basis für den Primat des Papsttums über jede weltliche Gewalt und damit auch über den Kaiser. Unversehens sah sich der König und zukünftige Kaiser in die Defensive gedrängt und musste versuchen, die eigene Position zu verteidigen.

Mit der Volljährigkeit Heinrichs IV. 1065 veränderten sich die politischen Konstellationen erneut. Kein mittelalterlicher Herrscher wurde so kontrovers beurteilt: Für seine Anhänger war er ein konzentrierter, gebildeter, überlegt handelnder, gerechter König, für seine Gegner ein Ausbund aller Laster, hingegeben einem Leben voll sexueller Ausschweifungen und Gewalt. Antichrist oder *Dei gratia piisimus rex*?

Ausschreitungen in Mailand

Schon zu Lebzeiten Papst Alexanders II. zeichneten sich erhebliche Spannungen ab. Probleme gab es vor allem in Mailand, wo seit dem Ende der 1060er Jahre bürgerkriegsähnliche Zustände herrschten. Dass Alexander II. dem Pataria-Führer Erlembald eine Petrus-Fahne übersandte, beruhigte die Situation keineswegs. 1071 resignierte Erzbischof Wido und sandte seinen

Bischofsstab an Heinrich IV., der den ihm nahestehenden Gottfried zum neuen Erzbischof erkor. In Rom jedoch betrachtete man die Besetzung des Mailänder Erzstuhls als *causa maior*, die allein der Papst entscheiden dürfe. Alexander II. hielt an Wido fest und erhob nach dessen Tod Atto; Heinrich IV. beharrte auf seinem Kandidaten. Der Papst exkommunizierte die Ratgeber des Königs und die Situation drohte zu eskalieren; da starb Alexander II.

6. Gregor VII., der *Dictatus papae* und der Aufbruch zur päpstlichen Weltherrschaft

Papst Gregor VII.

Während der Trauerfeiern für Alexander II. in S. Pietro in Vincoli wurde der die Funeralien leitende Hildebrand tumultuarisch, *quasi per inspirationem*, zum neuen Papst bestimmt; er nannte sich **Gregor VII.** und huldigte damit gleichermaßen Gregor I. und Gregor VI., den er ins Exil begleitet hatte. Damit erhielt Heinrich IV. einen Gegenspieler, der von den Zeitgenossen ebenso kontrovers beurteilt wurde wie er selbst. Sogar der Reformer Petrus Damiani nannte den neuen Papst einen „heiligen Satan". Der um 1015 wohl in Soana geborene Gregor VII. machte es sich zum erklärten Ziel, dem Apostolischen Stuhl zur Führung in der gesamten Christenheit zu verhelfen. Selbstbewusst nannte er sich *vicarius sancti Petri, qui nunc in carne vivit* (Caspar, E., Das Register Gregors VII., Bd. II, Reg. IX,3).

E

Gregor VII.
Hildebrand stammte aus einer wahrscheinlich nichtadligen, toskanischen Familie und kam früh nach Rom, wo er am Lateran ausgebildet wurde. 1047 begleitete er Gregor VI. als dessen Kaplan ins Exil nach Deutschland. Von dort kehrte er 1049 als Mitarbeiter Leos IX. zurück. Seit 1050 leitete er S. Paolo fuori le mura und diente dem Apostolischen Stuhl wiederholt als Legat. Spätestens seit seiner Erhebung zum Archidiakon (wohl 1058) übte er entscheidenden Einfluss auf das Reformpapsttum und dessen Entwicklung aus. Als er die Funeralien für Alexander II. leitete, wurde Hildebrand von den Anwesenden in tumultuarischen Formen zum neuen Papst erhoben (22. April 1073) und nannte sich fortan Gregor VII., wobei er im Namen zugleich an Gregor VI., vor allem aber an Gregor I. erinnerte. Nachdrücklich und unbeugsam setzte er sich für die Belange der Kirchenreform ein, was deutlich aus seinem Briefregister sowie ca. 60 darüber hinaus erhaltenen Briefen hervorgeht. Nach jahrelanger Geduld mit König Heinrich IV. bannte ihn der Papst erstmals 1076 und dann noch einmal 1080, wobei die zweite Bannung kaum mehr Wirkung in der Öffentlichkeit zeigte. Selbst als Heinrich IV. vor Rom stand und der unnachgiebige Papst von den meisten Kardinälen verlassen worden war, zeigte sich Gregor VII. nicht kompromissbereit. Am 31. März 1084 musste Gregor VII. von der Engelsburg aus zusehen, wie der Gegenpapst Clemens III. Heinrich IV. zum Kaiser krönte. Die von Gregor VII. zu Hilfe gerufenen Normannen unter Robert Guiscard befreiten zwar Gregor VII., plünderten aber so sehr in Rom, dass der Papst sich dort nicht halten konnte und den Normannen ins Exil nach Unteritalien folgen musste. In Salerno starb er am 25. Mai 1085. Persönlich gescheitert war er doch einer der bedeutendsten Päpste der Geschichte.

Dictatus papae

Ein Schlüsseltext für das Verhältnis Gregors VII. zum König- und Kaisertum ist der wohl 1075 verfasste ***Dictatus papae***, dessen Bekanntheitsgrad in der

Öffentlichkeit indessen unklar ist. In 27 Leitsätzen definierte der Papst sein Verhältnis zu den Bischöfen, zur weltlichen Gewalt und seine Rolle innerhalb der *ecclesia catholica*. Auffälligerweise stehen die 27 Thesen gleichsam unverbunden und ungeordnet nebeneinander, was mit Sicherheit darauf schließen lässt, dass sie noch überarbeitet und strukturiert werden sollten. Daher ist der *Dictatus papae* wohl als Gedankensammlung des Nachfolgers Petri zu betrachten und nicht als bereits zur Veröffentlichung bestimmter Text. Für das Verhältnis von Papsttum und Kaisertum sind acht Leitsätze besonders hervorzuheben: Nr. 23 befasst sich mit der Amtsheiligkeit des Papstes als Nachfolger Petri, Nr. 22 umreißt die Infallibilität der römischen Kirche, Nr. 26 legt fest, dass nur derjenige, der mit der Kirche übereinstimmt, auch als katholisch gelten kann, Nr. 21 verweist alle *causae maiores* innerhalb der Kirche an den Papst und die Nummern 18 und 20 regeln die Appellation an den Heiligen Stuhl: Der Nachfolger Petri darf von niemandem in der Welt gerichtet werden, aber der Papst kann jedes Urteil neu verhandeln. Von unglaublicher Sprengkraft waren die Thesen 12, wonach es dem Papst gestattet ist, den Kaiser abzusetzen, und Nr. 27, die besagt, dass der Papst den Treueid kaiserlicher Untertanen lösen darf.

Q

Dictatus papae
(Gregorii VII registrum. Das Register Gregors VII., hg. v. Erich Caspar, 2. unv. Aufl., Berlin 1955, II, 55a):

I. Dass die römische Kirche vom Herrn allein gegründet worden ist. ... VIII. Dass er allein die kaiserlichen Herrschaftszeichen verwenden kann. ... XII. Dass es ihm erlaubt ist, Kaiser abzusetzen. ... XIX. Dass er von niemandem gerichtet werden darf. ... XXVII. Dass er Untergebene von dem Treueid gegenüber Sündern lösen kann.

Dennoch ist der *Dictatus papae* kein Kampfdokument im Ringen mit Heinrich IV., sondern eine vom Salier unabhängige Zusammenstellung der wichtigsten Grundgedanken Gregors VII. über die rechte Ordnung in der Welt und in der Kirche. Ebenso sicher jedoch wurden die beiden direkt auf den Kaiser bezogenen Sätze vor dem Hintergrund des schwierigen Verhältnisses zu Heinrich IV. gedacht.

Vor allem ist der *Dictatus papae* aber sichtbares Zeugnis eines sich konkret ausformenden „päpstlichen Universalepiskopats" (Gerd Tellenbach) und die theologische Begründung des päpstlichen Primats innerhalb der Kirche in den Bereichen Rechtsprechung, Verwaltung, Gesetzgebung, Weihen und Liturgie. Die Umsetzung der im *Dictatus papae* zusammengetragenen Thesen musste ungeheuere Sprengkraft entfalten.

7. Die Eskalation

Zunächst blieb alles ruhig. Im Spätsommer 1073 sandte Heinrich IV. Gregor VII. sogar einen Brief voller Selbstanklagen und demütiger Zerknirschung, gelobte Besserung und Entgegenkommen in der Mailänder Frage. Aber der

König spielte auf Zeit, da er sich angesichts des akuten Sachsenkonflikts keinen Streit erlauben durfte. Gregor VII. jedoch vertraute ihm und forderte ihn 1074 auf, an seiner Stelle die Kirche zu schützen, während er sich auf den Kreuzzug begeben wollte. Noch im Juli 1075 lobte er den Reformeifer Heinrichs IV. und nannte ihn seinen liebsten Sohn.

Eskalation der Spannungen zwischen Gregor VII. und Heinrich IV.

Aber in der zweiten Jahreshälfte 1075 schlug die Situation um. Heinrich hatte die Sachsen besiegt und der Pataria-Führer Erlembald war in Mailand gestorben. Die Pataria-Gegner suchten die Hilfe des Saliers, der nun – anstelle des offenbar unfähigen Gottfried – Tedald zum Erzbischof erhob, obwohl der päpstliche Oberhirte Atto noch amtierte. Zudem bestellte er für Fermo und Spoleto neue Bischöfe und griff damit ins unmittelbare Hoheitsgebiet des Papstes ein; eine ungeheuere, wenn auch vielleicht unbeabsichtigte Provokation.

Am 8. Dezember 1075 diktierte Gregor VII. einen Brief an den König, in welchem er ultimativ Gehorsam von ihm forderte, aber noch kein generelles Investiturverbot erließ, das auch den Herrscher eingeschlossen hätte. Die Festlegung, dass keine Kirche von einem Menschen geschenkt oder übertragen werden könne, ließ allerdings wenig Interpretationsspielraum. Dass Gregor VII. schon auf der Fastensynode von 1075 ein grundsätzliches Investiturverbot für Laien, einschließlich des Königs, erlassen hat, ist umstritten, da die Quelle hierfür, der *Liber gestorum recentium* Arnulfs von Mailand, aus der Rückschau berichtet und möglicherweise spätere Entwicklungen in frühere Zeiten transponiert.

Synode von Worms 1076: Oboedienzaufkündigung gegenüber Gregor VII.

Als Reaktion auf das strenge Mahnschreiben des Papstes berief Heinrich IV. eine Reichssynode für den 24. Januar 1076 nach Worms, auf der sich auch der Zorn des Reichsepiskopats auf die zentralistische Rom- und Papstpolitik Gregors VII. entlud. Die Mehrzahl der Bischöfe waren keine Reformgegner, aber sie wehrten sich gegen den Verlust ihrer Selbständigkeit und die fortschreitende Hierarchisierung der Kirche, deren Leitung Machtbefugnisse beanspruchte, die zuvor in der Kompetenz der Bischöfe gelegen hatten. Das Ergebnis war das Obödienz-Aufkündigungsschreiben an Gregor VII.: Man bezichtigte ihn, die göttliche Weltordnung umstürzen zu wollen und sich göttliche Befugnisse anzumaßen. Heinrich IV. schloss sich in einem eigenen Schreiben der Position seiner Bischöfe an, betonte seine von Gott gegebene Stellung und forderte Gregor VII. zur Selbstdeposition auf, zumal die Synode auch die Rechtmäßigkeit seines Pontifikats anzweifle. Die Bedenken kamen indessen spät, hatte man doch drei Jahre lang keinen Anstoß an Gregors Inspirationswahl genommen.

Exkommunikation Heinrichs IV.

Auf der Fastensynode wurde die Obödienzaufkündigung in Rom verlesen, aber anders als vom Hof erwartet, stellte sich die Masse nicht hinter den Salier, sondern hinter Gregor VII. Am 15. Februar 1076 antwortete der Papst in Form eines feierlichen Gebetes an den Apostelfürsten Petrus, exkommunizierte den hochmütigen König im Namen des Allmächtigen und entband kraft seiner Binde- und Lösegewalt dessen Anhänger vom Treueid (Caspar, E., Das Register Gregors VII., Reg. III, 6; III, 10a). Ob Gregor tatsächlich an eine Absetzung oder nur an eine Suspendierung gedacht hat, ist umstritten; tatsächlich kamen Eidlösung und Exkommunikation faktisch einer Absetzung gleich. Vernichten wollte Gregor VII. das salische Königtum aber nicht, denn nach dem gewaltigen, die hochmittelalterliche

Weltordnung erschütternden Schlag agierte er bedeutend vorsichtiger. Eine Rekonziliation Heinrichs IV. blieb immer im Bereich des Möglichen, würde er zum Gehorsam zurückkehren und sich von seinen gebannten Räten trennen.

8. Der Gang nach Canossa

Die Vorgänge erschütterten die Zeitgenossen; Bonizo von Sutri fühlte gar den Erdkreis erzittern. Rasch bröckelte die Phalanx der Bischöfe, die in Worms noch hinter ihrem König gestanden hatten. Möglicherweise wollten sie nicht gegen den geistlichen Primat ankämpfen, dachten sie doch mittlerweile selbst in neuen Dimensionen. Die Berufung auf die *auctoritas sancti Petri* war eine schlagkräftige Waffe der Bischofspolitik geworden.

Oppenheim und Tribur

Isoliert wartete Heinrich IV. Mitte Oktober 1076 in Oppenheim am Rhein darauf, was eine Fürstenversammlung im jenseits des Flusses in Sichtweite liegenden Tribur entscheiden würde. Die Forderungen waren unmissverständlich: Binnen Jahresfrist müsse er sich vom Bann lösen, andernfalls könne er seine Krone nicht retten. Der Druck ging eindeutig von den Fürsten aus, die eigentlich lieber in Ruhe mit Gregor VII. verhandelt hätten, durch ihre ultimativen Forderungen indessen den Salier mobilisierten. Gleichzeitig luden sie den Papst für den 2. Februar 1077 nach Augsburg ein, um eine Rekonziliation Heinrichs in Rom zu verhindern.

Heinrich musste ihnen zuvorkommen und brach im strengen Winter 1076/77 nach Italien auf. Am 8. Januar 1077 erreichte Gregor VII. den Po und wartete dort auf die deutsche Geleitmannschaft nach Augsburg, als er von Heinrichs Ankunft in Italien erfuhr. Einen Handstreich fürchtend zog er sich in die fast uneinnehmbare Festung Canossa zurück, die ihm seine treueste Parteigängerin, Mathilde von Canossa, bereitwillig zur Verfügung stellte.

Canossa 1077

Nach längeren, die Bußzeremonie vorbereitenden Verhandlungen zeigte sich Heinrich IV. mit einigen Bischöfen, dem Bußritus entsprechend, ab dem 25. Januar 1077 an drei aufeinanderfolgenden Tagen barfuß und im härenen Gewand vor den Mauern der Burg. Der 25. Januar war nicht zufällig gewählt, handelte es sich doch um das Fest der *Conversio sancti Pauli,* der Bekehrung des Apostels Paulus vom Christenverfolger (Saulus) zum Völkerapostel. Nach der Erfüllung der Bußpflichten war Gregor VII. gleichsam gezwungen, den Salier vom Bann zu lösen, wollte er sich nicht dem Vorwurf der Tyrannei aussetzen. Am 28. Januar 1077 löste der Papst Heinrich IV. in der Burgkapelle von Canossa vom Bann und reichte ihm die Eucharistie; anschließend lud Mathilde von Canossa zum Versöhnungsmahl (*convivium*).

Canossa wird in der Forschung sehr kontrovers bewertet. Sah die ältere Forschung im Bußgang eine unerträgliche Demütigung, hob man später die Sprengung der Phalanx der Saliergegner hervor und wertete Canossa als Niederlage Gregors VII. Der Ansehensverlust des Königtums war aber durch einen Tagessieg nicht zu kompensieren.

9. Profilierung im Konflikt: Die theoretischen Vorstellungen von Papsttum und Kaisertum im Investiturstreit

Die päpstliche Umdeutung der gelasianischen Zweigewaltenlehre im Sinne eines papalen Primats wurde bereits erwähnt. Die Antwort des Herrschers ließ nicht auf sich warten, musste er doch die eigene Position bewahren oder wenigstens die theoretische Gleichrangigkeit verteidigen. Der *Liber de unitate ecclesiae conservanda* betonte die einträchtige Liebe zwischen den Universalgewalten, sei sie allein doch Gottes Wille, denn beide seien Teile des Leibes Christi.

Kurz vor dem Höhepunkt der Eskalation des Konflikts formulierte die kaiserliche Propaganda die Zweischwerterlehre, basierend auf einer schwer zu deutenden Stelle der Passionsgeschichte bei Lukas 22,28. Der königliche Notar Gottschalk von Aachen interpretierte 1076 das Christuswort von den zwei Schwertern dahingehend, dass Gottes Ordnung grundsätzlich auf zwei Gewalten, einer weltlichen und einer geistlichen, basieren müsse. Das geistliche Schwert solle zum Gehorsam gegenüber dem König, dem Stellvertreter Gottes auf Erden, und das weltliche Schwert zur Vertreibung der Feinde Christi und zur Wahrung des Gehorsams im Innern geführt werden.

1082 hielt Heinrich IV. – basierend auf der Zweischwerterlehre – den zunehmend hierokratischen Tendenzen des Reformpapsttums den königlichen Anspruch auf völlige Autonomie im weltlichen Bereich entgegen. Vor allem der Normannische Anonymus ging noch einen Schritt weiter und deutete Lukas 22,28 als Grundlage des Primats der weltlichen Gewalt, worin ihm die offizielle Propaganda des Hofes jedoch nicht gefolgt ist. Überhaupt barg die Zweischwerterlehre die Gefahr, dass sie unschwer im papalen Sinn umgedeutet werden konnte.

Von päpstlicher Seite legte man nach und begründete die Höherwertigkeit des Papsttums gegenüber dem Königtum mit dessen Herkunft aus heidnischer Wurzel. In seinem Traktatbrief an Bischof Hermann von Metz schreibt Gregor VII. 1081 – in Anlehnung an Augustins (354–430) *De doctrina christiana* (I, 23) –, dass nur Teufelswerk wie Raub, Mord und schändliche Listen dem Königtum zum Aufstieg verholfen habe. Die weltliche Macht strebe allein nach Gewinn und sei daher Teil des Antichrist.

Diese überspitzte Deutung ging aber selbst eingefleischten Gregorianern zu weit; stand für sie doch fest, dass die irdische Herrschaft von Gott eingesetzt und der König Stellvertreter Christi auf Erden sei.

In Konfrontation zu den theoretischen Maximalforderungen des Papstes setzte die Heinricianische Propaganda immer stärker auf das theokratische Element des Königtums und betonte – basierend auf dem Römerbrief 13,1 – die Gottunmittelbarkeit irdischer Herrschaft. Daher sei jedes Vorgehen gegen den König ein Auflehnen gegen Gott. Wenrich von Trier vertrat sogar die These, das Königtum bestünde seit Anbeginn der Welt und sei nur nachträglich von Gott bestätigt worden. Schlechte Könige, so Sigebert von Gembloux, seien eine Strafe Gottes, da jedes Volk die Herrschaft erhalte, die es verdiene. Für Benzo von Alba schließlich, einen der glühendsten Anhänger

Heinrichs IV., war das Königtum die göttliche Regierungsform schlechthin und der Kaiser der von Gott bestellte Retter der Welt.

10. Sieg oder Niederlage: Das Verhältnis von Papsttum und Kaisertum am Ende der Salierzeit

Zweite Bannung Heinrichs IV.

Nach der Bannlösung von Canossa war die Ruhe keineswegs wiederhergestellt. Die süddeutsche Fürstenopposition erhob im März 1077 in Forchheim Rudolf von Rheinfelden zum neuen Herrscher; ein Akt, der die deutsche Königswahl nachhaltig beeinflusste. Bürgerkriegsähnliche Zustände waren die Folge. Im März 1080 zerbrach zudem der faule Friede zwischen den Universalgewalten, als Gregor VII. auf der Lateransynode Heinrich IV. erneut bannte und sich zu der Prophezeihung hinreißen ließ, bis zum Tag Petri Kettenfeier (1. August) werde der Salier untergehen. Sollte dem nicht so sein, so solle man ihn, Gregor, vom Apostolischen Stuhl verjagen.

Synode von Brixen 1080

Damit hatte er den Bogen überspannt. Am 25. Juni 1080 versammelte sich der Reichsepiskopat in Brixen und verurteilte Gregor, der sein Amt angeblich durch Betrug, Gewalt und Simonie erlangt hatte, allerdings erklärte man nicht seine Absetzung, sondern forderte ihn wiederum zur Selbstdeposition auf. Doch im Unterschied zu Worms 1076 hatten die Synodalen diesmal einen eigenen Kandidaten: Erzbischof Wibert von Ravenna, auf den sich Heinrich IV. ein für alle Mal festlegte. Erst Brixen markiert den endgültigen Bruch zwischen Gregor VII. und Heinrich IV.

Sieg über Rudolf von Rheinfelden

Am 15./16. Oktober 1080 kam es zur entscheidenden Schlacht des Saliers gegen Rudolf von Rheinfelden, nachdem Heinrich tags zuvor zu Ehren der Gottesmutter eine Stiftung zum Weiterbau des Speyerer Domes getätigt hatte, um ihren Beistand zu erflehen. Rudolf verlor in der Schlacht die rechte Hand und starb an dieser Verwundung. Die Zeitgenossen deuteten den Verlust der Schwurhand als Gottesurteil. Mit Rudolfs Tod war der Weg zur Kaiserkrone endlich für den Salier frei.

Kaiserkrönung Heinrichs IV.

Trotz rascher Anfangserfolge konnten Heinrich IV. und seine Frau Bertha erst am Ostertag 1084 in Rom durch Clemens III. (Wibert von Ravenna, 1080/84–1100) die Kaiserkrone empfangen, nachdem der Papst selbst erst am Palmsonntag 1084 inthronisiert worden war. Gregor VII. musste der Zeremonie verschanzt in der Engelsburg untätig zusehen. Die von ihm zu Hilfe gerufenen Normannen kamen spät und plünderten in Rom so grauenvoll, dass auch Gregor nicht in der Ewigen Stadt bleiben konnte, sondern im Schutz Robert Guiscards nach Salerno ausweichen musste. Dort ist er am 25. Mai 1085 gestorben.

Gregors Nachfolger Viktor III. (1086–1087) starb schon nach einem Jahr und die Reformgruppe überlegte lange, bis sie am 12. März 1088 in Terracina Odo von Châtillon, Kardinalbischof von Ostia, zum neuen Papst wählte; er nannte sich Urban II. (1088–1099). Theoretisch den Zielen Gregors VII. verpflichtet, erwies sich Urban als geschmeidiger Diplomat, der dem Reichsepiskopat goldene Brücken zu bauen verstand. In Rom jedoch war er auf normannische Hilfe angewiesen, was ihn dem Verdacht aussetzte, an seinem Hof sei nur durch Geld etwas zu erlangen. Gerechterweise muss man sagen, dass in Zeiten zunehmender Geldwirtschaft monetäre Kampfmittel immer wichtiger wurden und auch das Papsttum die Augen davor nicht verschließen konnte.

Kreuzzugspredigt Urbans II.

Von der Begeisterung nach der berühmten Predigt Urbans II. zum 1. Kreuzzug (26. November 1095, Clermont) wurde Heinrich IV., noch immer im Kirchenbann befindlich, nicht erfasst. Der Kaiser, Schützer der Christenheit und *defensor ecclesiae,* spielte beim Kreuzzug keine Rolle.

Papst Paschalis II.

Dagegen stärkte der Kreuzzugsaufruf das Ansehen Urbans II. Als er am 29. Juli 1099 starb, war es ihm gelungen, das Reformpapsttum als feste Größe zu etablieren. Nur 14 Tage später erhob die Reformgruppe Paschalis II. (1099–1118), vormals Kardinalpriester Rainer von S. Clemente. Als am 8. September 1100 Clemens III. starb, war der Weg für ihn frei, obwohl der Gegenpapst noch drei Nachfolger erhielt; 1111 resignierte Silvester IV., an dessen Erhebung Heinrich IV. nicht mehr beteiligt gewesen war.

Annäherungsversuche Heinrichs IV. an das Reformpapsttum und Erhebung Heinrichs V.

Der alternde Kaiser suchte den Frieden mit dem Reformpapsttum, aber ohne Erfolg. Vielmehr bannte ihn Paschalis II. im März 1102 unter dem Vorwurf, der Kaiser sei das Haupt der Häretiker, noch einmal. Letztlich dürfte dieser Misserfolg den Sturz des Saliers erheblich beschleunigt haben. Im Verlauf des Jahres 1105 erhob sich Heinrich V., getragen von einer Gruppe junger Fürsten, die über dichte Familiennetzwerke sowie erhebliches Machtpotential verfügten und deren Engagement für die Kirchenreform in tiefer religiöser Überzeugung wurzelte. Ihre öffentlich gelebte Glaubensstärke und ihr Verantwortungsgefühl für das Reich erklären ihren Erfolg. Der Kaiser geriet in Gefangenschaft und musste am 31. Dezember 1105 offiziell abdanken. Er widerrief den Verzicht und rüstete zum Kampf gegen seinen Sohn, als er – noch immer im Kirchenbann – im August 1106 plötzlich in Lüttich verstarb.

Nun schien die Versöhnung der Universalgewalten greifbar nah. Auf der Reformsynode von Nordhausen versicherte Heinrich V. dem Papst seinen Gehorsam und verdammte Simonie sowie Nikolaitismus. Wibertinische Bischöfe verloren ihre Ämter, andere wechselten zu Heinrich V. Aber die Bedingungen des Papstes waren hart: Wiederherstellung der Freiheit der Kirchen, Verzicht auf die Investitur bei der Bischofsbesetzung und Neuweihe von Kirchen, die von Schismatikern konsekriert worden waren. Im Gegenzug bot er dem jungen König Rat und Hilfe und lud ihn zu einer Synode nach Guastalla (Oktober 1106) ein, auf der noch einmal das Investiturverbot eingeschärft wurde.

Aber Heinrich V. hatte bereits längst Bischöfe investiert und belegte sein Recht durch angebliche Privilegien Hadrians I. für Karl den Großen und Leos VIII. für Otto I.; beide waren Fälschungen, die indessen unerkannt blieben. Paschalis verurteilte die Kirchenpolitik des Saliers scharf, vermied aber den Bruch und verhandelte weiter über die Kaiserkrönung.

Geheimabkommen von Sutri 1111

Mitte August 1110 überschritt Heinrich V. mit einem großen Heer die Alpen. Als er im Februar 1111 in Mittelitalien eintraf, schien ein Kompromiss gefunden: Heinrich machte deutlich, dass er auf die Regalien, die weltlichen Machtmittel, Besitzungen und Rechte, welche die Kirchen aus der Munifizenz der Könige und Kaiser erhalten hatten, nicht verzichten konnte.

Wahrscheinlich unterbreitete Paschalis II. folgenden Vorschlag: Heinrich V. solle auf die vielfach beanstandeten Investitursymbole Ring und Stab verzichten und die Kaiserpacta einhalten. Dafür würden die Bischöfe alle weltlichen Rechte und Besitzungen zurückgeben, die sie der Großzügigkeit der Herrscher verdankten. So bekäme der Kaiser, was des Kaisers sei, und Gott, was allein ihm gebühre. Am 9. Februar 1111 bestätigte der Salier in Sutri das Abkommen, das aber geheimgehalten wurde.

Eklat in Rom, Privilegium und Kaiserkrönung Heinrichs V.

Am 12. Februar 1111 zog Heinrich V. in Rom ein. Erstmals empfing der Papst den künftigen Kaiser nicht stehend, sondern sitzend im Kreis seiner Kardinäle auf den Stufen vor S. Maria in Turri. Heinrich schritt die Stufen hinauf und küsste dem Papst die Füße; symbolische Verdeutlichung für den neuen Rangunterschied zwischen den Universalgewalten. Erst danach erhob sich Paschalis II., umarmte Heinrich dreimal und küsste ihn.

Als in St. Peter das Übereinkommen von Sutri verlesen wurde, erhob sich ein Sturm der Entrüstung. Die Bischöfe fürchteten einen völligen Macht- und Prestigeverlust; die weltlichen Großen bangten um ihre reichen Kirchenlehen, die sie vom Kaiser neu hätten muten müssen. Auch persönlich nicht Betroffene empörten sich, da die Regelung das mühsam errungene Gleichgewicht zugunsten des Saliers verschoben hätte. Für die Altgregorianer war das Abkommen ein Schock; es schien ihnen, als habe Paschalis II. Gott selbst beraubt.

Angesichts des unerwarteten Widerstandes unterblieb die Kaiserkrönung und der Papst widerrief in Panik sein eigenes Dekret, woraufhin Heinrich V. den Vertragsbrüchigen mitsamt den Kardinälen gefangen nahm. Nach zwei Monaten Haft unterfertigte Paschalis II. am 11. April 1111 am Ponte Mammolo das sogenannte „Pravilegium", um für sich und 16 Kardinäle die Freiheit zu erlangen. Er gestattete Heinrich V., rechtmäßig gewählte Bischöfe und Reichsäbte, die ihr Amt ohne Simonie erhalten hatten, in traditioneller, seit Gregor VII. indessen unter schwere Kirchenstrafen gestellter Weise mit Ring und Stab zu investieren. Zudem versprach er, den Salier wegen seines Vorgehens in St. Peter nicht zu exkommunizieren. Zwei Tage später krönte er Heinrich V. zum Kaiser.

Die Empörung der Geistlichkeit richtete sich allein gegen den Salier, dem Missachtung des neuen episkopalen Amtsverständnisses vorgeworfen wurde. Im Frühjahr 1112 erklärte Erzbischof Guido von Vienne die Urkunde von Ponte Mammolo für ungültig und bannte Heinrich V. Es dauerte jedoch gut zwei Jahre, bevor der Widerstand den Kaiser auch im Reich in Bedrängnis brachte. Ab 1114 wandten sich seine Parteigänger im Episkopat entschlossen von ihm ab und zum Zeitpunkt des Todes Paschalis' II. 1118 muss die kaiserliche Kirchenpolitik als gescheitert betrachtet werden.

Papst Calixt II.

Erst unter Calixt II. (1119–1124) nahmen die Universalgewalten die Ausgleichsgespräche erneut auf. Ein erster Kontakt am 24. Oktober 1119 auf der Maas-Insel von Mouzon scheiterte am gegenseitigen Misstrauen. Doch als der nach Reims geflohene Papst ein neues, umfassendes Investiturverbot erlassen wollte, verweigerten ihm die Geistlichen die Gefolgschaft. Die neuerliche Exkommunikation des Saliers blieb ohne Wirkung. Doch nun ergriffen im Reich die Fürsten die Initiative: Im Frieden von Würzburg (MGH Const. I, Nr. 106) legten sie fest, dass der Kaiser fürderhin dem Papst Gehorsam zu leisten habe, um den Streit endlich zu beenden. Gleichzeitig boten sie sich als Berater an, um eine für den Kaiser akzeptable Entschädigung der Kirchen zu finden, deren Besitzungen im langen Kampf der Universalgewalten hohe Verluste erlitten hatten. Die Investiturfrage sollte so geregelt werden, dass die beiderseitigen Ansprüche berücksichtigt würden und der *honor* des Reiches gewahrt werde.

Neue Kräfte im Reich

Die Friedensbestimmungen demonstrieren deutlich die neuen Kräfteverhältnisse im Reich und die erheblichen Veränderungen in der Reichsverfassung. In Würzburg manifestierten sich die Fürsten entschieden als eigene Kraft, deren wichtigste Aufgabe die Sicherung der Reichsrechte und die Kontrolle des Herrschers war.

Wormser Konkordat

In Worms nahmen die Universalgewalten auf Initiative Heinrichs V. 1122 erneut die Verhandlungen auf, die nun endlich zum Ziel führten. Am 23. September 1122 endete mit dem Austausch zweier Urkunden der Konflikt im **„Wormser Konkordat"** (Begriff 1693 von Gottfried Wilhelm Leibniz geprägt). War das Abkommen ein Geniestreich? Wohl kaum, denn es warf neue Fragen auf.

E

Wormser Konkordat
Der Begriff Konkordat geht auf den lateinischen Begriff *concordatum* zurück und bedeutet Vertrag oder Vereinbarung. In einem Konkordat schließt der Papst (in späteren Zeiten auch andere Religionsgemeinschaften) einen Vertrag mit einem Staatswesen. Im Wormser Konkordat ist allerdings nicht deutlich, ob Papst Calixt II. das Abkommen nur mit Heinrich V. oder auch mit dessen Nachfolgern geschlossen hat. Der Vertragstext spricht den Kaiser direkt an und bezieht sich daher im strengen Wortsinn auch nur auf ihn.

Heinrich V. verzichtete auf die Investitur mit Ring und Stab, gestand allen Diözesen im Reich die kanonische Wahl und freie Weihe der Bischöfe zu, ordnete die Rückgabe des während des Konfliktes entfremdeten Kirchenbesitzes an und anerkannte den Papst als Herrn der *regalia sancti Petri*, die dem heiligen Petrus allein gehörten und – gemäß der Konstantinischen Schenkung – nicht Teil des Reiches seien. Damit herrschte der Papst selbständig als Erbe der Apostel über das Patrimonium Petri, was erhebliche Auswirkungen auf die Entstehung des Kirchenstaates haben sollte.

Im Gegenzug gestand Calixt II. dem Kaiser, der persönlich genannt wurde, zu, bei Bischofs- und Abtwahlen im Deutschen Reich anwesend sein und bei Doppelwahlen der *sanior pars* zum Durchbruch verhelfen zu dürfen. Künftig solle der Herrscher mit dem Zepter die Regalien verleihen und dafür die Dienste des Beliehenen empfangen. Im Deutschen Reich solle diese Zeremonie vor der Weihe geschehen, in Italien und Burgund spätestens ein halbes Jahr nach der Weihe. Beide Seiten versprachen sich gegenseitig Frieden und Hilfe.

Problematisch war die namentliche Nennung des Kaisers in der Papsturkunde. Während in Heinrichs Dokument grundsätzlich alle Päpste angesprochen wurden, konnte man die Spezifizierung in der Papsturkunde dahingehend deuten, dass die Verfügungen Calixts II. nur für Heinrich V. gelten sollten, nicht aber automatisch auch für dessen Nachfolger. Zudem war nicht klar genug geregelt, wie der Herrscher seinen Einfluss bei Doppelwahlen geltend machen sollte. Ebensowenig gab es klare Sanktionen bei Nichteinhaltung des Vertrages.

Eines jedoch leistete das Wormser Konkordat ohne jeden Zweifel: Es definierte innerhalb der Reichsverfassung die Zuordnung zwischen den geistlichen Fürsten und dem Herrscher auf der objektivierbaren Grundlage des Lehnswesens neu. Dies brachte für beide Seiten Vorteile: Den Bischöfen oblagen nun klar geregelte Pflichten und nicht mehr ungemessene *servicia* und dem Herrscher boten die auf dem Lehnswesen gründenden Rechte auf die Kirche eine Möglichkeit, den im sogenannten Investiturstreit erlittenen Ansehensverlust zu kompensieren.

V. Die beiden Universalgewalten in der Stauferzeit (1138–1254)

4. Juni 1133	Kaiserkrönung Lothars
8. Juni 1133	Römisches Konkordat
4. März 1152	Königswahl Friedrichs I. Barbarossa
März 1153	Konstanzer Vertrag
18. Juni 1155	Kaiserkrönung Friedrichs I.
7. September 1159	Ausbruch des Alexander-Schismas
15. August 1169	Krönung König Heinrichs VI. in Aachen
21.–24. Juli 1177	Friede von Venedig
14. April 1191	Kaiserkrönung Heinrichs VI.
8. Januar 1198	Wahl Innocenz' III.
1198	Ausbruch des deutschen Thronstreites
1200/01	*Deliberatio de tribus electis*
1202	*Venerabilem*
21. Juni 1208	Ermordung Philipps von Schwaben
4. Oktober 1209	Kaiserkrönung Ottos IV.
18. Juli 1216	Wahl Honorius' III.
22. November 1220	Kaiserkrönung Friedrichs II.
19. März 1227	Wahl Gregors IX.
25. Juni 1243	Wahl Innocenz' IV.
24. Juni 1245	Konzil von Lyon

1. Lothar von Süpplingenburg und Konrad III.

Ausbau der Hierarchisierung der Amtskirche

Obwohl die Päpste bis zur Erhebung Innocenz' III. 1198 als schwach gelten, setzte sich doch der Aufstieg des Papsttums zur höchsten Autorität in der mittelalterlichen Welt unaufhaltsam fort. Gleichzeitig schritt die wesentlich durch Gregor VII. betriebene Hierarchisierung der Amtskirche weiter voran. Im Gegenzug bemühte sich die weltliche Gewalt, ihre Herrschaft neu theoretisch zu begründen, indem sie sich zum wichtigsten Wahrer des Friedens und der Gerechtigkeit stilisierte, um den im sogenannten Investiturstreit erlittenen Geltungsverlust zu kompensieren. Unter Rückgriff auf das antike römische Recht versuchte sie, auch die Geistlichkeit ihrer Jurisdiktion zu unterwerfen, was freilich neue Konflikte mit dem Papsttum provozierte. Waren die beiden Universalgewalten bis zum Investiturstreit als eine Einheit betrachtet worden, deren – mitunter schwieriges – Miteinander der gottgewollten Ordnung entsprach, so bemühten sich Kaisertum und Papsttum nun um Selbstbestimmung in bewusster Abgrenzung zum jeweils anderen.

Schisma zwischen Honorius II. und Innocenz II.

1130 kam es in Rom zum Schisma. Am 13. Februar starb Honorius II. (1124–1130) und nur einen Tag später wurde durch eine Unstimmigkeit im Kardinalskollegium sowohl Innocenz II. (1130–1143) erhoben, der sich auf die Unterstützung des Adelsgeschlechts der Frangipani verlassen konnte, als auch Anaklet II. (1130–1138) aus der Familie der Pierleoni. Beide Päpste beharrten auf ihrer Rechtmäßigkeit und warben sofort Anhänger. Obwohl sich Anaklet II. in Rom behaupten konnte, setzte sich Innocenz II. letztlich durch, da internationale Akzeptanz mittlerweile mehr wog als römische Präsenz. Zudem wusste Innocenz II. die Zisterzienser, die Cluniacenser sowie die Regularkanoniker und die Herrscher im Deutschen Reich, in England und Frankreich auf seiner Seite; Bernhard von Clairvaux wurde sein wichtigster und sprachgewaltigster Propagator.

Kaiserkrönung Lothars von Süpplingenburg

Im Reich hatte sich Lothar von Süpplingenburg (1125–1137) ohne Zögern für Innocenz II. entschieden. Damit griff letztmalig ein deutscher König entscheidend in ein Papstschisma ein. Dem 1127 erhobenen Gegenkönig, dem Staufer Konrad, gelang es nicht, eine stabile Zusammenarbeit mit dem Gegenpapst Anaklet II. aufzubauen und dadurch ein machtvolles Gegengewicht zu Lothar zu schaffen. Daher konnte der König 1132 unbesorgt nach Italien ziehen. Im April 1133 traf er in Viterbo mit Innocenz II. zusammen und zog mit ihm nach Rom. Dort empfing er Anfang Juni im Lateran die Kaiserkrone, da St. Peter sowie die Leostadt mit der Engelsburg Anaklet II. nicht zu entreißen gewesen waren.

Mit dem Romzug erfüllte Lothar sein Versprechen, den Papst auf seinen Thron zu führen, und forderte nun seinerseits Zugeständnisse. Bereits 1131 und nochmals 1133 hatte er eine Revision des Wormser Konkordates verlangt. Im Römischen Konkordat vom 8. Juni 1133 gewährte Innocenz II. dem Kaiser die Lehnsherrschaft über die Temporalien der Reichskirche, deren Feudalisierung sich infolgedessen zunehmend beschleunigte. Dafür anerkannte Lothar die römische Kirche als Lehnsherrn über die Mathildischen Güter, die er jedoch im gleichen Augenblick auf Lebenszeit zu Lehen zurückerhielt, wobei auch die Tochter und der Schwiegersohn des Kaisers in den Lehensakt einbezogen wurden.

1136/37 zog Lothar erneut nach Italien, um dem nach Pisa geflohenen Innocenz II. gegen König Roger II. von Sizilien und den mit ihm verbündeten Anaklet II. zu Hilfe zu eilen. Zügig gelangte der Kaiser 1137 nach Apulien und machte damit imperiale Ansprüche in Süditalien geltend, die indessen nach seinem Abzug von Roger II. umgehend zunichte gemacht wurden. Auf dem Rückweg nach Norden starb Lothar am 4. Dezember 1137 in Breitenwang bei Reutte in Tirol.

Herrschaftskonzeption ohne Kaiserkrone bei Konrad III.

Seine Nachfolge im Reich trat nicht sein übermächtiger Schwiegersohn an, Heinrich der Stolze, sondern ein ehemaliger Gegenkönig, der Staufer Konrad III. (1138–1152), mit dem es zu einem Traditionsbruch kam. Seit 962 hatten alle deutschen Herrscher die Kaiserkrone erlangt, weshalb man gemeinhin im deutschen König den zukünftigen Kaiser sah. Auch Konrad III. verfolgte dieses Ziel, doch widrige Umstände verhinderten mehrfach seinen Romzug. Obwohl Papst Eugen III. (1145–1153), der erste Zisterzienser auf dem Stuhl Petri, die Hilfe des Staufers in Rom dringend benötigte, entschloss der sich Ende 1146 – aufgerüttelt durch die Predigten Bernhards von Clairvaux –, am Kreuzzug teilzunehmen; der Romzug verzögerte sich erneut.

Die Kanzlei überspielte die fehlende Kaiserkrönung und betonte, der Staufer wahre *imperii nostri honor et gloria*, wobei Anspruch und Machtausübung auseinanderklafften. *Romanorum rex augustus* wurde in Ermangelung der Kaiserkrone zum imperialen Königstitel und der Gebrauch von Sakralnomina in königlichen Verlautbarungen stieg ständig an. Hier liegen die Wurzeln der für Barbarossa typischen Darstellung kaiserlicher Autorität sowie von dessen Wertschätzung kaiserlicher Etikette.

Die Katastrophe des zweiten Kreuzzuges und die wenig triumphale Rückkehr Konrads 1149 schadeten dem König im Ansehen der Zeitgenossen und späterer Historiker schwer. Im Sommer 1151 erreichte den Staufer die dringende Aufforderung Eugens III., nach Rom zur Kaiserkrönung zu ziehen und unmittelbar danach den Krieg gegen Roger II. aufzunehmen. Noch während die Planungen für den Italienzug liefen, starb Konrad III. am 15. Februar 1152 in Bamberg, wo er auch seine letzte Ruhe fand.

2. Wer trägt die Sorge für die rechte Ordnung in der Welt? Das Alexander-Schisma und Friedrich I. Barbarossa

Neue Selbstdefinitionen der Universalgewalten

Unter Friedrich I. Barbarossa (1152–1190) und Alexander III. (1159–1181) wurde die theoretische Begründung der Herrschaft auf beiden Seiten intensiviert, wurden antike Vorbilder idealisiert und dank der Neuentdeckung des römischen Rechts sowie der Scholastik und der Verwissenschaftlichung des Kirchenrechts neu durchdacht und instrumentalisiert. Dabei gelang es der Kurie weit früher, sich zur Zentralinstanz aufzuschwingen und die unangefochtene juridische sowie geistliche Spitze der Kirche zu werden, die alle *causae maiores* an sich zog und in den Dekretalen ein wirkungsvolles Steuerungsinstrument entwickelte. Mit erheblicher zeitlicher Verzögerung passte sich die königlich-kaiserliche Kanzlei an, definierte das Kaisertum theoretisch neu und nutzte im Wettstreit um die besten Köpfe immer stärker bestens ausgebildetes Personal.

Um die prinzipielle Unabhängigkeit vom Papsttum zu unterstreichen, gründete sich die Selbstdefinition des *rex Romanorum* sowie des Kaisers ganz auf das Gottesgnadentum, wobei die Wahl durch die Fürsten stets gegenwärtig blieb und niemals grundsätzlich in Frage gestellt wurde. Trotz aller Abgrenzungsbemühungen wurde auch an der Kaiserkrönung durch den Papst nie gezweifelt, die Rechtsbedeutung dieser Krönung jedoch nach Kräften heruntergespielt.

Wahl Friedrichs I. Barbarossa

Knapp drei Wochen nach dem Tod Konrads III. kam es am 4. März 1152 zur Wahl **Friedrichs I. Barbarossa** zum König und nur fünf Tage später am 9. März zur Krönung in Aachen. Schon bald danach sandte Barbarossa Papst Eugen III. eine Wahlanzeige und nannte sich darin selbstbewusst *Fredericus dei gratia Romanorum rex et semper augustus* (DF I 5). Zugleich erinnerte er den Papst an die Gelasianische Zweigewaltenlehre, um, in Umkehrung der ursprünglichen Deutungsausrichtung, die kaiserliche Gleichrangigkeit mit der *auctoritas pontificum* hervorzuheben. Unmissverständlich gab Barbarossa zu verstehen, dass er keine Zurücksetzung der kaiserlichen Würde hinnehmen würde. Die handlungsleitende Idee des *honor* *imperii* findet sich zwar schon bei Konrad III., doch nun tritt sie unübersehbar in den Vordergrund.

E

Friedrich I. Barbarossa
Wohl nach 1122 wurde Friedrich I. Barbarossa als Sohn Herzog Friedrichs II. von Schwaben und Judiths aus der Familie der Welfen geboren. In erster Ehe war er wohl seit 1149 mit Adela von Vohburg verheiratet. Nachdem die Ehe kinderlos geblieben war und das Paar angeblich zu nah verwandt war, wurde die Ehe 1163 aufgelöst. In zweiter Ehe vermählte sich Friedrich I. am 10./17. Juni 1156 in Würzburg mit Beatrix von Burgund, die ihm zehn Kinder schenkte. Nach seiner Wahl am 5. März 1152 und seiner bereits am 9. März 1152 erfolgten Aachener Krönung betrieb der König rasch seine Kaiserkrönung, die am 18. Juni 1155 in Rom erfolgte. 1156 gelang ihm durch das sogenannte *Privilegium minus*, die Geburtsurkunde des Herzogtums Österreich, die Befriedung im Herzogtum Bayern. Insgesamt fünf Mal zog Friedrich I. bis 1178 nach Italien. 1158 ließ er in Roncaglia die kaiserlichen Regalien in Italien feststellen und rang zur gleichen Zeit erstmals Mailand nieder. 1159 entschied er sich im sogenannten Alexander-Schisma zugunsten Papst Viktors IV. und gegen Alexander III. Die Situation für den Kaiser verschärfte sich durch die zunehmend schlagkräftigere Opposition der oberitalienischen Städte (Veroneser Bund 1163/64, Lombardenbund 1168). Nachdem eine Seuchenkatastrophe 1167 vor Rom sein Heer dramatisch dezimiert hatte, musste er den Plan eines entscheidenden Feldzuges gegen die Normannen in Süditalien aufgeben. Ebenso scheiterte sein Plan, auf dem 5. Italienzug den Städtebund zu vernichten. Vielmehr musste er sich 1177 in Venedig öffentlich mit Papst Alexander III. aussöhnen und die Militäraktionen sowohl gegen den Städtebund als auch gegen die Normannen einstellen. Im Frieden von Konstanz von 1183 wurde dann die kaiserliche Präsenz in Italien geregelt. 1180 musste er in der Gelnhäuser Urkunde die Entmachtung Heinrichs des Löwen besiegeln, mit dem er bis 1176 eng zusammengearbeitet hatte. 1186 gelang dem Kaiser die Verheiratung seines Sohnes Heinrich VI. mit Konstanze von Sizilien, die damals jedoch keineswegs als Erbin des Königreiches Sizilien feststand. Auf dem Mainzer Hoftag Jesu Christi 1188 nahm Friedrich I. das Kreuz und brach 1189 ins Heilige Land auf. Auf dem Weg dorthin ertrank der Kaiser am 10. Juni 1190 im Fluss Saleph (heute Türkei).

Konstanzer Vertrag

Bereits im Spätherbst 1152 intensivierte der Staufer die Gespräche mit Eugen III., der mit römischen Wirren zu kämpfen hatte. Die Verhandlungen mündeten in den Konstanzer Vertrag (März 1153). Der Vertrag ist streng symmetrisch aufgebaut und beinhaltet für jede Partei drei Pflichten. Der Staufer versprach, das Papsttum gegen die Stadtrömer und gegen Roger von Sizilien zu schützen und ohne Einwilligung des Papstes keinen Frieden mit einer der beiden Parteien zu schließen. Vielmehr werde er Rom der Römischen Kirche unterwerfen und einen Zustand wie vor 100 Jahren wiederherstellen. Zweitens wolle er als Vogt der römischen Kirche den *honor* des Papsttums verteidigen und – falls nötig – wiederherstellen, und drittens verpflichtete er sich, byzantinische Expansionsbestrebungen in Unteritalien machtvoll zu unterbinden und die Byzantiner zu vertreiben, sollten sie Italien betreten. Im Gegenzug versprach der Papst die Kaiserkrönung sowie die Unterstützung des geliebten Sohnes des heiligen Petrus, ferner die Ermahnung und nötigenfalls die Exkommunikation der Reichsfeinde sowie Hilfe im Kampf gegen eine byzantinische Expansion. Formal standen sich gleichrangige Partner gegenüber, tatsächlich jedoch benachteiligte der Vertrag Barbarossa, der seine Zusagen Eugen III. und dessen Nachfolgern gab, während der Papst sich nur gegenüber dem Staufer verpflichtete. Der Papst trat bereits als Institution und nicht mehr als Person auf, während sich das Reich erst auf dem Weg der Transpersonalisierung befand.

Der Konstanzer Vertrag sowie die bald auftretenden Spannungen um die Kaiserkrönung und die Süditalienpolitik machen die grundsätzlich anderen Vorstellungswelten der Universalgewalten deutlich. Das Papsttum sah im Konstanzer Vertrag eine kaiserliche Schutzfunktion, die dem Papst dienen sollte und von diesem bei Bedarf abgerufen werden konnte. Letzter Ausfluss dieser Vorstellung war die Idee, das Kaisertum hänge wesentlich vom Willen des Papstes ab. Barbarossa hingegen betonte, sein Kaisertum kraft der Eroberungen seiner Vorgänger zu besitzen, weshalb ihm die Würde fraglos zustehe und von niemandem in Zweifel gezogen werden dürfe.

Erster Italienzug und Kaiserkrönung Friedrichs I.

Schon im Oktober 1154 brach Barbarossa nach Italien auf, um an der Seite oberitalienischer Städte gegen das übermächtige Mailand zu kämpfen und die Kaiserkrone zu erlangen. Ende April 1155 traf er in Sutri auf Papst Hadrian IV. (1154–1159), der vom Staufer den Strator- und Marschalldienst forderte. Da es sich hierbei um ein Zeremoniell aus dem vasallitischen Bereich zwischen Lehnsnehmer und Lehnsherrn handelte, reagierte der Hof empfindlich. Zum einen lässt sich grundsätzlich eine erhöhte Sensibilisierung für symbolisches Handeln feststellen, zum anderen konnte man in den Dienst unschwer die Lehnsabhängigkeit des Kaisertums vom Papsttum hineininterpretieren, was der Hof zu verhindern suchte.

In Sutri erreichte Barbarossa auch eine stadtrömische Gesandtschaft, die 5000 Pfund Gold für die Kaiserkrone forderte, da diese von der Ewigen Stadt und ihren Bürgern vergeben werde. Angeblich antwortete der Staufer ihnen, dass alle Herrlichkeit Roms mit dem Kaisertum auf die Franken übergegangen sei (Ottonis et Rahewini gesta Friderici I. imperatoris, ed. G. Waitz – B. v. Simson, Monumenta Germaniae Historica, Scriptores rerum Germanicarum in usum scholarum, Hannover – Leipzig 1912, II, 32). Obwohl die Rede fiktiv ist, macht sie doch die Vorstellung des Hofes von der Rechtsgrundlage kaiserlicher Herrschaft deutlich.

Am 18. Juni 1155 wurde Barbarossa in St. Peter in Rom zum Kaiser gekrönt; die Tore Roms jenseits des Tibers blieben ihm aber verschlossen. Da Friedrich I. die Stadt umgehend wieder verließ, fühlten sich Hadrian IV. und die Kardinäle angesichts der normannischen Probleme hilflos und vom Kaiser nicht ausreichend unterstützt; daher verhandelten sie mit den einstigen Gegnern. Am 18. Juni 1156 schlossen sie den Vertrag von Benevent, in welchem der Papst das normannische Reich anerkannte und zugestand, die dortige Nachfolgeregelung nach dem Willen des jeweiligen Herrschers zu akzeptieren. Im Gegenzug bestätigte Wilhelm I. durch einen förmlichen Lehnseid die Lehnsabhängigkeit seines Reiches vom Apostolischen Stuhl. Im Vertrag von Benevent kündigte der Papst die traditionelle Zusammenarbeit mit der Krone auf. Zwar befand er sich in einer Notsituation, nichtsdestoweniger handelte er demonstrativ.

Hoftag von Besançon

Führte schon der Beneventaner Vertrag zu erheblicher Missstimmung auf beiden Seiten, so kam es auf dem **Hoftag von Besançon** im Spätherbst 1157 vollends zum Eklat. Dort überbrachten die päpstlichen Legaten Bernhard von San Clemente und Roland Bandinelli von S. Marco (der spätere Papst

Alexander III.) als Reaktion auf die kaiserliche Gefangensetzung des Erzbischofs Eskil von Lund ein Mahnschreiben Hadrians IV., worin dieser dessen sofortige Freilassung forderte. Kanzler Rainald von Dassel verlas das Schreiben und übersetzte sofort. In bewusster Provokation hatte der Papst in einem Sinnzusammenhang mit der Kaiserkrönung formuliert, dass er Barbarossa gerne noch größere *beneficia* übertragen hätte, als er dies ohnehin schon getan habe. Den doppeldeutigen, verschiedene Interpretationen gestattenden Begriff *beneficia* übersetzte Rainald, dessen juristisch präzise geschulter Intellekt unklare Terminologie offenbar nicht duldete, statt mit dem neutralen „Wohltaten" in provokanter Zuspitzung mit „Lehen". Es musste so aussehen, als verstünde der Papst das Kaisertum als ein vom Nachfolger Petri zu vergebendes Lehen. Sofort brach ein Tumult aus, der angeblich Roland Bandinelli fast das Leben gekostet hätte.

Q

Hoftag von Besançon
(Gesta Frederici III, Übersetzung: Die Taten Friedrichs oder richtiger Cronica, übersetzt von Adolf Schmidt, hg. v. Franz-Josef Schmale [Freiherr vom Stein-Gedächtnisausgabe XVII], Darmstadt 1965, S. 418–420):

Als wir ... auf dem Reichstag zu Besançon waren und mit gebührender Gewissenhaftigkeit über die Ehre des Reiches und das Wohl der Kirchen berieten, erschienen Legaten des Papstes und behaupteten, sie überbrächten unserer Majestät eine Botschaft, durch welche die Ehre des Reiches keine geringe Steigerung erfahren solle. Nachdem wir sie am ersten Tag nach ihrer Ankunft ehrenvoll empfangen und uns am zweiten, wie es Sitte ist, zur Anhörung ihrer Botschaft mit unseren Fürsten versammelt hatten, überreichten sie uns wie vom Teufel der Bosheit aufgeblasen, von maßloser Überheblichkeit, von Arroganz und Hochmut, von fluchwürdiger Hoffart des Herzens geschwollen, die in dem päpstlichen Brief enthaltene Botschaft; diese lautete dahin, wir müßten ständig vor den Augen unseres Geistes haben, daß der Herr Papst uns die Auszeichnung der Kaiserkrone verliehen habe, daß er es nicht bereuen würde, wenn unsere Hoheit noch größere Lehen von ihm erhalten hätte. ... Erklärlicherweise erfaßte bei dieser ruchlosen, aller Wahrheit baren Behauptung nicht nur die kaiserliche Majestät berechtigte Empörung, sondern auch alle anwesenden Fürsten wurden von solcher Wut und solchem Zorn gepackt, daß sie zweifellos jene beiden gottlosen Priester zum Tode verurteilt hätten, wenn unsere Gegenwart es nicht verhindert hätte.

Die Stimmung zwischen den Universalgewalten war nachhaltig vergiftet. Dass die kaiserliche Kanzlei schon zum Jahreswechsel 1156/57 den Papst in einem Brief an Erzbischof Wichmann von Magdeburg als *pontifex alme nostre urbis* Rome (Papst [oder Bischof] unserer segenspendenden Stadt Rom) bezeichnet hatte und ihn damit als einen in die Zuständigkeit des Kaisers gehörenden Reichsprälaten darzustellen versuchte, dürfte Hadrian IV. nicht bekannt gewesen sein. Dennoch beweist das Schreiben, dass die Ansichten Barbarossas über das Kaisertum von denjenigen Hadrians IV. kaum unterschiedener hätten sein können.

Nach Besançon entfachte Barbarossa eine massive Propaganda-Offensive gegen den Papst, der im Juni 1158 ein Entschuldigungsschreiben schickte, worin er hervorhob, mit *beneficium* keinesfalls „Lehen" gemeint zu haben; aber der Bruch war nicht mehr zu kitten.

Im Juni 1158 rüstete Barbarossa neuerlich für einen Romzug und antwortete im Frühjahr 1159 einer römischen Gesandtschaft, wodurch er bewusst den Konstanzer Vertrag verletzte. Die Kurie reagierte prompt und verbot dem Kaiser, eigene Boten ohne päpstliches Wissen nach Rom zu senden.

Sacrum imperium

Parallel zu den wachsenden Spannungen begegnet im Reich neben der Romidee eine neue Vorstellung vom Imperium und der kaiserlichen Autorität. 1157 wird in einem offiziellen Dokument erstmals der Begriff *sacrum imperium* gebraucht und im Kaiserhymnus des am Hof des Kölner Erzbischofs schreibenden Archipoeta der Staufer als „Herr der Welt" stilisiert. Gleichzeitig ist eine deutliche Abwertung der benachbarten Könige durch die Titulatur *regulus* oder *rex provincialis* zu beobachten. Die neuen Zentralbegriffe *corona regni* und *honor coronae* bezeugen die zunehmend **transpersonalen Herrschaftsvorstellungen**, aber die Herrschaftsordnung blieb noch immer ganz auf die Person des Kaisers zentriert.

E

Transpersonale Herrschaftsvorstellung
Erstmals formuliert wird der Gedanke, dass das Reich mit seinen Rechten und Ansprüchen auch dann fortbestehe, wenn der Herrscher stirbt, bei Wipo in den *Gesta Chuonradi*. Nach dem Tod Kaiser Heinrichs II. hatte man in Pavia die innerstädtische Pfalz und damit das Verwaltungszentrum des Reiches zerstört und begründete diesen Akt als legitim, da die Herrschaft allein an die Person gebunden sei und nach dem Tod des Herrschers nicht fortexistiere. Dagegen argumentierte Konrad II., dass das Reich fortbestehe, auch wenn der König sterbe, so wie das Schiff weiterhin existiere, auch wenn der Steuermann tot sei. Auch wenn es noch lange dauerte, bis sich die transpersonalen Vorstellungen dauerhafter, nicht mehr an die Person des Königs gebundener Herrschaft durchsetzten und die Institutionalisierung von Herrschaft vorantrieben, wurde die Grundlage für diese Entwicklung doch zu Beginn der Salierzeit gelegt.

Die Stimmung zwischen den Universalgewalten verschlechterte sich so sehr, dass Hadrian IV. als Reaktion auf Gespräche des Kaisers mit dem römischen Senat seinerseits Kontakt zur oberitalienischen Opposition gegen den Staufer anknüpfte und versprach, Barbarossa binnen 40 Tagen zu exkommunizieren. Da starb der Papst plötzlich am 1. September 1159 in Anagni.

Ausbruch des Alexander-Schismas

Der drohende Konflikt der beiden Universalgewalten hatte auch das Kardinalskollegium polarisiert und man konnte sich nicht auf einen Kandidaten einigen. Es kam zum Schisma zwischen Alexander III. (Roland Bandinelli, 1159–1181) und Viktor IV. (Oktavian von Monticelli, 1159–1164), wobei unklar ist, ob und wie der Kaiser auf die zwiespältige Wahl Einfluss genommen hatte. Kein Zweifel besteht indessen daran, dass er die Wahl Viktors IV. begrüßte.

Das Schisma eröffnete Barbarossa die ungeahnte Möglichkeit, Würde und Glanz seines Kaisertums zu neuen Dimensionen zu steigern, sollte es ihm gelingen, kraft seiner kaiserlichen Autorität das Schisma zu beenden. Dass die Überwindung der Spaltung zu seinen kaiserlichen Aufgaben zählte, stand für den Staufer außer Zweifel. Er berief für Januar 1160 eine Synode nach Pavia und beanspruchte unter Rückgriff auf die Antike und die Gepflogenheiten Karls des Großen das Recht, Konzilien einberufen zu dürfen. Pavia sollte als Bühne für eine einzigartige Demonstration kaiserlicher Weltherrschaft dienen. Im Einladungsschreiben begründete der Kaiser sein

Vorgehen mit einer neuen Auslegung der Zweischwerterlehre, wonach das weltliche Schwert Verantwortung für das geistliche Schwert trage, da Gott das Kaisertum als Heilmittel gegen alle Krankheiten der Kirche eingesetzt habe (DF I 284).

Synode von Pavia

Erwartungsgemäß entschied sich die Synode von Pavia (2. Febr. 1160) für Viktor IV. und gegen Alexander III. Barbarossas ganze kaiserliche Autorität hing nun davon ab, ob er die Beschlüsse der Synode auch umzusetzen vermochte. Man wusste, dass Barbarossa daran gemessen werden würde, ob sich Alexander III. den Synodalbeschlüssen beugen würde. Dies erklärt auch die langfristige Weichenstellung und das Beharren des Kaisers auf seiner Gegnerschaft zu Alexander III. Nach dem Tod Viktors IV. 1164 konnte er seine Kaiserkonzeption nur retten, indem er einen neuen Papst aufstellte und seinen Episkopat in den Würzburger Eiden von 1165 schwören ließ, niemals Alexander III. anzuerkennen. Barbarossa war bewusst, dass dies der einzige Weg war, den kaiserlichen Vorrang im Reich und in der christlichen Welt zu behaupten.

Beginn der Probleme mit Mailand

Das Schisma war aber vom tagespolitischen Geschäft nicht zu trennen und verknüpfte sich für Barbarossa in fataler Weise mit den Problemen in Oberitalien. Mailand, die schärfste Gegnerin des Kaisers, verband sich mit Alexander III., der dort am 28. Februar 1160 durch seinen Legaten Viktor IV. und Friedrich I. exkommunizieren ließ. Die unauflösliche Verbindung Alexanders III. mit den oberitalienischen Städten verlängerte die Kriege Barbarossas jenseits der Alpen und endete erst mit der verheerenden Niederlage des Kaisers am 29. Mai 1176 bei Legnano.

Nachdem Barbarossa 1162 einen Sieg über Mailand errungen hatte, musste Alexander III. nach Frankreich fliehen und der Kaiser suchte auf einer Synode in Saint-Jean-de-Losne eine Entscheidung im Schisma herbeizuführen, aber ohne Erfolg. Saxo Grammaticus berichtet, der Kaiser habe in einer dort gehaltenen Rede ausgeführt, dass ihm die Entscheidung in der Papstfrage durch seine kaiserliche Romhoheit zufalle. Die Eindimensionalität und Begrenztheit der staufischen Romidee wird überdeutlich; argumentativ war der in Bologna ausgebildete Kanonist Alexander III. dem Staufer weit überlegen. Der Versuch, die allseits anerkannte Defensorpflicht gegenüber dem Apostolischen Stuhl in ein Hoheitsrecht des Kaisers über das Papsttum umzuwandeln, stieß bei den dem Reich benachbarten Königen auf heftige Kritik; zu nennen wäre hier nur Johannes von Salisbury.

Gegenpapst Paschalis III.

Am 20. April 1164 starb Viktor IV. überraschend in Lucca, doch damit war das Schisma aus bereits angeführten Gründen keineswegs beendet. Nur zwei Tage später, am 22. April 1164, ließ Rainald von Dassel, als kaiserlicher Legat in Mittelitalien tätig, angeblich ohne Wissen des Kaisers einen neuen Papst wählen: Wido von Crema, der sich Paschalis III. (1164–1168) nannte. Am 26. April wurde er geweiht. In welchem Umfang Barbarossa in die Erhebungsaktion eingeweiht war, ist umstritten; zweifellos hatten der Staufer und sein Kanzler gemeinsame Zielvorstellungen und beide wussten, dass das kaiserliche Machtkonzept einen Frontwechsel zu Alexander III. verbot und nur aufrechtzuerhalten war, wenn unverzüglich ein neuer Papst erhoben werden würde.

Für viele aber war der Kaiser zu weit gegangen und Unmut machte sich breit. Da berief der Staufer für den 24. Mai 1165 einen Hoftag nach Würz-

Hoftag von Würzburg und Würzburger Eide

burg, wo sich seine Herrschaftsvorstellungen deutlich manifestierten. Die Fürsten des Reiches sollten sich bedingungslos seiner Autorität anschließen. Um selbst ein Zeichen zu setzen, schwor er corporaliter einen Eid, niemals Alexander III. oder einen von dessen Partei erhobenen Papst anzuerkennen, und zwang die anwesenden Fürsten, sich diesem Eid anzuschließen. Flankiert wurde die spektakuläre Eidesleistung durch zwei öffentlichkeitswirksam inszenierte Ereignisse: Bereits 1164 hatte Rainald von Dassel die Gebeine der heiligen drei Könige von Mailand nach Köln bringen lassen und am 29. Dezember 1165 erfolgte im Aachener Münster die Heiligsprechung Karls des Großen. Eindeutig eine politische Heiligsprechung, sollte doch der heilige Frankenkaiser in der Verknüpfung mit dem staufischen Ideal kaiserlicher Allzuständigkeit zum verbindlichen Symbol politischen sowie kirchlichen Handelns stilisiert werden. Zudem verfertigte man wohl damals eine Fälschung auf Karls Namen, worin zu lesen war, dass die Aachener Thronsetzung die Voraussetzung für eine unwidersprochene Kaisererhebung in Rom sei. Der neue Heilige wurde als Anwalt einer papstunabhängigen Stellung des Kaisertums instrumentalisiert.

Katastrophe vor Rom 1167

Die Fronten verhärteten sich nach den Würzburger Eiden noch mehr und der vierte Italienzug, der im Herbst 1166 begann, sollte die Wende im Schisma bringen und Oberitalien dem Kaiser wieder gefügig machen. Am 22. Juli 1167 stand Barbarossa vor Rom, eroberte rasch die Leostadt und konnte seinen Papst Paschalis III. inthronisieren. Eine plötzlich auftretende Seuche verwandelte den Triumph des Kaisers jedoch in eine Katastrophe. Am 1. Dezember 1167 hatte sich die *Lega Lombarda* zusammengeschlossen und nutzte nun die Gunst der Stunde. Der Staufer musste unter erniedrigenden Umständen fliehen, die Reichsverwaltung in Oberitalien brach zusammen und es war abzusehen, dass dies weitreichende Folgen haben würde.

Am 20. September 1168 starb Paschalis III., wodurch sich Barbarossa neue Handlungsspielräume im Schisma eröffneten. Zaghaft knüpfte er durch Vermittlung der Zisterzienseräbte Alexander von Cîteaux und Pontius von Clairvaux Kontakte zu Alexander III. Bischof Eberhard von Bamberg unterbreitete einen Plan, mit dessen Hilfe die Würzburger Eide umgangen werden sollten: Alexander III. sollte den in Kürze zum König zu wählenden Heinrich, der als kleines Kind die Würzburger Eide nicht mitbeschworen hatte, als Kaiser akzeptieren, der hierfür im Gegenzug Alexander umgehend anerkennen würde, während Friedrich seine Anerkennung noch eine Weile aufschieben wollte, um sein Gesicht zu wahren. Zudem sollte Alexander die irregulären Weihen aus der langen Zeit des Schismas anerkennen. Diese Forderung konnte Alexander III. indessen ebenso wenig akzeptieren wie seine politische Trennung vom Lombardenbund, die bei einer Annäherung an den Staufer unvermeidlich gewesen wäre. Eine Einigung kam nicht zustande und das Schisma dauerte weitere acht Jahre an.

Gegenpapst Calixt III.

Im Sommer 1169 anerkannte Friedrich I. den neuen Gegenpapst Calixt III. (Johannes von Struma, 1168–1178), der ohne Einfluss des Kaisers erhoben worden war. 1174 zog Barbarossa erneut nach Italien, auch um gegen Alexandria vorzugehen, die Stadt, die in programmatischer Weise den Namen Papst Alexanders III. trug. Nach erfolgloser Belagerung traten beide Seiten in Verhandlungen ein, die am 16./17. April 1175 im Frieden von

Montebello ihren Abschluss fanden. Neuerlich wurden auch Gesprächsversuche mit Alexander III. gestartet, die jedoch scheiterten.

Nachdem Heinrich der Löwe dem Kaiser in Chiavenna im Januar 1176 weitere Truppenhilfe verweigert hatte, erlitt der Staufer am 29. Mai 1176 vor Mailand eine schwere Niederlage und musste in umfangreiche Verhandlungen mit den oberitalienischen Städten und mit Alexander III. einwilligen.

Friede von Venedig

Am 21. Juli 1177 wurden in Venedig die in Chioggia ausgehandelten Friedensbedingungen verlesen, wobei die Fürsten als die eigentlichen Friedensmacher hervortraten, denn Barbarossa selbst hatte nicht mehr die Möglichkeit, die Ereignisse allein zu steuern. Grundlage des Friedens war die gegenseitige Anerkennung von Kaiser und Papst. Zudem verzichtete Barbarossa auf die Präfektur über Rom und versprach die Rückgabe der Regalien und Besitzungen der römischen Kirche; lediglich die Mathildischen Güter blieben dem Reich weitere 15 Jahre lang erhalten. Im Gegenzug beließ Alexander III. die Kirchenmänner im Amt, die während des Schismas treu auf der Seite des Staufers gestanden hatten. In Kraft treten würde der Friedensvertrag allerdings erst, nachdem der Kaiser auch mit der *Lega*, dem König von Sizilien sowie dem Kaiser von Byzanz Frieden geschlossen hätte. In einem auf maximale Außenwirkung in der Öffentlichkeit zielenden, mehrtägig inszenierten Akt nahm Alexander III. den Kaiser wieder in den Schoß der Kirche auf. Nachdem er sich am 24. Juli 1177 in Venedig dem Papst zu Füßen geworfen hatte, begann der demonstrative Bußakt, der am 25. Juli im Stratordienst vor der Kirche und dem anschließenden feierlichen Besuch der Messe gipfelte. Bis zum Vorabend des Festes Mariä Himmelfahrt (15. August) dauerte die Inszenierung um den Frieden von Venedig und die Bannlösung des Kaisers sowie seiner Familie; der Schlusstermin ergab sich dabei nicht zufällig, sondern war genauestens geplant und integrativer Bestandteil des minutiös ausgearbeiteten Bußprogramms.

Die weitreichende Bedeutung des Friedens von Venedig liegt in den europäischen Dimensionen der Vorgänge. Der Staufer Friedrich I. hatte im Kaisertum und basierend auf einer geradezu übersteigerten Kaiseridee nach der Weltherrschaft gestrebt; nicht im Sinne einer Herrschaft über die Staaten der Welt, sondern im Sinne der Beherrschung der Christenheit. Mit dem Fußfall vor dem Papst sank auch dieses Programm in den Staub. Die Fürsten gewannen während der Friedensverhandlungen enorme politische Spielräume und gingen spürbar auf Distanz zum Hof. Im Grunde entstand die theoretische Vorstellung von Fürsten, denen die Wahl oblag (*ad quos de iure spectat electio)*, die 1201/02 im deutschen Thronstreit von Papst Innocenz III. (1198–1216) in der Idee der Prinzipalwähler formuliert werden sollte, bereits im Vorfeld des Friedens von Venedig. Dennoch hielt man am Hof an der Idee des theokratischen Königtums bis zum Ende des 12. Jahrhunderts fest. Der König galt weiterhin als *caput* des Reiches und die Fürsten als *membra,* auch wenn man vor allem in Verhandlungssituationen zu der Ansicht gelangen konnte, das Reich habe zwei Köpfe gehabt.

Die Universalgewalten nach dem Ende des Alexander-Schismas

Ging das Kaisertum geschwächt aus dem Schisma hervor, stellte Alexander III. auf dem zweiten Laterankonzil 1179 die Weichen für die Verankerung des Vorranges des Papsttums; eine Entwicklung, die während des Pontifikats Innocenz' III. (1198–1216) zum Abschluss gelangen sollte. In der

Neuordnung der Papstwahl wurde festgelegt, dass künftig derjenige rechtmäßiger Papst sein solle, für den sich eine Zweidrittelmehrheit der Kardinäle entscheide. Damit wurden äußere Instanzen aus dem Papstwahlverfahren herausgehalten. Parallel dazu intensivierte das Papsttum den institutionellen Ausbau auf allen Ebenen, trieb die Verschriftung an der Kurie voran und baute das Legatenwesen aus. Während das Reich noch um die Transpersonalisierung rang, hatte das Papsttum sie längst vollzogen.

3. Der Erbreichsplan Heinrichs VI.

Tod Friedrichs I. und Kaiserkrönung Heinrichs VI.

Als 1189 Friedrich I. Barbarossa zum Kreuzzug aufbrach, übernahm sein Sohn Heinrich VI. (1169/1190–1197) die Regentschaft. Er war am 15. August 1169 in Aachen gekrönt worden und führte seither den anspruchsvollen Titel *rex Romanorum*, hatte jedoch stets im Schatten seines Vaters gestanden. 1184 verlobte ihn der Kaiser mit Konstanze von Sizilien, die er 1186 in Mailand heiratete. Als König Wilhelm II. von Sizilien im November 1189 überraschend und kinderlos verstarb, war Konstanze seine legitime Erbin. Die antistaufische Partei erhob dagegen in großer Eile am 18. Januar 1190 Tankred von Lecce, einen Enkel Rogers II. aus einer illegitimen Verbindung. Der eklatante Rechtsbruch wurde durch die Anerkennung Tankreds durch den Papst kaschiert, der die *unio regni ad imperium* fürchtete, den Zusammenschluss des Nordreichs der Staufer mit dem Königtum Sizilien. Unmittelbar nach dem Erhalt der Todesnachricht Barbarossas im September 1190 zog Heinrich VI. nach Süden, um das Erbe seiner Gemahlin zu verteidigen. Zudem führte er Verhandlungen über die Kaiserkrone. Kurz vor dem Eintreffen des Staufers in Rom starb am 20. März 1191 Papst Clemens III. (1187–1191) und die Pläne zur Kaiserkrönung schienen hinfällig. Aber die Nähe des Stauferheeres beschleunigte die Kompromissfindung unter den Kardinälen, die den achtzigjährigen Hyazinth Borbone wählten, Coelestin III. (1191–1198). Er wurde am 14. April 1191 inthronisiert und krönte am Folgetag (Ostersonntag) Heinrich VI. in St. Peter zum Kaiser.

Kampf um das Königreich Sizilien

Bald nach Ostern begann der erste Feldzug gegen Sizilien, wobei Konstanze in die Hand Tankreds fiel. Papst Coelestin III. erwirkte ihre Freilassung durch die offizielle Anerkennung Tankreds als Gegenkönig im Konkordat von Gravina (Juni 1192), behielt die Kaiserin nun aber seinerseits als Faustpfand, um seine Verhandlungsposition gegenüber Heinrich VI. zu stärken. Mit Hilfe des Abtes Roffrid von Montecassino gelang ihr indessen die Flucht.

Die Geburt des Thronfolgers

Gestärkt durch die Gefangennahme des englischen Königs Richard Löwenherz, auf dessen Wohlergehen die Opposition gegen Heinrich VI. Rücksicht nehmen musste, zog der Staufer 1194 erneut nach Süden. Am Stephans-Tag (26. Dezember) 1194 brachte Konstanze, die den Feldzug aus gesundheitlichen Gründen nicht mitgemacht hatte, in Jesi ihr einziges Kind zur Welt: Friedrich-Roger, den späteren Kaiser Friedrich II. (1198/1212–1250).

Mit der Geburt des Thronfolgers bestand die Chance, das Nord- mit dem Südreich auf Dauer zu verbinden. Der Weg zur Verstetigung der *unio regni ad imperium* sollte durch eine ganze Reihe von Verhandlungen geebnet werden: Erbreichsplan, umfangreiche Verhandlungen mit dem Papsttum, gipfelnd im sogenannten „höchsten Angebot", und Kreuzzugsplan. Dass diese verschiedenen Komponenten nicht getrennt betrachtet werden dürfen, sondern sich gegenseitig bedingten und voneinander abhängig waren, ist heute in der Forschung nicht mehr umstritten.

Unio regni ad imperium

Für eine dauerhafte Union der beiden Reiche war eine funktionierende und vernetzte Verwaltung unabdingbar, an deren Aufbau unverzüglich gearbeitet wurde. Als integrative Maßnahme übertrug Heinrich VI. Konstanze die Regentschaft für Sizilien im Falle seiner Abwesenheit. Die *unio regni ad imperium* konnte aber letztlich nur mit Hilfe des Papstes dauerhaft gefestigt werden. Daher sollte Coelestin III. durch die Taufe und Krönung des kleinen Thronfolgers die *unio* öffentlich bekräftigen. Da der Papst von der Vereinigung der beiden Reiche nicht angetan war und zudem wegen des Konkordats von Gravina und des Versuchs, eine *generalis in regno legatio* auch auf der Insel Sizilien einzurichten, im Streit mit Konstanze lag, musste ihm ein unwiderstehliches Angebot für seine Mithilfe unterbreitet werden. Noch im März 1195 kündigte Heinrich VI. in mehreren Briefen an den Papst und die Kardinäle einen Kreuzzug an. Diesen Vorschlag konnte Coelestin III. nicht ablehnen, er war aber skeptisch, da der Kaiser Ostern 1195 in Bari das Kreuz aus der Hand des päpstlichen Unterhändlers Bischof Radulf von Sutri nur heimlich (*secreto*) nahm. Dass der Aufbruch für März 1196 anberaumt wurde, überzeugte den Papst schließlich von der Ernsthaftigkeit des Unternehmens. Machtpolitik, eschatologische Vision und das Ideal des staufisch-kaiserlichen Führungsanspruches in der Christenheit flossen in diesem Kreuzzugsplan untrennbar zusammen.

Erbreichsplan und höchstes Angebot

Vor dem geplanten Aufbruch designierte Heinrich VI. seinen kleinen Sohn und wollte ihn im Dezember 1195 zum Mitkönig wählen lassen, aber die Fürsten entsprachen seiner Bitte nicht. Damit gerieten die Pläne, die er seit der Geburt Friedrichs verfolgt hatte, ins Wanken. Das Vorhaben des Kaisers war dreiteilig. An erster Stelle stand die Sicherung der staufischen Dynastie im Reich. Zweitens bemühte er sich um die Errichtung und Behauptung einer staufischen Erbmonarchie im sizilischen Normannenreich, die auf zwei Grundlagen fußte: zum einen dem Erbanspruch Konstanzes, zum anderen den Ansprüchen auf die Herrschaft über Sizilien aufgrund der Kaiserwürde. Drittens wünschte sich Heinrich VI. die Weitergabe des Kaisertums auf dem Erbweg innerhalb des staufischen Hauses. Letzteres hatte bereits Barbarossa angestrebt, als er Heinrich VI. zum Mitkaiser erheben lassen wollte; allerdings war er mit diesem Plan gescheitert.

Die Überlegungen Heinrichs VI. waren nicht neu, aber er wollte sie nun definitiv durchsetzen und machte sie zwischen 1195 und seinem frühen Tod im September 1197 zu seinen vordringlichsten Aufgaben. Die Bemühungen gipfelten im Erbreichsplan und im sogenannten „höchsten Angebot" an die Kurie. Warum Heinrich gerade jetzt das Reich in ein Erbreich umwandeln und damit die Reichsverfassung ändern wollte, ist unklar. Möglicherweise weil die Fürsten verlangten, beim Fehlen eines männlichen Erben auch ihre Töchter und bei Kinderlosigkeit den nächsten männlichen Verwandten als Erben in ihren Besitzungen und ihren Lehen einsetzen zu dürfen.

Die Lütticher Bistumsgeschichte berichtet aus gewissem zeitlichen Abstand, die Königswahl sei abgeschafft und die Nachfolge im Kaisertum auf die Geblütsfolge der jeweils nächsten männlichen Verwandten festgelegt worden. Gleichzeitig seien das Königreich Sizilien und Kalabrien, das Herzogtum Apulien und das Fürstentum Capua dem römischen Kaiserreich eingeschrieben und verbunden worden. Dafür habe der Kaiser bei Söhnelosigkeit auch die weibliche Erbfolge gestattet und auf das Spolienrecht gegenüber Geistlichen verzichtet. Im Gegenzug solle die römische Kirche ihre Zustimmung zum Erbreichsplan geben und die 52 Fürsten, *qui imperatorem eligere consueverunt*, sollten ein Siegelinstrument ausfertigen und eidlich bekräftigen, dass Friedrich seinem Vater nachfolgen solle.

Rom signalisierte Verhandlungsbereitschaft und Heinrich nahm sofort Gespräche auf, während sich im Reich Widerstand gegen den Erbreichsplan regte. Coelestin III. versuchte der Staufer durch das Kreuzzugsangebot zu ködern und forderte dafür die Taufe Friedrichs sowie dessen *unctio in regem*. Ob er damit auch die Kaiserkrönung verlangte, ist umstritten. Sicher jedoch hätte die Taufe, Weihe und Krönung die offizielle Anerkennung des Erbreichsplanes durch den Papst bedeutet. Die Übernahme der Taufpatenschaft hätte die Sakralität des kleinen Friedrich deutlich gesteigert und zugleich die päpstlichen Handlungsspielräume gegenüber seinem Patenkind beschnitten. Die Ablehnung Coelestins III. kam daher wohl kaum überraschend.

Um die bereits gescheiterte Umstrukturierung des Reiches doch noch zu retten, unterbreitete Heinrich VI. dem Papst das „höchste Angebot", dessen Inhalt in der Forschung stark umstritten ist. Da es keine Quellen gibt, sind Spekulationen Tür und Tor geöffnet. Die Vorschläge reichen von einer finanziellen Unterstützung des in ständiger Finanznot befindlichen Papsttums bis zu dem Vorschlag, der Papst solle den Kaiser investieren, wenn auch ohne förmliche Lehnsnahme mit Treueid und Hominium. Was auch immer es gewesen sein mag – der Papst lehnte ab.

Testament Heinrichs VI.

Im Zusammenhang mit diesen grundlegenden Plänen wird das sogenannte Testament Heinrichs VI. besonders interessant. Der Text ist nur verstümmelt und in den kuriennahen *Gesta Innocentii* überliefert, spiegelt aber wohl doch die Vorstellungen des todkranken Kaisers wider. Konstanze und Friedrich sollten dem Papst alle *iura* aufgrund des Vertrages von Benevent gewähren und ihm einen Sicherheitseid leisten, wie dies bei sizilischen Königen üblich war. Unter folgenden Bedingungen sollte das Königreich an die Kurie zurückfallen: Wenn Friedrich nach dem Tod Konstanzes ohne Erben sterben sollte, wobei der Kreis der Erben nicht definiert war. Würde Friedrich vor seiner Mutter sterben, sollte diese zwar das *regnum* auf Lebenszeit innehaben, aber nach ihrem Tod würde es an die Kurie fallen. Papst und Kirche sollten Friedrich das Kaisertum bestätigen, wobei sie für die *confirmatio imperii et regni* reiche Kompensationsleistungen erhalten würden. Es war sicher ein tagespolitisches Testament (Ludwig Vones) und noch nicht endgültig formuliert, weshalb es wohl auch nicht öffentlich bekannt gewesen sein dürfte. Am 28. September 1197 starb Heinrich VI. in Messina und das Reich stürzte in eine schwere Krise.

4. Innocenz III. und der deutsche Thronstreit

Der frühe Tod Heinrichs VI. stellte eine folgenschwere Zäsur dar. In den ausbrechenden Wirren um die Nachfolge gerieten die Pläne Heinrichs ebenso in Vergessenheit wie sein „höchstes Angebot" an das Papsttum. Vielmehr begünstigten die Umstände und die überragende Persönlichkeit Papst **Innocenz' III.** Grundsatzentscheidungen, die zwar im Thronstreit gefällt wurden, aber bis in das Spätmittelalter hinein wirkmächtig blieben.

Regentschaft der Kaiserin Konstanze in Sizilien

In Sizilien behauptete Konstanze ihre Regentschaft auf Kosten des Reiches und das Papsttum begann sofort mit einer energischen, aber weitgehend wirkungslosen Rekuperationspolitik, wofür das 1192 durch den Kämmerer Cencius angelegte Zinsbuch als Grundlage dienen sollte. Herzog Philipp von Schwaben eilte nach Italien, stieß aber nicht bis zum Aufenthaltsort des kleinen Friedrich, Foligno, vor; statt ins Reich nördlich der Alpen wurde der Thronfolger nach Palermo gebracht. Die prostaufischen Fürsten erneuerten ihre Treueide zugunsten Friedrichs. Die Opposition war sich in ihrer Gegnerschaft zu den Staufern einig und favorisierte – allerdings nicht einmütig – eine welfische Kandidatur. Als dies bekannt wurde, drängte die Stauferpartei Philipp von Schwaben, sich zum König wählen zu lassen, was im März 1198 auch geschah. Dennoch entschied sich die Opposition im Juni 1198 für den Welfen Otto IV. Beide Parteien schickten Wahlanzeigen nach Rom, wo mittlerweile der Papst gewechselt hatte.

Papst Innocenz III.

Im Januar 1198 war Innocenz III. (Lothar von Segni) erhoben worden, ein brillanter, bestens geschulter Geist, dessen Pontifikat vielen als Höhepunkt mittelalterlichen Papsttums gilt. Die andauernde Wirkmächtigkeit seiner Verlautbarungen ist sicher auf die Anlage des nur zum Teil erhaltenen Spezialregisters zum Thronstreit (*Regestum Innocentii III papae super negotio Romani imperii*) zurückzuführen, vor allem aber auch dem Umstand geschuldet, dass mit seinem Pontifikat die kontinuierliche Registerführung einsetzt und zahlreiche Texte durch Kardinal Raymund von Peñaforte in den *Liber extra* eingetragen und damit Gegenstand wissenschaftlicher Diskussionen wurden.

E

Innocenz III. (8. Januar 1198 – 16. Juli 1216)
Lothar von Segni wurde 1160/61 geboren, studierte Theologie in Paris und Kirchenrecht in Bologna und stand seit den Tagen Lucius' III. im Dienst der Kurie. Seit Ende 1190 war er Kardinaldiakon von Santi Sergio e Bacco. Obwohl der Jüngste unter den Kardinälen wurde er am Todestag Coelestins III. zum neuen Papst gewählt. Unter ihm wurde der Titel *vicarius Christi* fest mit dem Papsttum verbunden. In der Tradition der Reformpäpste baute er den Primatsanspruch des Papstes im geistlichen und im weltlichen Bereich aus, wobei er sich im weltlichen Bereich durchaus als Pragmatiker erwies. Unter ihm wurde die kuriale Administration ausgebaut und effektiviert; es ist daher kein Zufall, dass gerade mit ihm die kontinuierliche Registerführung einsetzt, er ein Spezialregister zum deutschen Thronstreit anlegen und 1210 seine Rechtsentscheide in einer Dekretalensammlung veröffentlichen ließ. So erfolgreich Innocenz III. als Verwalter war, so schmerzlich scheiterte er in mancherlei politischer Hinsicht. So wurde der von ihm propagierte vierte Kreuzzug ein Misserfolg und endete in der Eroberung Konstantinopels (1204). Die von ihm forcierte Ketzerbekämpfung mündete

1209–1229 in die Katastrophe des Kreuzzuges gegen die Albigenser. Auf der anderen Seite gelang es Innocenz III., die Armutsbewegung vor allem in den Gemeinschaften des Franziskus von Assisi sowie des Dominikus in die katholische Kirche zu integrieren. Das vierte Laterankonzil 1215 wurde als die größte Kirchenversammlung des Mittelalters zum Höhepunkt seines Pontifikats. 1213/14 hatte er den englischen König Johann ohne Land zur Lehnsauftragung seines Reiches an den Nachfolger Petri gezwungen und aus diesem Grund 1215 die Magna Charta für ungültig erklärt. Im deutschen Thronstreit erhob er, obwohl seit 1198 Lehnsvormund Friedrichs II., den pontifikalen Anspruch auf die Prüfung der Kandidaten, wobei er Otto IV. favorisierte, da er sich von ihm eine Aufspaltung der gefürchteten *unio regni ad imperium* erwartete. Erst nachdem er sich von Otto IV. 1210 getäuscht sah, ergriff er die Partei Friedrichs II., dessen aragonesische Heirat er 1208 vermittelt hatte. Trotz mancher Misserfolge im politischen Bereich gilt Innocenz III. zu Recht als einer der bedeutendsten Päpste des Mittelalters.

Innocenz III. charakterisierte in einer Rede (*Sermo II in consecratione pontificis,* Migné, Patrologia Latina, Bd. 217, Sp. 653–660) die Stellung des Papstes: Gott habe Petrus zum Fundament seiner Kirche gemacht und damit die unanfechtbare Primatstellung des Papsttums begründet. Der Nachfolger Petri allein sei der *vicarius Christi,* aus dessen Allzuständigkeit sich die *plenitudo potestatis* des Papstes ableite. Obwohl Innocenz III. davon überzeugt war, dass Gott zwei Gewalten angeordnet hatte, lag für ihn die größere Kompetenz doch auf päpstlicher Seite, weshalb dem Nachfolger Petri beispielsweise in der Frage des Kaisertums ein Prüfungsrecht der Kandidaten zustehe; das Wahlrecht der Fürsten tastete er im Grundsatz aber nicht an. Zudem sei es dem Papst in besonderen Fällen erlaubt, seine Zuständigkeit als Priester auch auf die königliche Gewalt auszudehnen (Dekretale *Novit,* Liber extra 2.1.13). Wann ein solcher Sonderfall vorlag, definierte allein der Papst, was ihm aufgrund seiner Verantwortung für das Seelenheil enorme Handlungsspielräume eröffnete.

Innocenz III. und der deutsche Thronstreit

Im Thronstreit hatte Innocenz III. zunächst gezögert und im Mai 1199 brieflich geäußert, dass er zuvor die Kandidaten prüfen wolle, um dann zu entscheiden, wen er krönen würde. Da sich für den deutschen König im Laufe der Geschichte eine Anwartschaft auf das Kaisertum entwickelt hatte, lief dieser Prüfungsanspruch auf eine päpstliche Approbation der deutschen Königswahl hinaus. 1200/01 formulierte Innocenz III. diesen Prüfungsanspruch in verbindlicher Form in der *Deliberatio de tribus electis,* resultiere er doch aus der besonderen Fürsorgepflicht des Papstes für das Imperium, welches der deutsche König als Kaiser beherrsche. Zudem findet sich ausdrücklich die Ansicht des Papstes niedergelegt, dass die geistliche Gewalt Verantwortung für die weltliche trage. Nach den päpstlichen Kriterien der Kaisertauglichkeit prüfte Innocenz III. alle drei Kandidaten und ergriff, die permanente *unio regni ad imperium* fürchtend, energisch für Otto IV. Partei, da beide staufischen Bewerber Abkömmlinge eines *genus persecutorum* seien. Auf die Kritik der staufischen Gruppe hin präzisierte Innocenz III. seine Haltung noch einmal im März 1202 in der Dekretale *Venerabilem.* Darin wird das Wahlrecht der Fürsten anerkannt, da ihnen *ius et potestas eligendi regem in imperatorem postmodum promovendum* zustehe. Nach einem kurzen Abriss der Translationslehre betont der Papst jedoch, dass ihm die Approbation der Königswahl zukomme, da er den Kaiser schließlich salben müsse und der Koronator *regulariter et principaliter* das Recht zur Examination habe, wie dies dem Kirchenrecht zu entnehmen sei.

Neusser Eide

Am 8. Juni 1201 versprach ihm Otto IV. in den Neusser Eiden Gehorsam sowie jegliche Unterstützung bei den Rekuperationen und dem Erhalt des sizilischen Königreiches. Hierfür anerkannte ihn Innocenz III. als zum römischen Kaiser erwählten König, ohne dass diese päpstliche Parteinahme im Thronstreit wirksam geworden wäre. Die Parteigänger des Welfen liefen zunehmend zu Philipp von Schwaben über, der 1204 sogar den Bruder Ottos IV., Heinrich von Braunschweig, zu seinen Gefolgsleuten zählen konnte. Angesichts dieser Entwicklung nahm Innocenz III. Verhandlungen mit Philipp von Schwaben auf, den er in *Venerabilem* noch als gänzlich ungeeignet für das Kaisertum verworfen hatte, da er ein Kirchenverfolger sei und einem Geschlecht notorischer Kirchenverfolger entstamme. Die Gespräche waren fast zum Abschluss gelangt, als Philipp am 21. Juni 1208 durch Pfalzgraf Otto von Wittelsbach wohl aus privatem Rachedrang in Bamberg ermordet wurde.

Kaiserkrönung Ottos IV.

Innocenz III. wertete das gewaltsame Ende des Staufers als Gottesurteil und Otto IV. trat neuerlich in Verhandlungen mit dem Papst ein, dem er 1209 in Speyer die Neusser Eide noch einmal bekräftigte. Am 4. Oktober 1209 krönte Innocenz III. den Welfen in Rom zum Kaiser, der schon 1210 seine eidlichen Zusicherungen brach und sich nach Süden wandte, um Sizilien zu erobern. Der Papst quittierte den Eidbruch nach längerem Zögern mit der Exkommunikation des Kaisers, die er am 31. März 1211 wiederholte, und empfahl nun in Abkehr von seiner bisherigen Politik den deutschen Fürsten, Friedrich II. zu wählen. Ein Schritt, der dem Papst schwergefallen sein muss, hatte es doch mit Friedrich II. bereits einige Konflikte gegeben. An seinem Misstrauen änderte es auch nichts, dass bedeutende Liegenschaften im Nordwesten des Königreichs Sizilien als Ausgleich für die Kosten der Regentschaft an ihn verpfändet worden waren.

Friedrich I. in Deutschland

Der auf abenteuerlichen Wegen nach Deutschland gelangende Friedrich II. wurde zunächst in Abwesenheit im Herbst 1211 in Nürnberg und nach seiner Ankunft nördlich der Alpen in einem Nachwahlakt im Dezember 1212 in Frankfurt erneut gewählt und gekrönt und wiederholte am 12. Juli 1213 in der Goldbulle von Eger gegenüber dem Papst die Zugeständnisse seiner Vorgänger. Er überließ der römischen Kirche die beanspruchten Gebiete und Rechte, sicherte die freie Appellation an die Kurie zu und versprach seine Hilfe beim Ketzerkampf. Zuvor schon hatte sich Innocenz III. versprechen lassen, dass der Staufer die Union des Nordreiches mit dem Südreich in Sizilien baldmöglichst lösen würde, was dieser in Aussicht stellte, ohne handfeste Garantien zu geben. Die menschliche Basis für die Trennungsidee stellte der 1211 geborene und noch vor der Abreise seines Vaters nach Norden – wohl im März 1212 – zum König von Sizilien gekrönte Heinrich dar. Die Wahl des Einjährigen war sicher der Wunsch des Papstes gewesen. Zusätzlich leistete ihm Friedrich II. im April 1212 das für die normannische Tradition typische *ligium hominium* und untermauerte damit die Lehnsbindung.

Die Zeichen standen eigentlich gut für ein friedliches Miteinander der Universalgewalten, aber der Schein trog. Am 25. Juli 1215 wurde Friedrich II.

in Aachen gekrönt und er gelobte seine persönliche Teilnahme am Kreuzzug; ein verhängnisvolles Versprechen, wie sich zeigen wird.

Das vierte Laterankonzil

Für November 1215 berief Innocenz III. das vierte Laterankonzil ein, das sich vor allem mit der Reform der Kirche und dem Kreuzzug, am zweiten Versammlungstag (20. Nov.) aber vorwiegend mit dem Kaisertum beschäftigte, das sich auf dem Konzil als eine Angelegenheit der gesamten Kirche darstellte, was letztlich auf eine Schwächung der Kaiserwürde hinauslief, vor allem wenn man die Kaiseridee der frühen Staufer berücksichtigt. Dennoch war die Prüfung des deutschen Königs und künftigen Kaisers durch Innocenz III. für Friedrich II. ein Erfolg; seiner Kaiserkrönung stand nichts mehr im Wege. Aber auch das Papsttum konnte zufrieden sein. Das seit 1198 geforderte Prüfungsrecht der deutschen Königswahl schien allgemein anerkannt und als päpstliche Rechtsauffassung für alle Zeit festgeschrieben. Dass sich dieser Anspruch im Endkampf des Staufers mit dem Papsttum gegen Friedrich II. richten würde, war 1215 nicht absehbar.

5. *Ascendit de mari bestia blasphemie plena nominibus*: Das Papsttum im Endkampf gegen Friedrich II.

Papst Honorius III.

Nur zwei Tage nach dem Tod Innocenz' III. wurde am 18. Juli 1216 Honorius III. (1216–1227) erhoben, der – bei grundsätzlicher Unterschiedlichkeit zu Innocenz III. – dessen Kreuzzugspläne massiv vorantrieb. Bald nach seiner Wahl knüpfte er Kontakte zu Friedrich II., der auch seinerseits Gesprächsbereitschaft signalisierte. Es fällt auf, dass sich der Staufer mit klaren Äußerungen über die Stellung des Kaisers gegenüber dem Papst zurückhielt, bis der Streit ab 1230 eskalierte.

Kreuzzugspläne und Italienpolitik

Im November 1218 wandte sich Honorius III. wegen der Kreuzzugspläne an den König, dessen Antwort eindeutig ausfiel: Er bekräftigte das Aachener Gelübde, verpflichtete aber den Papst, ihm bei den Vorbereitungen des Kreuzzugs zu helfen. Vor allem sollte der Nachfolger Petri für eine breite Fürstenbeteiligung an der Heerfahrt sorgen, die Gegner des Staufers von Angriffen auf dessen Königtum fernhalten und somit den Erhalt der Dynastie sichern. Um sein ernsthaftes Kreuzzugsinteresse zu untermauern, beraumte Friedrich II. den Aufbruch für den 24. Juni 1219 an.

Honorius III. ging auf die staufischen Bedingungen ein, doch entzündete sich neuer Streit an der Nachfolgefrage, da Friedrich vehement die Königswahl seines Sohnes Heinrich im Reich betrieb und damit das Schreckgespenst der permanenten *unio regni ad imperium* neuerlich heraufbeschwor. Die Notwendigkeit der Königswahl Heinrichs begründete Friedrich II. mit dem bevorstehenden Beginn des Kreuzzugs, und es bestand unter den Zeitgenossen offenbar kein Zweifel, dass der Staufer im direkten Anschluss an einen Romzug ins Heilige Land aufbrechen würde.

Aber die abwartende Haltung der Fürsten verhinderte die Einhaltung der Aufbruchsfrist für den Kreuzzug. Sie wollten sich die von ihnen nicht gewünschte Königswahl Heinrichs erst durch Privilegien des Herrschers vergüten lassen, bevor sie sich auf das Wagnis des Kreuzzugs einließen. Mehrfach erwirkte Friedrich II. daher beim Papst eine Fristverlängerung. Schließlich wurde Heinrich – nachdem sein Vater in der *Confoederatio cum principibus ecclesiasticis* auf die Wünsche der geistlichen Fürsten eingegangen war – auf einem Hoftag von Frankfurt im April 1220 doch noch zum König gewählt; die Verbindung des Imperiums mit dem Königreich Sizilien und damit die dominierende Stellung der Staufer in Mitteleuropa schien gesichert.

Q

Confoederatio cum principibus ecclesiasticis
(MGH Const. II, Nr. 73; Übersetzung in: Quellen zur deutschen Verfassungs-, Wirtschafts- und Sozialgeschichte bis 1250, ausgewählt und übersetzt von Lorenz Weinrich, Darmstadt 1977, S. 376–383):

Erstens versprechen wir, daß wir künftig beim Tode eines geistlichen Fürsten niemals seinen Nachlaß für das Reichsgut beanspruchen werden. Wir verbieten auch, daß ein Laie ihn jemals unter irgendeinem Vorwand für sich beansprucht, vielmehr soll er dem Nachfolger zufallen, wenn der Vorgänger ohne letztwillige Verfügung dahingegangen ist. ... Ferner werden wir in Zukunft neue Zoll- und Münzstätten auf deren Gebieten und Rechtsbereichen ohne ihren Beirat oder gegen ihren Willen nicht errichten ... Wir werden die Leute, die von ihnen in irgendeiner Art Hörigkeit abhängen, ..., nicht zu ihrem Nachteil in unseren Städten aufnehmen. ... Wir bestimmen ferner, daß niemand eine Kirche an ihren Gütern schädigen darf aufgrund seiner Stellung als Vogt dieser Güter. ... Ferner wenn jemand von ihnen einen seiner Lehnsleute, der sich etwa gegen ihn vergangen hat, nach Lehnrecht belangt und so das Lehen wieder an sich zieht, werden Wir es für seine Nutzung schützen. ... Ebenfalls werden wir ... die von ihnen Exkommunizierten meiden; jedoch müssen sie von ihnen durch deren lebendiges Wort, durch einen Brief oder durch ehrsame glaubwürdige Boten uns gemeldet sein. ... Ebenso haben wir verfügt, daß keine Baulichkeiten ... auf Grund und Boden der Kirchen etwa mit Hilfe des Vogteirechts oder unter irgendeinem anderen Vorwand errichtet werden. ... Ferner verbieten wir nach dem Vorbild unseres Großvaters ... daß sich einer unserer Amtleute in den Städten dieser Fürsten irgendwelche Rechtsbefugnisse über die Zölle, Münzen oder andere Ämter jeglicher Art anmaßt, es sei denn in den acht Tagen vor einem dorthin öffentlich angesagten Hoftag von uns sowie in den acht Tagen nach seinem Ende. ... Je größere Treue der zuvorgenannten Fürsten wir an uns erkannt haben, umso nachdrücklicher bemühen wir uns darum, stets auf deren Fortkommen bedacht zu sein.

Das wachsende Interesse des Staufers an Italien und seine zahlreichen Versuche, die Reichsgewalt dort machtvoll neu zu etablieren, führten an der Kurie zu wachsender Sorge, wollte der Papst doch selbst die Vormacht in Ober- und Mittelitalien gewinnen. Sicherheitshalber verlangte Honorius III. die Wiederholung eines Versprechens, das Friedrich II. am 1. Juli 1216 gegenüber Innocenz III. geleistet hatte. Damals hatte er gelobt, unmittelbar nach der Kaiserkrönung auf die sizilische Königswürde zugunsten seines Sohnes zu verzichten. Bis zu dessen Mündigkeit sollte ein dem Papst angenehmer Verwalter das Königreich kommissarisch innehaben. Zu einer Erneuerung dieses Versprechens war Friedrich II. nun aber nicht mehr bereit; ja er wollte sogar, dass ihm Honorius III. die Herrschaft in Sizilien lebenslang zugestand; ein Ansinnen, dass der Papst vehement zurückwies.

Kaiserkrönung Friedrichs II.

Im November 1220 stand der Staufer vor Rom. Die päpstlichen Unterhändler ermahnten den künftigen Kaiser, die Einheit Siziliens mit dem Reich nicht zu fördern. Schließlich erklärte Friedrich II. nach der Kaiserkrönung, dass das Imperium kein Recht am *regnum Siciliae* besitze, sondern er dieses *regnum* als Erbe seiner Mutter von der Kirche zu Lehen besitze, weshalb er künftig für das *regnum* ein eigenes Siegel verwenden und eigene Verwalter einsetzen wolle. Damit jedoch war es dem Staufer gelungen, seine Herrschaft über das Imperium und Sizilien auch nach der Kaiserkrönung entgegen den dezidierten päpstlichen Wünschen zu behaupten. Möglicherweise war der Papst zum Einlenken bereit gewesen, um den Kreuzzugsplan nicht zu gefährden, denn die sizilischen Häfen bildeten die ideale Ausgangsbasis für das Unternehmen. Am 22. November 1220 wurde Friedrich II. gemeinsam mit seiner Gemahlin Konstanze feierlich in St. Peter zum Kaiser gekrönt. Unmittelbar im Anschluss nahm er erneut das Kreuz und kündigte seinen Aufbruch für August 1221 an.

Kreuzzugsprobleme und wachsende Spannungen mit dem Papsttum

Ungutes ahnend, mahnte Honorius III. fortwährend, pünktlich zum Kreuzzug aufzubrechen. Als das Unternehmen, ohne Friedrichs Beteiligung, vor Damietta scheiterte, klagte der Papst bitter über die kaiserliche Säumnis; ein persönliches Gespräch sollte die Kritikpunkte klären und verschaffte dem Staufer neuerlich Zeit. Am 12.–14. April 1222 trafen sich die beiden Repräsentanten der Universalgewalten in Veroli, ein neuerliches Treffen in Verona scheiterte an einer Erkrankung des Papstes. Im März 1223 begegneten sie sich erneut, diesmal in Ferentino, und der seit einigen Monaten verwitwete Staufer schwor, am 24. Juni 1225 zum Kreuzzug aufzubrechen und mit der Tochter König Johanns von Brienne, Isabella, die Erbin des Königreiches Jerusalem zu heiraten; Letzteres sicher auf Wunsch Honorius' III.

Die Rüstungen für den Kreuzzug verliefen jedoch sehr schleppend und der Staufer bat um eine neuerliche Terminverschiebung. Nach längeren Beratungen schwor Friedrich II. am 25. Juli 1225 in San Germano, sicher im August 1227 ins Heilige Land aufzubrechen. Dabei bezifferte er genau sein Truppenkontingent und seinen finanziellen Einsatz. Sollte er, aus welchen Gründen auch immer, wieder nicht aufbrechen, sollte er sofort der Exkommunikation verfallen. Trotz aller Hinhaltetaktik dürfte es Friedrich II. mit dem Kreuzzugsunternehmen durchaus ernst gewesen sein, zumal er sofort nach seiner Heirat mit Isabella (persönliche Hochzeit am 9. November 1225 in Brindisi) alle Herrschaftsrechte des Königs von Jerusalem für sich einforderte. Damit machte er sich seinen Schwiegervater zum erbitterten Feind, der seinerseits Schutz und Rückhalt beim Papst suchte.

Aber Honorius III. blieb lange nachsichtig mit Friedrich II. und trat in dessen Streit mit der Liga der Lombarden im Januar 1227 sogar als Schiedsrichter auf, allerdings unter kluger Wahrung kirchlicher Interessen und unter Betonung dessen, dass dem Kreuzzugsunternehmen alles andere unterzuordnen sei. Aber Honorius III. starb am 18. März 1227 und damit verlor der Staufer einen geduldigen Papst. Sein am Folgetag erhobener Nachfolger, Gregor IX. (Hugolinus von Ostia, 1227–1241), sollte nicht so viel Langmut an den Tag legen.

Exkommunikation Friedrichs II.

Diesmal konnte Friedrich II. den beschworenen Kreuzzugstermin einhalten; am 21. August 1227 kam er selbst nach Brindisi, um das Beladen der Schiffe zu überwachen. In der Sommerhitze war es indessen zum Ausbruch einer Seuche gekommen und auch der Kaiser befand sich nicht wohl, stach aber dennoch am 8. September in See. Doch schon am 10. September musste er aus gesundheitlichen Gründen umkehren. Er vertraute das Kommando Herzog Heinrich von Limburg an und informierte sofort den Papst über sein Missgeschick. Doch der ausgezeichnete Jurist und Diplomat hatte entgegen den kaiserlichen Erwartungen kein Mitgefühl für die Leiden des Staufers, sondern exkommunizierte am 29. September 1227 den Kaiser als Eidbrüchigen.

Gregor IX. zeigte sich auch auf der Synode im November 1227 in Rom nicht gesprächsbereit, zu tief wurzelte das Misstrauen gegenüber Friedrich II. Am 18. November 1227 wiederholte er daher die Exkommunikation.

In einem Rundschreiben formulierte Friedrich II. nun seinerseits klar seinen Standpunkt: Die Kirche habe ihn, als ihren Schützling, schlecht behütet, sein sizilisches Reich zerfallen lassen und das ihm gebührende Kaisertum an den Welfen gegeben. Seinen glücklichen Aufstieg habe er allein Gottes Fügung zu verdanken. Entgegen der päpstlichen Ansicht habe er sich zudem mit aller Kraft dem Kreuzzugsunternehmen gewidmet und sei vor allem seinen Zahlungsverpflichtungen in vollem Umfang nachgekommen.

Neuerlicher Aufbruch zum Kreuzzug 1228

Allerdings hoffte Friedrich II., Gregor IX. durch einen erfolgreichen Kreuzzug milde zu stimmen. Am 28. Juni 1228 stach er in See, auch um die Hauptstadt seines Königreiches Jerusalem, das er nach dem Tod seiner zweiten Frau nur noch als Stellvertreter für den gemeinsamen Sohn Konrad innehatte, in Besitz zu nehmen.

Bannlösung Friedrichs II.

Friedrich II. für lange Zeit beschäftigt wähnend, fielen päpstliche Truppen in das Königreich Sizilien ein. Seine überraschende Rückkehr und bezwingende militärische Schlagkraft brachte Sizilien rasch wieder in seine Hand, doch widerstand er der Versuchung, nun seinerseits in das kaum wehrhafte Patrimonium Petri einzufallen. Vielmehr suchte er den Ausgleich mit Gregor IX., der seinerseits die Unabhängigkeit der sizilischen Kirche sowie päpstlichen Einfluss auch in weltlichen Belangen des Regnums durchsetzen wollte. Friedrich erklärte sich bereit, in allen Belangen, die zu seiner Exkommunikation geführt hatten, dem Papsttum zu Willen zu sein; zusätzlich kam er dem Papst in Fragen der sizilischen Kirche entgegen. Am 28. August 1230 lösten daraufhin zwei päpstliche Legaten Friedrich II. vom Bann. Nach einem gemeinsamen Mahl im Elternhaus des Papstes in Anagni glaubten beide Seiten, nunmehr die Basis für ein friedliches Miteinander gefunden zu haben. Allerdings hatten sowohl der Papst als auch der Kaiser ihre Positionen weitgehend gewahrt und ihre alten Koalitionen beibehalten, was enormes zukünftiges Konfliktpotential in sich barg.

Konstitutionen von Melfi

Im Vollgefühl des Erreichten machte sich Friedrich II. daran, das *regnum Siciliae* neu zu ordnen und durch ein umfassendes Gesetzbuch, die sogenannten **Konstitutionen von Melfi** (1231), zu sichern. Darin betont der Kaiser die göttliche Begründung seiner Herrschaft zur Durchsetzung der gottgewollten Ordnung. Über kirchliche Weihe und päpstliche Approbation als Legitimationsgrundlage verlieren die Konstitutionen kein Wort. Gott habe ihm auferlegt, die Gerechtigkeit zu vertreten und die Kirche zu schützen, was er *divine provisionis instinctu* auch versuche.

E

Konstitutionen von Melfi
Seit 1871 werden das Gesetzeswerk und die späteren Novellen Friedrichs II. auch *Liber Augustalis* genannt. Nach seiner Rückkehr vom Kreuzzug begann

Friedrich II., durch Befragungen die Gesetze seiner normannischen Vorgänger zu sammeln. Dabei stützte sich der Kaiser auf den Rat des Erzbischofs Jakob von Capua und wohl auch des Großhofrichters Petrus de Vinea. Das Werk war von Anfang an in drei Bücher gegliedert und umfasst insgesamt 219 Gesetze, die später durch ca. 65 Novellen ergänzt wurden. Nach dem feierlichen Prooemium, in welchem die göttliche Beauftragung Friedrichs II. hervorgehoben wird, folgen die Einzelgesetze, die sich überwiegend mit Prozess-, Straf-, Verwaltungs- und Verfahrensrecht befassen. Für besonders wichtig erachtete der Kaiser klare, übersichtliche und rasche Prozessverfahren sowie unbestechliche Richter. Zudem verfügte er, dass derjenige, der, zu Unrecht verfolgt, den kaiserlichen Namen anrufe, auch den kaiserlichen Schutz genießen solle. (Beste Edition: Die Konstitutionen Friedrichs II. für das Königreich Sizilien, hg. v. Wolfgang Stürner, MGH Const. II Supplementum, Hannover 1996.)

Selbstdefinitionen der Universalgewalten und wachsende Spannungen

Bereits 1230 hatte Gregor IX. den Kanonisten Raymund von Peñaforte damit beauftragt, eine päpstliche Dekretalensammlung anzulegen, um die vorrangige Zuständigkeit der Nachfolger Petri auch auf dem Gebiet der Gerichtsbarkeit zu manifestieren. Entsprechend ungehalten war der Papst, als er von Friedrichs Konstitutionen-Plänen erfuhr, zumal er die kaiserliche Gesetzgebung als Zeichen der Tyrannis bewertete, der Einhalt geboten werden müsse.

Der päpstliche Zorn verrauchte indessen rasch und die beiden Universalgewalten kooperierten vor allem in Fragen des Umgangs mit der Lombardischen Liga, auch wenn es hier immer wieder zu Unstimmigkeiten und Verärgerungen kam, wie beispielsweise nach der Exkommunikation Ezzelinos da Romanos, des Herrn von Verona. Gelegentlich dominierte aber ein geradezu überraschender Grundtenor der Gemeinsamkeit. Nach Auffassung des Kaisers waren Kaisertum und Papsttum von Gott als Einheit geschaffen, um gemeinsam alle Störer der *ecclesia* zu bekämpfen (Monumenta Germaniae Historica, Epistolae saeculi XIII e regestis pontificum Romanorum selectae, Bd. 1, ed. K. Rodenberg, Leipzig-Berlin 1883, S. 392f.). Hierüber herrschte Einigkeit, jedoch waren die Akzentuierungen recht verschieden. Gregor IX. beharrte darauf, dass der Kaiser dem päpstlichen Rat in allem folgen müsse, was Friedrich II. naheliegenderweise anders sah. Die zahlreichen Probleme, vor allem in der Lombardei und in Sizilien, nährten unentwegt das gegenseitige Misstrauen, das vor allem bei Gregor IX. sehr ausgeprägt war.

In zahlreichen Punkten entwickelten sich immer neue Zwistigkeiten und ab 1236 verschlechterte sich das Verhältnis zwischen dem Papst und dem Kaiser dramatisch. Im Hochgefühl des Sieges bei Cortenuova wollte Friedrich II. endgültig seine Herrschaft in Oberitalien durchsetzen, hatte aber nicht mit dem Widerstand der Mailänder und der offenen Parteinahme der Päpste für die Liga gerechnet. Als dann noch Friedrichs illegitimer Sohn Enzio 1238 Adelasia von Sardinien heiratete und auf der Insel eine dominierende Rolle zu spielen begann, war für Gregor IX. das Maß voll. Am 20. März 1239 exkommunizierte er den Staufer zum zweiten Mal und wiederholte die Bannsentenz vier Tage später noch einmal. Er warf dem Kaiser Einmischung in Rom, massives Vorgehen gegen einzelne geistliche Würdenträger, beispielsweise Kardinal Jakob von Palestrina, angeblich widerrechtliches Eingreifen in die sizilische Kirche (Friedrich II. hatte aber wohl nie förmlich auf sein Mitwirkungsrecht an sizilischen Bischofswahlen verzichtet) sowie Nichtunterwerfung seiner Lombardenpolitik unter das päpstliche Schiedsgericht vor.

Die zweite Bannung Friedrichs II. und Höhepunkt des Propaganda-Kampfes

Mit der zweiten Bannung entbrannte ein Propaganda-Kampf bislang ungeahnten Ausmaßes, dessen Verlautbarungen auf beiden Seiten von bestens geschulten Sprachkünstlern formuliert wurden, wobei Petrus de Vinea den kurialen Stilmeistern nicht nachstand. Rasch gewann der Streit, der von beiden Seiten in größtmöglicher Öffentlichkeit ausgetragen wurde, eschatologische Dimensionen. Friedrich II. erinnerte die Kardinäle daran, dass Gott wie Sonne und Mond auch Imperium und Sacerdotium mit unterschiedlichen Aufgaben geschaffen habe, aber zum gemeinsamen Zweck, die Menschen zu lenken und die göttliche Ordnung aufrechtzuerhalten. Die christliche Metaphorik des Neuen Testamentes wurde nun ohne Umschweife direkt auf den Kaiser bezogen. Gepaart mit Rückgriffen auf die Antike, das römische Recht sowie einen übersteigerten Romkult war diese Argumentation dazu angetan, die Rolle des Papsttums für das Kaisertum zu marginalisieren. Gleichzeitig demonstrierte der Staufer seine Sorge um die Kirche und erinnerte an die Bedeutung des Generalkonzils für die *ecclesia*, ohne indessen ein solches Konzil selbst einberufen zu wollen (Monumenta Germaniae Historica Constitutiones II, Nr. 215 und ähnlich Nr. 224).

Gregor IX. antwortete durch die Sprachkraft Kardinal Rainers von Viterbo. Seine Ausführungen beginnen mit einem verkürzten Zitat aus der Offenbarung (13,1): *Ascendit de mari bestia blasphemie plena nominibus* (Monumenta Germaniae Historica, Epistolae saeculi XIII e regestis pontificum Romanorum selectae, Bd. 1, ed. K. Rodenberg, Leipzig-Berlin 1883, S. 646–654). (Das vollständige Zitat aus der Offenbarung lautet übersetzt: Und ich trat an den Sand des Meeres und sah ein Tier aus dem Meer steigen, das hatte sieben Häupter und zehn Hörner und auf seinen Hörnern zehn Kronen und auf seinen Häuptern Namen der Lästerung.) Die Ausführungen des Papstes rücken den Kaiser in die Nähe des Antichrist, zeigen ihn als dämonischen Kirchenverfolger und Ketzer, der sowohl die Jungfrauengeburt Christi als auch die Binde- und Lösegewalt des Papstes in Zweifel zu ziehen wage. Die Parallelisierung Friedrichs II. mit den Vorläufern des Antichrist entsprach der eschatologischen Erwartung der Zeit im Gefolge der Ideen des Joachim von Fiore. Die von Rainer von Viterbo, einem Begünstiger der Franziskaner, erstmals in den Konflikt eingebrachte Argumentation bestimmte fortan die Auseinandersetzung. Die Stilisierung des Ringens der Universalgewalten zum eschatologischen Aufeinandertreffen der Streiter Gottes und der Mächte des Satans erregte nicht nur größtmögliche Aufmerksamkeit, sondern führte zwangsläufig dazu, dass die Propaganda zunehmend den Blick für die tatsächlichen Verhältnisse und die rationale Einschätzung der Situation verlor. Da sich die kaiserliche Seite sofort der neuen Argumentationsweise anpasste, war die Möglichkeit zu einem klärenden, die Lage beruhigenden Gespräch zwischen den beiden Universalgewalten blockiert. Gregors IX. Stilisierung Friedrichs II. als das aus dem Meer kommende rote Pferd der Apokalypse, das nur Unfrieden mit sich bringt, und seine Identifizierung des Kaisers als Antichrist waren nicht dazu angetan, die Feindseligkeiten zu mildern.

Am 1. Juni 1239 trafen sich die Fürsten des Reiches in Eger und boten sich als Vermittler in dem völlig verfahrenen Konflikt an. Sie hielten dem Papst die katastrophalen Folgen seiner starren Politik vor Augen und baten ihn um sein Einlenken. Aber die Zeit für Gespräche war vorbei. Nachdem Gregor IX. offen die Feinde Friedrichs II. in Mailand und Piacenza unterstützte und damit die mühsam stabilisierte kaiserliche Position in Oberitalien ins Wanken brachte, setzte der Kaiser auf militärischen Druck gegenüber dem Kirchenstaat und den oberitalienischen Städten; zudem zog er das Herzogtum Spoleto und die Mark Ancona wieder an das Reich und gewann immer größeren Einfluss in Rom selbst.

Die Frage der Lombardei machte alle Annäherungsversuche zwischen den Universalgewalten zunichte und die Fronten verhärteten sich weiter. Bevor es zu einer endgültigen Entscheidung kam, starb Gregor IX. am 22. August 1241. Friedrich II. verzichtete darauf, die Situation zu nutzen, Rom einzunehmen und die Ewige Stadt zum Zentrum des Imperiums zu machen.

Unter den Kardinälen gab es eine antikaiserliche und eine auf Verständigung drängende Gruppe; um ein Schisma zu verhindern, kerkerte der römische Senator Matteo Rosso Orsini die Kardinäle unter schlimmsten Bedingungen gleichsam ein und erzwang so eine einmütige Wahl. Sie fiel am 25. Oktober 1241 auf Kardinal Goffredo Castiglioni, Coelestin IV., der indessen die Strapazen des Wahlprozedere nicht lange überlebte und am 10. November des gleichen Jahres starb. Anschließend flohen die meisten Kardinäle aus Furcht vor einem neuerlichen Wahlmartyrium, so dass die Kirche fast zwei Jahre lang ohne geistliches Oberhaupt blieb.

Mit dem Tod seines Widersachers lösten sich die Probleme für Friedrich II. aber nicht; vielmehr wurde weiterhin der Kampf gegen seine Politik damit legitimiert, sich einem Glaubensfeind zu widersetzen.

Papst Innocenz IV.

Am 25. Juni 1243 hatte die papstlose Zeit ein Ende. In Anagni wurde Sinibaldo Fieschi erhoben, Innocenz IV. (1243–1254), ein hochgebildeter Jurist und Gelehrter, der im Kommentar zum *Liber extra* seine juristischen Fähigkeiten unter Beweis gestellt hatte. Mit ihm änderte sich zwar der Tonfall im Konflikt, nicht aber die Grundhaltung. Anders als Gregor IX. argumentierte Innocenz IV. sachlich und eher kühl, doch verfehlten die präzisen kanonistischen Argumente ihre Wirkung nicht. Konsequent leitete er die päpstliche Kompetenz aus der Stellvertreterschaft Christi ab, da auch Christus über alle Menschen richten konnte, auch über Kaiser und Könige. Aus der *plenitudo potestatis* des *vicarius Christi* resultiert die Allzuständigkeit des Papstes, wobei dieser selbst entscheiden könne, wann sie einzusetzen sei und wann nicht. Damit war die Idee der *plenitudo potestatis* in maximaler Form ausgelegt und interpretiert. Spätere Zeiten sind bis zum Ende des Mittelalters nicht über diese maximale Lesart hinausgegangen.

Dennoch sah Friedrich II. die Wahl Innocenz' IV. offenbar mit Erleichterung und hoffte auf Frieden. Im März 1244 näherte man sich an, doch als der Kaiser die konkreten Bedingungen für seine Bannlösung erfahren wollte, zeigte sich, wie tief die Vorstellungen beider Seiten auseinanderklafften. Es scheint, als hätte Innocenz IV. seit Juni 1244 die Gespräche nur noch pro forma geführt, überzeugt, dass es keine Einigung geben könne. Um sich auch räumlich dem Verhandlungsdruck zu entziehen, reiste der Papst nach Lyon, das er am 2. Dezember 1244 erreichte. Der Kaiser war enttäuscht und prangerte öffentlich die Hinhaltetaktik des Papstes und dessen Unversöhnlichkeit angesichts der kaiserlichen Nachgiebigkeit an.

Konzil von Lyon 1245

Als Jerusalem im Sommer 1244 in die Hand des ägyptischen Sultans fiel, hätte dies eine letzte Möglichkeit für eine Versöhnung zwischen Kaiser und Papst darstellen können. Doch die Gräben waren schon zu weit aufgerissen. Innocenz IV. berief für den 24. Juni 1245 ein Konzil nach Lyon und forderte den Kaiser zum Kommen auf, damit er das über ihn gefällte Urteil höre. Auf dem Konzil unterbreitete Thaddaeus von Sessa ein letztes, sehr weitgehendes Angebot des Kaisers als Gegenleistung für seine Bannlösung, aber Innocenz IV. war nicht zum Einlenken bereit. Am 17. Juli 1245 verkündete er vor den versammelten Konzilsteilnehmern Bann und Absetzung des Kaisers. Das Absetzungsdekret war ein Muster stringenter Argumentationskunst und juristischer Ausgefeiltheit und wurde zum Vorbild für weitere Absetzungsdekrete des späten Mittelalters (Monumenta Germaniae Historica, Epistolae saeculi XIII e regestis pontificum Romanorum selectae, Bd. 2, ed. K. Rodenberg, Leipzig-Berlin 1887, Nr. 124). Dabei betonte der Papst, dass er allein kraft der *plenitudo potestatis* des Nachfolgers Petri den Kaiser verurteile und das Konzil hier kein Mitspracherecht habe.

Fortsetzung des Propaganda-Kampfes

Sofort versuchte die kaiserliche Propaganda, in offenen Briefen das Absetzungsdekret zu entwerten und den Dualismus der Universalgewalten hervorzuheben. Der Kaiser könne in weltlichen Angelegenheiten nur von Gott gerichtet werden, geistliche Strafen für Sünder indessen würde der Kaiser vom Papst demütig annehmen. Grundsätzlich schulde der Kaiser dem Papst Ehrerbietung, doch nur dann, wenn der Papst den Kaiser auch als geistlichen Sohn anerkenne. In allen Schreiben bemühte sich die Kanzlei um die extrem überhöhende Stilisierung der Gottunmittelbarkeit des Kaisers.

Das Papsttum hielt mit einem Pamphlet aus dem engsten Umkreis Innocenz' IV. dagegen (*Eger cui lenia*), betonte das Christusvikariat und die Gültigkeit der *plenitudo potestatis* in geistlichen und weltlichen Angelegenheiten, woraus die Allzuständigkeit des Papstes resultiere. Besondere Bedeutung erlangte die Umdeutung der Konstantinischen Schenkung. Konstantin habe seine tyrannische, nicht von der Kirche legitimierte Herrschaft zurückgegeben und dafür vom *vicarius Christi* die von Gott legitimierte Gewalt innerhalb der Kirche zurückerhalten. Folgerichtig sei jede legitime weltliche Herrschaft von kirchlicher Übertragung abhängig.

Parallel dazu wandte sich Innocenz IV. unermüdlich an die Öffentlichkeit, ließ Mendikanten in seinem Sinne predigen und beteiligte sich auch ganz konkret an politischen Veränderungen, indem er seinen Einfluss auf den Episkopat nördlich der Alpen verstärkte und so die erfolgreiche Wahl eines Gegenkönigs, Heinrich Raspes, mitermöglichte.

Tod Friedrichs II.

Im Dezember 1250 erkrankte Friedrich II. auf einem Jagdausflug schwer und ordnete in Castelfiorentino sein Testament. Ungeachtet der dramatischen Entwicklungen im Streit mit dem Papsttum war der Staufer gewillt, seine gesamten Machtpositionen im Imperium und im *regnum Siciliae* ungeschmälert seinem Sohn Konrad IV. (1250–1254) zu hinterlassen. Er beichtete und erhielt von Erzbischof Berard von Palermo die Absolution, ehe er am 13. Dezember 1250 verschied.

Der überraschende Tod des Kaisers ließ das Papsttum als Sieger aus dem langen Ringen hervorgehen. Die letzten Staufer rieben sich im Kampf um

Sizilien auf und unterlagen schließlich Karl I. von Anjou, der 1268 Konradin auf dem Marktplatz von Neapel hinrichten ließ. Eine längere kaiserlose Zeit sollte folgen. Nach dem Interregnum unternahm Rudolf von Habsburg zwar einige Versuche, die Kaiserkrone zu erlangen, doch sie waren alle vergebens. Erst 1312 wurde wieder ein Kaiser gekrönt.

VI. Das späte Mittelalter

1. Oktober 1273	Wahl Rudolfs von Habsburg
24. Dezember 1294	Wahl Bonifaz' VIII.
18. November 1302	*Unam sanctam*
5. Juni 1305	Wahl Clemens' V. Übersiedelung der Päpste nach Avignon
27. November 1308	Wahl Heinrichs VII. († 24. August 1313)
29. Juni 1312	Kaiserkrönung Heinrichs VII.
19./20. Oktober 1314	Doppelwahl Herzog Friedrichs des Schönen von Österreich und Herzog Ludwigs IV. von Bayern
17. Januar 1328	Kaiserkrönung Ludwigs des Bayern
6. August 1338	*Licet iuris*
11. Juli 1346	Wahl Karls IV.
5. April 1355	Kaiserkrönung Karls IV.
Januar 1356	Verkündigung der Goldenen Bulle
20. September 1378	Wahl Clemens' VII.; Ausbruch des großen abendländischen Schismas
1409	Konzil von Pisa
1414–1418	Konzil von Konstanz
6. April 1415	*Haec sancta*
1431–1449	Konzil von Basel
31. Mai 1433	Kaiserkrönung Sigismunds
19. März 1452	Kaiserkrönung Friedrichs III.

1. Kaisertum und Papsttum in kaiserloser Zeit

Entfremdung Italiens und des Papsttums vom Deutschen Reich

In der Zeit des Interregnums verblassten die Auseinandersetzungen zwischen den Universalgewalten, da mangels eines Kaisers keine neuen Konflikte ausbrechen konnten und keine Aktualisierungen theoretischer Grundsatzpositionen nötig waren. Das Papsttum sah in kaiserloser Zeit keine Veranlassung, sich in programmatischer Weise zur Stellung des Kaisers zu äußern. Das Nichtvorhandensein eines Kaisers bedeutete aber nicht, dass der Papst nun ohne Probleme als dessen unbestrittener Statthalter aufzutreten und vormals kaiserliche Positionen einzunehmen vermochte. Der erbitterte Kampf Gregors IX. und Innocenz' IV. gegen Friedrich II. hatte Spuren und gedankliche Prägungen hinterlassen, welche die Antagonisten der späten Stauferzeit lange überlebten. So blieben antistaufische Überlegungen auch für die Nachfolger Innocenz' IV. handlungsleitend, weshalb sie auch die Kandidaturen Konrads IV. und Konradins nicht unterstützten, sondern ihre fördernde Fürsprache Alfons X. von Kastilien und Richard von Cornwall zukommen ließen. Damit jedoch kehrte nicht automatisch Friede ein, denn die Spannungen, die vormals mit dem Kaiser bestanden, verlagerten sich im späten Mittelalter auf die sich langsam ausformenden Nationalstaaten, die ihrerseits Konflikte mit der Kirche auszutragen hatten.

Über das Ende der Staufer hinaus blieb auch der in *Venerabilem* formulierte päpstliche Anspruch der Prüfung und Approbation der deutschen Königswahl bestehen, da der deutsche König die Anwartschaft auf das Kaisertum habe und der Papst als zukünftiger Kaiser-Koronator die Pflicht habe, sich von der Befähigung des Kandidaten für dieses höchste weltliche Amt sorgfältig zu überzeugen. Obwohl das alleinige Wahlrecht der Fürsten nicht angetastet wurde, versuchte das Papsttum, sich durch diese Dekretale weitreichende Einflussmöglichkeiten bei deutschen Königswahlen zu sichern. Die rasche Aufnahme von *Venerabilem* in die offiziellen Kirchenrechtssammlungen verhinderte, dass es in Vergessenheit geriet. Vielmehr wurde *Venerabilem* bis ins 16. Jahrhundert viel beachtet und blieb theoretisch bis 1917 in Kraft (Bernhard Schimmelpfennig), da der *Liber extra* bis 1917 als offizielle Sammlung des Kirchenrechts galt.

Möglicherweise ist das Wissen um den päpstlichen Einfluss auch ein Grund dafür, dass im 13. Jahrhundert die kirchlichen Wahlen zu formalen Vorbildern für die deutsche Königswahl wurden. Welchen Einfluss diese Entwicklung auf die Ausbildung des Kurkollegs hatte, gilt es noch zu hinterfragen.

Die Positionen des Papsttums konnten sich erstaunlich verfestigen, was nicht zuletzt daran lag, dass es zwischen 1220 und 1312 keine Kaiserkrönung mehr gegeben hat. Dies führte aber zwangsläufig zu einer Entfremdung Italiens und des Papsttums vom Deutschen Reich. Gleichzeitig verstetigte sich der französische Einfluss auf das Papsttum, seit die Nachfolger Petri gegen die Katharer in Südfrankreich vorgingen und sich zur Förderung Karls I. von Anjou bekannten. Die Bedeutung des französischen Königs für das Papsttum steigerte sich kontinuierlich. Dies war die Voraussetzung dafür, dass der Konflikt zwischen Bonifaz VIII. und Philipp dem Schönen (1285–1314) eine so große Brisanz erlangen konnte.

Die Kontinuität des Papsttums – im Gegensatz zur unterbrochenen Kaiserabfolge – verlieh den papalen theoretischen Grundüberzeugungen Permanenz und damit einen entscheidenden Vorteil gegenüber den kaiserlichen Vorstellungen von der rechten Ordnung in der Welt. Entscheidend für die permanente Vergegenwärtigung papaler Standpunkte wurde die seit Innocenz III. praktizierte Sammlung päpstlicher Verlautbarungen in schriftlicher Form, um sie zu jedem beliebigen Zeitpunkt als argumentative Waffe nutzen zu können: Die *Compilatio tertia* wurde 1210 unter Innocenz III. und die *Compilatio quinta* 1226 zur Zeit Honorius' III. angelegt. Die größte Bedeutung erlangte der *Liber extra* Gregors IX. (1234). Nachfolgende Dekretalen, aber auch Konzilsbeschlüsse wurden durch Bonifaz VIII. im *Liber sextus* (1298) und durch Johannes XXII. in den sogenannten Klementinen (1317) publiziert. Dem Kaisertum stand keine auch nur annähernd vergleichbare Sammlung oder eine andere Kompilation von Dekreten, Gesetzen, Theorien und Argumenten zur Verteidigung der eigenen Position zur Verfügung. Zudem erfreute sich das Papsttum der Unterstützung der neuen Orden, die den Nachfolgern Petri auch auf dem Gebiet der Inquisition unschätzbare Dienste leisteten.

Dies heißt freilich nicht, dass niemand mehr über die Stellung der Universalgewalten zueinander nachgedacht hätte. Seit Alexander von Roes im Gottesdienst in Viterbo im Messbuch das Gebet für den römisch-deutschen Kaiser getilgt fand und den offenen Triumph der Franzosen nach der Wahl Martins IV. (1281–1285) erlebte, ließ ihn der Gedanke nicht mehr los, dass die rechte Ordnung in der Welt gestört sei, und er schrieb seine Auffassungen in mehreren Memoranden zwischen 1281 und 1288 nieder. Er plädierte darin für eine Dreiteilung der Zuständigkeiten: Den Deutschen solle das Imperium (bewusst spricht er nicht vom Imperator), den Italienern das Sacerdotium und den Franzosen das Studium zufallen; ein Entwurf, der freilich erst im 15. Jahrhundert weitere Verbreitung und zahlreiches Lesepublikum fand.

Zudem wurde der Ruf nach einem Korrektiv für den zunehmend mächtiger werdenden Papst laut. Seit die Symmachianischen Fälschungen mit dem Satz, der Apostolische Stuhl werde durch niemanden gerichtet, es sei denn, er falle vom rechten Glauben ab (*summa sedes a nemine iudicetur, nisi a fide devius)*, die Möglichkeit aufscheinen ließen, der Papst könnte zum Häretiker werden, mehrten sich seit dem 13. Jahrhundert die Stimmen, die im Falle eines häretischen Papstes ein allgemeines Konzil als Richter forderten. Nachdem Friedrich II. im Konflikt mit Gregor IX., wenn auch folgenlos, an ein Konzil appelliert hatte, verfestigte sich diese bislang theoretische Möglichkeit auch in den Köpfen anderer Herrscher sowie geistlicher und weltlicher Fürsten.

2. Papst Bonifaz VIII.

Ohne die Notwendigkeit einer direkten Auseinandersetzung mit dem Kaisertum schärfte **Bonifaz VIII.** (1294–1303) noch einmal in extremer Zuspitzung das papale Profil im Zusammenspiel der Universalgewalten, deren Gleichgewicht freilich schon lange aus der Balance geraten war. Für viele Forscher stellt daher der Pontifikat Bonifaz' VIII. den Gipfel der papalen Weltherrschaft dar, obwohl diese Überhöhung durchaus kritisch zu hinterfragen ist.

E

Bonifaz VIII.

Um 1235 in Anagni geboren, erhielt Benedetto Caetani seine Ausbildung im römischen Recht in Todi und Spoleto, um dann in Bologna Jurisprudenz zu studieren. 1281 wurde er Kardinaldiakon von S. Nicola in carcere Tulliano und 1291 Kardinalpriester von S. Martino ai Monti. Mehrfach diente er der Kurie als Legat. Unmittelbar nach seiner Wahl zum Papst 1294 setzte er alle administrativen Maßnahmen seines Vorgängers, mit Ausnahme der Kardinalsernennungen, außer Kraft. Die von den Colonna bezweifelte Legitimität des Papstes, die Auseinandersetzung um die Anerkennung Friedrichs III. in Sizilien zum Nachteil der Anjou (1303) und die zunehmenden Spannungen mit Frankreich riefen die Opposition auf den Plan. Nachdem Bonifaz VIII. in der Bulle *Clericis laicos* (1296) die Besteuerung des Klerus ohne kuriale Zustimmung verboten hatte, verschärften sich die Spannungen mit Frankreich. Philipp IV. erzwang das päpstliche Einlenken (*Ineffabilis* 1296, *Etsi de statu* 1297), doch war die Situation damit nicht beruhigt, sondern spitzte sich weiter zu. Gleichzeitig untermauerte Bonifaz VIII. in der Bulle *Unam sanctam* (1302) die hierokratische Stellung des Nachfolgers Petri. Als sich Bonifaz VIII. dem deutschen König Albrecht I. zuwandte und andeutete, er wolle den französischen König und die dortigen königstreuen Bischöfe exkommunizieren, klagte ihn Philipp IV. der Häresie an. 1303 wurde der Papst im Attentat von Anagni am 1. September durch Guillaume de Nogaret und Sciarra Colonna gefangengenommen. Obwohl er bereits am 9. September die Freiheit wiedererlangte, starb Bonifaz VIII. bald nach seiner Rückkehr nach Rom. Wenn auch seine übersteigerte Ansicht von der *plenitudo potestatis* des Papstes sowie dessen hierokratischer Stellung von seinen Nachfolgern nicht übernommen oder gar ausgebaut wurde, kann man Bonifaz VIII. nicht durchweg als gescheitert betrachten. Einige Maßnahmen zur Reform innerhalb der Kirche sowie zur Besserung der Ausbildung des Pfarrklerus hatten durchaus Bestand.

Seit 1260 stand Benedetto Caetani im Dienst der Kirche und stieg 1291 zum Kardinalpriester auf. Mindestens bis 1291 galt er als frankreichfreundlich; zeitlebens standen ihm die Mendikanten nahe. An der Wahl Coelestins V. (1294), des sogenannten Engelspapstes, beteiligte er sich nicht, wohl aber an dessen höchst umstrittener Abdankung. Am 24. Dezember 1294 wurde Bonifaz VIII. gewählt, vielleicht der letzte mittelalterliche Papst, der den Leitungsanspruch des Nachfolgers Petri in der Kirche und in der Welt gleichermaßen durchsetzen wollte.

In Deutschland vollzog sich während seines Pontifikats ein Machtwechsel. Albrecht I. (1298–1308) setzte Adolf von Nassau (1292–1298) ab und eroberte in der Schlacht von Göllheim (2. Juli 1298) den Thron. Die Kurfürsten zeigten Bonifaz VIII. die Wahl Albrechts I. an und baten bei dieser Gelegenheit um die Kaiserkrönung, ohne indessen um eine förmliche Approbation nachzusuchen. Bonifaz VIII. jedoch beharrte unter Berufung auf die Dekretale *Venerabilem* auf seinem Prüfungsrecht und erklärte die Absetzung Adolfs sowie die Erhebung Albrechts für nichtig, da beide Akte ohne päpstliche Erlaubnis erfolgt seien.

Bonifaz VIII. und Albrecht I.

Vom päpstlichen Unmut unbeeindruckt, erbat Albrecht keine Approbation seiner Wahl, weshalb ihm Bonifaz VIII. mit der Exkommunikation drohte und 1301 ein formelles Verfahren eröffnete, obwohl im Frühjahr 1300 eine deutsch-französische Delegation Gespräche über die Kaiserkrönung initiiert hatte. Die Verhandlungen gestalteten sich schwierig, da plötzlich eine handfeste materielle Forderung im Raum stand: die Abtretung der Toskana an das Patrimonium Petri. Erst 1303 fand man eine Einigung. Bonifaz anerkannte Albrecht als König und künftigen Kaiser, wofür der Habsburger ihm weit entgegenkam. Künftig musste er sein Bündnis mit Frankreich lösen und durfte in den nächsten fünf Jahren keine Reichsvikare in die Toskana und die Lombardei senden, es sei denn, der Papst würde es ausdrücklich gestatten. Darüberhinaus leistete er einen Gehorsamseid, der aber nicht mehr mit den Sicherheitseiden der Karolinger oder Ottonen vergleichbar war, sondern mit denjenigen der Untertanen des Kirchenstaates (MGH Const. IV/1, Nr. 181). In der Konsistorialrede vor der Approbation hob Bonifaz VIII. unter Bezug auf die Lehre von der *translatio imperii* hervor, dass der Papst nach Belieben das Imperium auch auf andere Völker übertragen könnte. Gleichzeitig strich er die Bedeutung des Kaisers heraus, indem er den französischen König eindringlich daran erinnerte, er unterstehe in weltlichen Belangen dem römischen König und Kaiser (MGH Const. IV/1,

Nr. 173). Der Papst verband also ganz konkrete politische Interessen mit Albrecht I., indem er versuchte, ihn in seinem Konflikt mit Frankreich zu instrumentalisieren, und belebte damit zugleich das konservative päpstliche Kaisermodell, wonach es in der universalen *ecclesia* zwei Mächte gebe, von denen die weltliche der geistlichen untergeordnet sei (Helmut G. Walther).

Im sich verschärfenden Streit mit Frankreich konnte Bonifaz VIII. jeden Bundesgenossen brauchen, denn die Probleme vergrößerten sich ständig. Der französische Einfluss auf das Papsttum hatte seit den Tagen der Katharer-Verfolgung und der Förderung Karls I. von Anjou zunehmend an Bedeutung gewonnen. Aufgeheizt wurde die Lage noch zusätzlich durch die königliche Publizistik, die sich auf die besten Gelehrten der Pariser Universität stützen konnte und den Grundsatz vertrat, dass der französische König in seinem Land in weltlichen Dingen niemandem untertan sei; hiervon wurde weder für den Kaiser noch für den Papst eine Ausnahme gemacht.

Clericis laicos

Die Stimmung wurde nicht zuletzt durch den Umstand vergiftet, dass Philipp IV. zur Finanzierung seiner Außenpolitik die Kirchen zur Kasse bat. In der Bulle *Clericis laicos* (1296) verbot Bonifaz VIII. die Besteuerung von Kirchengütern, woraufhin der französische König päpstliche Legaten und Kollektoren des Landes verwies sowie Ausfuhrsperren verhängte. 1297 musste der Papst einlenken und in *Etsi de statu* die kirchliche Besteuerung in Notfällen einräumen. Doch damit war der Konflikt nicht ausgestanden. In der Bulle *Ausculta fili* hob Bonifaz VIII. die von Gott gewollte Unterordnung aller christlichen Könige unter den Papst hervor. Damit war der Streit unversehens zu einer prinzipiellen Auseinandersetzung um die Rechte von Kirche und Staat geworden. Dies empfand wohl auch der französische König so und ließ die Bulle *Ausculta fili* öffentlich verbrennen.

Unam sanctam

In der angespannten Situation formulierte Bonifaz VIII. in der berühmten Bulle *Unam sanctam* (18. November 1302 datiert, aber wohl erst im Sommer 1303 veröffentlicht) in dezidierter Zuspitzung die päpstlichen Positionen. Die Verlautbarung enthält im Grunde nur bereits bekannte Forderungen, wobei die Fülle und Zuspitzung der Ansprüche eine neue Qualität erreichte und bei den Zeitgenossen Unverständnis hervorrief. So war der Gedanke, dass alle Menschen, einschließlich der Könige und des Kaisers, aufgrund der Erbsünde sündhaft seien und daher der Mittlerschaft der Priester bedürften, seit Innocenz III. und Gregor IX. bekannt, nicht mehr neu und im Kern akzeptiert. Nun jedoch formulierte Bonifaz VIII. in der Verknüpfung der Idee von der Erbsünde mit der Zweischwerterlehre einen dogmatischen Anspruch. Beide Schwerter stünden der Kirche zu, wobei der *gladius materialis* in weltlicher Hand bleibe, jedoch auf Geheiß des Papstes geführt werden müsse. Schon Bernhard von Clairvaux hatte die Zweischwerterlehre neu und ganz im päpstlichen Sinne gedeutet, aber die Führung des *gladius materialis* dem Papst und dem Kaiser überlassen; Letzterer spielte in der Konzeption Bonifaz VIII. keine Rolle mehr. Die weltliche Gewalt wurde von ihm zum Erfüllungsgehilfen und Befehlsempfänger der geistlichen Gewalt degradiert. Selbstredend verschwand bei solcher Gedankenführung die Idee der Gleichwertigkeit päpstlicher und kaiserlicher Autorität; mehr noch, der ganze Text spricht nicht vom Kaisertum. Die von Thomas von Aquin und Aegidius Romanus angedachte Überzeugung, dass es für jedes menschliche Individuum heilsnotwendig sei, dem Papst unterworfen zu sein, wird nun zur unumstößlichen Tatsache und zum Glaubenssatz erhoben. Nur die gänzliche Unterordnung der weltlichen Gewalt unter die geistliche garantiere und festige die göttliche Ordnung auf Dauer; eine Lesart des Römerbriefes, die an Deutlichkeit nichts zu wünschen übrig ließ.

Mit *Unam sanctam* griff Bonifaz zahlreiche ältere theoretische Forderungen auf und versuchte, sie in die praktische Tat umzusetzen. Ein Unterfangen, das nicht von Erfolg gekrönt war, da sich der Konflikt mit Philipp IV. dramatisch zuspitzte. Der König plante die Absetzung des Papstes, der jedoch alle Anschuldigungen zurückwies und sich umso sicherer glaubte, nachdem er sich endgültig mit dem Habsburger über die Modalitäten der Kaiserkrönung geeinigt hatte.

Im Vollgefühl vermeintlicher Sicherheit wollte Bonifaz VIII. Philipp IV. am 8. September 1303 exkommunizieren und die dem französischen König geleisteten Treueide lösen. Am Vortag jedoch nahmen Sciarra Colonna und Guillaume Nogaret, der Kanzler Philipps des Schönen, den Papst in Anagni gefangen; ob Sciarra Colonna den Papst bei dieser Gelegenheit geschlagen hat, ist umstritten. Obwohl der Nachfolger Petri rasch aus seiner misslichen Lage befreit wurde, war das Erlebte doch zu viel für ihn; Bonifaz VIII. starb kaum einen Monat nach dem Attentat in Rom.

3. Dantes Kaiser Heinrich VII.: Italienzug im Zeichen der „babylonischen Gefangenschaft" des Papsttums in Avignon

Auszug nach Avignon

Das Ende Bonifaz' VIII. erschütterte die Stellung des Papsttums schwer. Niemals wieder hat ein Pontifex versucht, die weltumspannende Herrschaft im Umfang von *Unam sanctam* offen zu fordern oder gar auszuüben. Vielmehr geriet das Papsttum immer stärker in die Abhängigkeit Frankreichs und die Nachfolger Petri verlegten ihren Sitz von Rom nach Avignon.

Oftmals schon hatten sich Päpste außerhalb Roms aufgehalten und es gab Überlegungen, ob die Anwesenheit der Nachfolger Petri in der Ewigen Stadt zwingend notwendig sei. Der Rechtsgelehrte Hostiensis (Heinrich von Susa, gest. 1271) brachte mit dem Schlagwort *ubi papa, ibi Roma* die Vorstellungen seiner Zeit auf den Punkt. Doch jetzt veränderte sich die Situation in bislang unvorstellbarer Weise, denn noch niemals waren die Päpste für viele Jahre von der Ewigen Stadt getrennt gewesen und noch nie hatten sie sich angeschickt, ihren Sitz endgültig außerhalb Roms zu nehmen.

Die Erhebung Heinrichs VII.

Im Reich hatte sich zwischenzeitlich erneut ein Herrscherwechsel vollzogen und mit Heinrich VII. (1308–1313) war am 27. November 1308 ein Luxemburger gewählt worden. Mehr als 50 Jahre nach dem Tod Kaiser Friedrichs II. erklärte der Luxemburger die Erlangung der Kaiserwürde zu seiner obersten Priorität, da nur der Imperator Romanorum in allen Teilen des Reiches legitim und vor allem effektiv Macht auszuüben vermochte. Die lange

Absenz einer zentralen Gewalt hatte vor allem auf italienischem Boden zu starken Zersplitterungen geführt und in Oberitalien rangen Mailand, Genua, Florenz und Venedig mit- und gegeneinander.

Neben ethischen und wirtschaftlichen Gründen dürften Heinrich VII. auch handfeste politische Ziele bewogen haben, Anfang Juni 1309 eine Gesandtschaft zu Clemens V. (1305–1314) nach Avignon zu schicken. Die Unterhändler leisteten dem Papst einen Schutzeid und legten den Termin für die Kaiserkrönung in Rom auf den 2. Februar 1312 fest. Heinrich VII. drängte vor allem deshalb, weil nur der Kaiser zu seinen Lebzeiten einen Nachfolger zum *rex Romanorum* wählen lassen und damit die Dynastie für die nächste Generation sichern konnte. Im Gegensatz zum französischen König, der weitaus lieber Karl von Valois auf dem deutschen Thron gesehen hätte, begrüßte Clemens V. zunächst die Wahl Heinrichs VII., denn an einem allzu übermächtigen französischen Königtum war der Papst nicht interessiert.

Italienzug Heinrichs VII.

Im Mai 1310 schickte Heinrich VII. zwei Gesandtschaften zur Vorbereitung des Romzuges südwärts über die Alpen, die euphorische Berichte erstatteten, wonach die Sehnsucht Oberitaliens nach einem starken, Ordnung schaffenden Kaiser geradezu übermächtig sei und man sich nichts sehnlicher wünsche als die Gegenwart des Imperators. Angetrieben von dieser angeblichen Begeisterung brach Heinrich VII. am 21. September 1310 von Colmar aus auf, ohne die politischen Angelegenheiten diesseits der Alpen hinreichend geregelt zu haben.

Als er im November 1310 in Turin eintraf, schlug ihm tatsächlich eine Welle der Begeisterung und der ehrfurchtsvollen Bewunderung entgegen. Pathetisch feierte der aus Florenz vertriebene Dante Alighieri Heinrich VII. als gottgesandten Fürsten des Friedens und direkten Nachfolger der antiken Kaiser, der ihre Herrlichkeit erneut Wirklichkeit werden lasse. Nachdrücklich forderte er dazu auf, den zukünftigen Kaiser nach Kräften zu unterstützen, und verstieg sich zur Prophezeiung, dass alle seine Gegner der Verdammnis anheimfallen würden. In seiner Schrift *Monarchia* vertrat der Dichter die These, dass das Kaisertum direkt Gott unterstellt sei und sonst niemandem. Zudem habe Christus selbst zwar die Eintracht von *imperium* und *ecclesia* gefordert, jedoch betont, wie unterschiedlich deren Funktion und Basis seien. Auch in der *Divina Comedia* geht Dante auf die Stellung von Kaisertum und Papsttum ein: Die beiden universalen Gewalten weisen den Menschen die Wege zu Gott und die Wege in die Welt. Da sie sich gegenseitig kontrollierten und auch fürchteten, sei es nicht gut, wenn beide Schwerter in einer Hand lägen, da dies die Kontrolle zwangsläufig unmöglich mache. Klar erteilt Dante der absoluten Gewalt eine Absage. Für den Dichter wird das Imperium zum zentralen Thema, wobei angesichts der konkreten politischen Situation des frühen 14. Jahrhunderts erstaunt, dass es überhaupt wieder traktatwürdig geworden ist.

Widerstände gegen einen neuen Kaiser

Trotz der scheinbar überquellenden Freude konnte nicht verborgen bleiben, dass der Romzug bei vielen Mächtigen keine Gegenliebe fand und vor allem der französische König eine Verzögerung der Ereignisse wünschte. Da Clemens V. den Herrscher Frankreichs nicht brüskieren konnte, hielt er Heinrich VII. hin, obwohl dieser ständig wegen einer Vorverlegung des Krönungstermins mit dem Papst verhandelte. Erst nachdem Heinrich VII. einen sehr umfassenden Sicherheitseid geleistet hatte, gewährte ihm der Nachfolger Petri ein zögerliches Entgegenkommen, ohne freilich von seinen grundsätzlichen Forderungen abzuweichen. In der Bulle *Romani principes* untermauerte er noch einmal das Approbationsrecht des Papstes und machte deutlich, dass der Kaiser dem Papst einen Treueid leisten müsse, der ihn verpflichte, die Kirche zu schützen. Auch in *Pastoralis cura* ging Clemens V. auf das Verhältnis der Universalgewalten ein und hob hervor, dass der Papst über dem Kaiser stehe und bei Vakanz des Kaisertums dessen Gewalt innehabe. Daher habe er in Zeiten einer Kaiservakanz das Recht, einen eigenen Reichsvikar für Italien zu bestellen. Zugleich bestätigte Clemens V. König Robert von Neapel in dieser Aufgabe, obwohl dieser zuvor von Heinrich VII. des Majestätsverbrechens angeklagt worden war. Damit waren die Weichen für einen Konflikt gestellt, der über die Lebenszeit Heinrichs VII. hinausreichen sollte.

Konflikte mit Robert von Neapel

Am 23. April 1312 näherte sich der Luxemburger Rom und stieß damit in das unmittelbare Interessengebiet Roberts von Neapel (1309–1343) aus dem Hause Anjou vor, der St. Peter besetzt hielt. Obwohl der Konflikt zunächst eigentlich nur mit König Robert ausgetragen wurde, tangierte er sehr schnell auch das ohnehin schon gespannte Verhältnis Heinrichs VII. zum Papst, der sich auf die Seite Roberts hatte ziehen lassen. Der Luxemburger hatte den Papst mehrfach gebeten, König Robert dazu zu bewegen, seine Truppen aus der Ewigen Stadt abzuziehen. Gleichzeitig bemühte sich der französische König beim Papst darum, die Kaiserkrönung Heinrichs VII. auszusetzen. Die Situation eskalierte vollends, als Heinrich VII. mit König Friedrich III. von Sizilien aus dem Haus Aragón verhandelte, dem Hauptfeind König Roberts, was auf französischer Seite die Besorgnis nährte, der zukünftige Kaiser beabsichtige unmittelbar nach seiner Krönung die Eroberung Neapels. Unter diesen veränderten Vorzeichen verlangte Clemens V. ultimativ, dass Heinrich VII. seine Verhandlungen mit König Friedrich III. von Sizilien abbreche und stattdessen einer Eheabrede zwischen den Häusern Luxemburg und Anjou zustimme; andernfalls werde er ihm seine Gunst entziehen.

Kaiserkrönung Heinrichs VII.

Nach Tagen voller chaotischer, hektischer Verhandlungen und Propaganda-Attacken setzte Heinrich VII. eigenmächtig den Krönungstag für den 29. Juni 1312 fest. An diesem Tag krönte ihn unter Vorbehalt ein Kardinallegat im Lateran zum Kaiser. Nach 92 Jahren wieder eine Kaiserkrönung! Mit pathetischen Worten verkündete der neue Kaiser der christlichen Welt das freudige Ereignis und betonte den universalen Charakter seines Kaisertums, dem alle Welt unterworfen sei. Mit diesem Ansinnen freilich traf er den König von Frankreich an seiner empfindlichsten Stelle. In einem Antwortschreiben hob dieser hervor, dass das *imperium* mit dem *regnum Francie* gleichberechtigt sei und der Kaiser sich daher auf einer Stufe mit dem König von Frankreich befinde. Jedem Weltherrschaftsgedanken wurde hierdurch eine Absage erteilt.

Bevor sich die Lage jedoch gefährlich verschärfen konnte durch ein gegen den päpstlichen Willen geschlossenes Bündnis Heinrichs VII. mit Friedrich III. von Sizilien, das durch die Ehe der Kaisertochter Beatrix mit Friedrichs Sohn bekräftigt werden sollte, starb der Luxemburger in Buonconvento am 24. August 1313.

4. Ludwig der Bayer: Der Kaiser, die Päpste und die Propaganda

Nur ein Jahr nach dem Luxemburger starb Clemens V. und die Kardinäle konnten sich lange nicht einmal auf einen Wahlort einigen; die Italiener forderten die Rückkehr des Papstes nach Rom, während die Franzosen im Kardinalskolleg für seinen Verbleib in Avignon eintraten. So kam es während einer Sedisvakanz zur Doppelwahl im Reich.

Doppelwahl von 1314

Wegen Unstimmigkeiten über die Ausübung der Kurstimmen bei Teilungen der Linien eines Hauses wurden nicht sieben, sondern neun Kurstimmen abgegeben und am 25. November 1314 wurden sowohl Friedrich der Schöne von Österreich als auch Ludwig [der Bayer] (1314–1347) zum König gekrönt; Friedrich mit den richtigen Insignien und durch den traditionell krönenden Erzbischof von Köln, aber in Bonn und somit am falschen Ort, Ludwig dagegen in Aachen und somit am richtigen Ort, aber durch den eigentlich dazu nicht befugten Erzbischof von Mainz und mit einem bloßen Duplikat der Reichsinsignien. Der Krieg war eine unausweichliche Folge dieses Wahl- und Krönungsprozedere. Erst 1322 fiel die Entscheidung in der Schlacht bei Mühldorf, die Ludwig durch die Gefangennahme Friedrichs des Schönen für sich entscheiden konnte. Erst jetzt war er alleiniger König. Rasch plante er einen Romzug, um die Kaiserkrone zu erwerben.

Papst Johannes XXII.

1316 hatte man sich im Kardinalskollegium endlich auf einen neuen Papst einigen können, Jacques Duèze aus Cahors, Johannes XXII. (1316–1334); ein gut ausgebildeter Jurist und hervorragender Verwalter. Nur ein Jahr später ernannte er mit König Robert von Neapel einen eigenen Reichsvikar für Italien und verfolgte konsequent die kaisertreuen Ghibellinen in Italien. Der in Deutschland schwelende Thronstreit kam dem Papst daher gelegen; er verweigerte beiden Protagonisten die Approbation, bezeichnete sie als *electi* und betrachtete das Reich als vakant. Die Entschlossenheit des Wittelsbachers, rasch nach Italien zu ziehen, musste daher zur Konfrontation mit dem Papst führen.

Zunächst jedoch bot sich Johannes XXII. noch als Vermittler zwischen Ludwig und Friedrich an, um Zeit für seine eigene Italienpolitik zu gewinnen. Aber Ludwig ließ sich nicht auf dieses aus seiner Sicht ganz unnötige Gesprächsangebot ein. Als es dem 1323 von Ludwig bestellten und über die Alpen gesandten Reichsvikar in Italien, Berthold von Marstetten-Neuffen, gelang, die päpstlichen Truppen zurückzudrängen, drohte der verärgerte Papst, der ja einen eigenen Reichsvikar für Italien benannt hatte, Ludwig dem Bayern mit dem Bann, würde er weiterhin als König agieren.

Letzter großer mittelalterlicher Konflikt zwischen Kaisertum und Papsttum

Die Zeichen standen auf Sturm und der letzte große mittelalterliche Konflikt zwischen Kaisertum und Papsttum nahm seinen Lauf. Besondere Brisanz gewann die sich anbahnende Auseinandersetzung durch die Konstitution *Si fratrum* aus dem Frühjahr 1317, in welcher Johannes XXII. alle kaiserlichen Rechte für den Papst beanspruchte, da das Imperium vakant sei. Gestützt auf die papale Interpretation der Zweischwerterlehre vertrat der Nachfolger Petri die Rechtsposition, dass *vacante imperio* alle Rechte, die Heinrich VII. als letzter Kaiser verliehen habe, nur mit päpstlicher Genehmigung auch weiterhin genutzt werden dürften. In letzter Konsequenz hätte dies den Papst mit einem Schlag zum Herren über alle Regalien des Reiches gemacht. Blieb *Si fratrum* im Reich nördlich der Alpen im Wesentlichen Theorie, versuchte Johannes XXII. seine Ansprüche in Reichsitalien auch in die Tat umzusetzen. Daher wurde der Konflikt des Papstes mit Ludwig dem Bayern unausweichlich, als sich der König nach seinem Sieg bei Mühldorf unverzüglich Italien zuwandte.

Prozess gegen Ludwig den Bayern

Am 8. Oktober 1323 eröffnete Johannes XXII. ein Prozessverfahren gegen Ludwig den Bayern und beschuldigte ihn, er habe sich ohne päpstliche Prüfung und Bestätigung Regierungsbefugnisse angemaßt. Daher solle er von der Machtausübung Abstand nehmen, bis der Papst die Wahl geprüft und gegebenenfalls gebilligt haben würde. Bis dahin müsse er alle bereits getroffenen Maßnahmen widerrufen. Sollte Ludwig nicht auf diese Bedingungen eingehen, würde der Papst Strafen gegen ihn verhängen (MGH Const. V, Nr. 792). Aus diesem Vorgehen wird deutlich, dass Johannes XXII. das Approbationsrecht wie eine nicht anzweifelbare Rechtsgrundlage behandelte. Selbstverständlich sah dies aus der Sicht des Königs und künftigen Kaisers anders aus. Allerdings ging es vorrangig um einen politischen Konflikt, da der Papst den Herrscher aus Oberitalien ausschließen wollte. Das theoretische Verhältnis zwischen geistlicher und weltlicher Gewalt wurde nicht mehr als Argument bemüht; hier hatten die Streitparteien längst ihre Stellungen bezogen.

Ein formales Problem ergab sich für Johannes XXII. aus der päpstlichen Nichtanerkennung Ludwigs, da unter diesen Umständen auch kein offizielles Absetzungsdekret erlassen werden konnte. Daher rief der Papst den Erwählten zur *sancta oboedientia* gegenüber dem Nachfolger Petri auf und schärfte den Untertanen ein, dass sie einen nichtapprobierten *electus* nicht als König anerkennen dürften. Pikanterweise teilte die Kurie Ludwig die Prozesseröffnung nicht eigens mit, sondern schlug sie nur am Tor der Kathedrale von Avignon an, womit sie als veröffentlicht galt.

Reaktionen Ludwigs des Bayern

Die Reaktion am Hof Ludwigs fiel zunächst verhalten aus. Als Gesandte an der Kurie abgewiesen wurden, veröffentlichte der König seinerseits am 18. Dezember 1323 in Nürnberg ein Notariatsinstrument mit seinem detaillierten Protest, worin er – den juristischen Ton der Kurie aufgreifend – die Rechtmäßigkeit seiner Herrschaft dank seiner Wahl durch eine Mehrheit der Kurfürsten und seine Krönung in Aachen unterstrich. Der solchermaßen Gewählte könne auch ohne päpstliche Approbation die Herrschaft ausüben. Zugleich versprach Ludwig sein Erscheinen vor einem allgemeinen Konzil, das baldmöglichst einzuberufen sei. Eine zweite, am 5. Januar 1324 in Frankfurt veröffentlichte Appellation wurde nach Avignon gesandt und richtete sich nicht mehr an den Papst, sondern wandte sich an ein künftiges Konzil. In der Appellation wird überdeutlich, dass Ludwig nicht gewillt war, Johannes XXII. anzuerkennen. Zudem nahm er in seinen Anklagen auch Bezug auf den Armutsstreit und machte die Armutsfrage so zum erbittert umstrittenen Thema zwischen Papst und römischem König. Wie stark die Frankfurter Appellation bereits auf minoritischem Einfluss basierte, ist unklar; möglicherweise bediente man sich der Schriften des Petrus Johannis Olivi.

Exkommunikation Ludwigs des Bayern

Die Reaktion ließ nicht lange auf sich warten. Am 23. März 1324 exkommunizierte Johannes XXII. Ludwig wegen seines fortwährenden Ungehorsams und seiner notorischen Missachtung der päpstlichen Richter. Die Untertanen wurden strengstens ermahnt, Ludwig nicht mehr zu gehorchen, widrigenfalls verfielen sie der Exkommunikation und das Interdikt würde verhängt.

Diesen Angriff ließ Ludwig nicht unerwidert. In der Sachsenhäuser Appellation vom 22. Mai 1324 bezeichnete er Johannes XXII. als Ketzer und anerkannte ihn folgerichtig nicht mehr als legitimen Papst; vielmehr klagte er ihn der Häresie an. Erneut richtete er seine Hoffnungen auf ein Konzil. Die starre Haltung Ludwigs war unübersehbar und es folgte ein mehr als zwei Jahrzehnte währendes Ringen, wobei es im Konflikt zwischen Kaisertum und Papsttum letztmals im Mittelalter um Sein oder Nichtsein ging. Zwar gab es auch nach dem Tod des Bayern noch Streitigkeiten zwischen den Universalgewalten, aber sie wurden niemals wieder mit dieser Vehemenz und diesem bitteren Vernichtungswillen auf beiden Seiten geführt.

Als die Goldene Bulle 1356 die Wahl und Erhebung des römischen Königs und zukünftigen Kaisers definitiv regelte, war vom Papst keine Rede mehr. Das lange Ringen Ludwigs legte die Grundlage dafür, dass der Nachfolger Petri in diesem wichtigen, Stabilität und Klarheit versprechenden Verfassungsdokument schweigend übergangen werden konnte und als Approbationsinstanz keinen Eingang in die Reichsverfassung fand.

Kaiserkrönung Ludwigs des Bayern

1327 begab sich Ludwig selbst nach Italien, was heftige Attacken aus Avignon nach sich zog. In den folgenden verbalen Schlachten erhielt Ludwig von der Kurie den ihm bis heute anhaftenden Beinamen *bavarus* (der Bayer) und wurde wiederholt als Ketzer bezeichnet. Dennoch standen die politischen Umstände günstig für einen raschen Vorstoß nach Rom, denn in Oberitalien dominierten die Ghibellinen und in der Ewigen Stadt selbst regte sich Widerstand gegen Robert von Neapel. In den ersten Tagen des Jahres 1328 stand Ludwig in Rom und bereits am 17. Januar ließ er sich durch Sciarra Colonna, einen der Attentäter von Anagni, zum Kaiser krönen, ohne dass auch nur ein einziger Kardinal daran beteiligt gewesen wäre. Es handelte sich dabei um die einzige Kaiserkrönung aus Laienhand seit der Karolingerzeit. Mit diesem extremen Schritt hatte Ludwig das Verhältnis zum Papsttum für immer vergiftet.

Wer als gedanklicher Wegbereiter hinter dieser Kaiserkrönung stand, ist in der Forschung umstritten; am häufigsten werden Marsilius von Padua und Johannes Jandun genannt, aber auch der Rückgriff auf ghibellinisch-römischrechtliche Traditionen ist nicht auszuschließen. Dass Ludwig nicht gleichzeitig zu einer Papstabsetzung schritt und auch darauf verzichtete, sich durch einen ihm vertrauten Kleriker zum Kaiser krönen zu lassen, scheint dafür zu sprechen, dass er abwarten wollte, ob die Gegenseite den Handstreich akzeptieren würde.

Absetzung Johannes XXII. durch Ludwig den Bayern

Als dies nicht geschah, sah sich Ludwig zu einem äußersten Schritt genötigt. Am 18. April 1328 erklärte er in einer feierlichen Zeremonie vor St. Peter Papst Johannes XXII. für abgesetzt, da er ein lügnerischer Papst sei, der die gottgewollte dualistische Ordnung der beiden unabhängigen Gewalten *imperium* und *sacerdotium* störe. Der Papst als selbsternannter Pseudoprophet verwirre die göttliche Ordnung und eigne sich widerrechtlich Befugnisse des Kaisers an, weshalb er des Majestätsverbrechens schuldig sei. Die Deposition gipfelte in der Anklage des Papstes als Häretiker, den Christus selbst abgesetzt und seines Amtes enthoben habe, weshalb ihn nun auch der Kaiser seines Amtes und seiner Stellung in der Kirche enthebe (MGH Const. 6/1, Nr. 436).

Marsilius von Padua

Auch für diese beeindruckenden Verlautbarungen des Kaisers ist der Autor unbekannt. Vieles spricht dafür, dass Marsilius von Padua an der Abfassung zumindest beteiligt war, auch wenn sich keine überzeugenden Parallelen zum *Defensor pacis*, seinem Hauptwerk, ziehen lassen. Stilistisch ist die Proklamation des Kaisers kein Meisterwerk, denn die Häufung der Vorwürfe gestattet keine klaren Argumentationslinien und bedeutet daher nur ein quantitatives, aber kein qualitatives Plus.

In einem weiteren kaiserlichen Dekret wurde künftigen Päpsten verboten, Rom zu verlassen, und im Mai schritt man dann zur Erhebung eines neuen Papstes; die Wahl fiel auf den Franziskaner Petrus von Corvara, der sich Nikolaus V. (1328–1330, † 1333) nannte. Mit ihm endet die Reihe der kaiserlichen Gegenpäpste des Mittelalters.

Das von äußerster Entschlossenheit getragene Vorgehen Ludwigs gegen Johannes XXII. fand selbst bei seinen treuesten Anhängern keine ungeteilte Zustimmung. Die Lage verschärfte sich, als kein einziger Kardinal aus Avignon an den Tiber zurückkehrte und Nikolaus V. ohne Kurie blieb. Ein im Grunde handlungsunfähiger Papst konnte dem Kaisertum Ludwigs aber weder Glanz noch Rückhalt verschaffen, so dass er ganz auf die Akzeptanz im italienischen und deutschen Adel angewiesen war. Als Ludwig in Rom mit immer neuen Geldforderungen auftrat, zerbrach auch diese Phalanx seiner Anhänger rasch.

Parteigänger Ludwigs des Bayern

Der Kaiser wich nach Pisa aus und scharte dort den aus Avignon geflohenen Ordensgeneral der Franziskaner, Michael von Cesena, und dessen Ordensbrüder Bonagratia von Bergamo, Wilhelm von Ockham und Franz von Ascoli um sich. Sie unterstützten ihn künftig in seinem ideologischen Kampf gegen die Kurie durch die Kraft ihrer Worte. Rasch schleuderte Ludwig ein neuerliches Absetzungsdekret gegen den Papst. *Gloriosus deus* wurde an den Dompforten von Pisa angeschlagen und bekräftigte noch einmal die Absetzung Johannes' XXII. sowie den Häresievorwurf aufgrund der Haltung des Papstes zur Armutsfrage. Die Absetzungssentenz beeindruckte Avignon jedoch nicht; während die Kurie hinter Johannes XXII. stand, büßte der Kaiser rasch an Gefolgschaft ein und musste 1330 Italien verlassen. Die aus Avignon kommende Nichtigkeitserklärung der Kaiserkrönung und die Erneuerung des Bannfluches gegen Ludwig den Bayern zeigten indes keine Wirkung auf dessen Anhängerschaft.

Während des Aufenthalts Ludwigs in Italien hatte Johannes XXII. beharrlich versucht, die Kurfürsten zur Wahl eines Gegenkönigs zu drängen, und erreichte die Einberufung eines Wahltages für Mai 1328, wobei die Kurfürsten nicht beabsichtigten, dem Willen des Papstes nachzugeben und einen französischen Prinzen zu wählen. Im Streit um die Wahl Erzbischof Balduins von Trier zum neuen Erzbischof von Mainz, die Johannes XXII. durch die Erhebung Heinrichs von Virneburg torpedieren wollte, zeigte sich, dass es im Reich keine hinreichende Basis für eine massive Einflussnahme durch die Kurie gab. Gegen die geschlossene Haltung Johanns von Böhmen und Balduins von Trier konnte Johannes XXII. nichts erreichen und Ludwig der Bayer fand bei seiner Rückkehr das Reich zwar im Bann, aber auf kaiserlicher Seite vor.

In der Folgezeit gab es fortwährend Versuche Ludwigs, sich mit dem Papst auszusöhnen, ohne jedoch auf Kritik zu verzichten. Nach der berühmten Predigt Johannes' XXII. über die *visio beatifica*, worin er sich – in Abkehr von der kirchlichen Lehrmeinung – überzeugt davon zeigte, dass die Seligen Gott erst nach dem Endgericht und nicht schon nach dem Tod schauen würden, schloss der Kaiser sich gerne denen an, die dem Papst erhebliche dogmatische Verfehlungen vorwarfen. Die Diskussion um die *visio beatifica* überdauerte die Lebenszeit Johannes' XXII., bis 1336 Benedikt XII. die traditionelle Lehrmeinung dogmatisierte, um die Vorwürfe zum Verstummen zu bringen.

Papst Benedikt XII.

Als am 20. Dezember 1334 ein neuer Papst, Benedikt XII. (1334–1342), erhoben wurde, keimte neue Hoffnung auf Versöhnung auf. Schon im Frühjahr 1335 signalisierte Ludwig Gesprächsbereitschaft, aber die Standpunkte hatten sich nicht verändert. Ludwig negierte den Approbationsanspruch des Papstes und war keinesfalls bereit, auf seine kaiserlichen Rechte zu verzichten. Daraufhin beendete Benedikt XII. 1337 die Gespräche und bezeichnete Ludwig als einen grundsätzlich unbußfertigen, apokalyptischen Drachen auf dem Thron.

Rhenser Kurfürstenweistum

Nach diesem abrupten Ende der Verhandlungen mit Benedikt XII. betrachtete man es im Reich offenbar als dringende Notwendigkeit, allzu große päpstliche Einflussnahme künftig zu verhindern. So trafen sich die Kurfürsten – wohl auf Betreiben Balduins von Trier – am 16. Juli 1338 in Rhens, schlossen den Rhenser Kurverein und fanden ein Weistum, das zwar keine Neuerungen enthielt, aber die Positionen noch einmal klar umriss: Derjenige, der von allen Kurfürsten oder ihrer Mehrheit gewählt wird, ist der römische König und kann seine Amtsvollmachten im Reich (*imperium*) wahrnehmen (*administratio*) und den königlichen Titel führen, ohne dass hierzu eine päpstliche Approbation vonnöten wäre. Die endgültige Regelung der Königswahl durch die Goldene Bulle war nicht mehr fern.

Licet iuris

Ludwig der Bayer dürfte sich ein rückhaltloseres Bekenntnis zu seiner Person erhofft haben und auch enttäuscht darüber gewesen sein, dass das universale Kaisertum mit keinem Wort im Rhenser Kurfürstenweistum erwähnt wurde. Daher formulierte er seine Sicht am 6. August 1338 in der Deutschordenskirche von Sachsenhausen in zwei Dekreten. ***Licet iuris*** hob die Gottunmittelbarkeit des Kaisertums hervor, betonte das Wahlrecht der dazu Berufenen und negierte jeglichen Approbationsanspruch, von welcher Seite er auch immer erhoben würde. Der Kaiser habe in weltlichen Dingen nur Gott den Allmächtigen zum Richter und Jesus selbst habe gesagt, dass man dem Kaiser geben solle, was des Kaisers sei. *Licet iuris* wurde als geltendes Gesetz verkündet; wer dagegen verstoße, mache sich des *crimen laesae maiestatis* schuldig und werde mit dem Tod bestraft. Anders als im Weistum von Rhens und hierin weit über dieses hinausgehend spricht *Licet iuris* nicht nur von einer *administratio* der Rechte und Güter des Imperiums durch den Gewählten, sondern bewusst von der *plenaria potestas* des Kaisers.

Q

Licet iuris
(Quellensammlung zur Geschichte der Deutschen Reichsverfassung in Mittelalter und Neuzeit, hg. v. Zeumer, Tübingen ^{2}1913, Nr. 142. Übersetzung: Quellen zur Verfassungsgeschichte des römisch-deutschen Reiches im Spätmittelalter

[1250–1500], ausgewählt und übersetzt v. Lorenz Weinrich [Freiherr vom Stein-Gedächtnisausgabe XXXIII], Darmstadt 1983, Nr. 89):

... die kaiserliche Würde und Amtsgewalt [geht] am Anfang unmittelbar von Gott allein [hervor] und Gott [hat] durch die Kaiser und Könige der Welt Recht und Gesetz dem Menschengeschlecht zuerteilt ... Der Kaiser [wird] schon allein aufgrund der Wahl derer, denen die Wahl zukommt, zum wahren Kaiser gemacht ... und [bedarf] nicht der Bestätigung und Anerkennung irgendeines anderen ..., denn er hat in weltlichen Dingen auf Erden keinen Höheren über sich, vielmehr unterstehen ihm alle Völker. ... Weil aber einige, von der Blindheit der Habsucht und des Ehrgeizes geschlagen, ... behaupten, ... die kaiserliche Würde und Amtsgewalt stamme vom Papst und der zum Kaiser Erwählte sei nicht aufgrund der Wahl wahrer Kaiser und König – es sei denn er werde zuvor durch den Papst oder den Apostolischen Stuhl bestätigt, ..., erklären wir mit Rat und Zustimmung der Kurfürsten und anderer Fürsten des Reiches: Die kaiserliche Würde und Amtsgewalt stammt unmittelbar von Gott allein; und nach dem Recht und dem seit alters anerkannten Herkommen des Reiches gilt folgendes: Sobald jemand von den Kurfürsten des Reiches einmütig oder von einer Mehrheit von ihnen zum Kaiser gewählt wird, ist er sofort allein aufgrund der Wahl wahrer König und Römischer Kaiser, als solcher anzusehen und zu benennen; ihm muß von allen Untertanen des Reiches Gehorsam geleistet werden, er hat die volle Amtsgewalt, die Güter und Rechte des Reiches zu verwalten und alles sonst zu tun, was einem wahren Kaiser zusteht; und weder von seiten des Papstes oder des Apostolischen Stuhles noch irgendwessen sonst bedarf er der Anerkennung, Bestätigung, Ermächtigung oder Zustimmung.

Fidem catholicam

Unmittelbar im Anschluss veröffentlichte der Kaiser *Fidem catholicam*, das die Rechtgläubigkeit Ludwigs, die Legitimität seines Kaisertums und dessen Gottunmittelbarkeit unterstrich und gleichzeitig das Papsttum einem künftigen Konzil unterstellte, das allein als übergeordnete Autorität anerkannt werden würde.

Die Drastik der Stellungnahmen steigerte sich noch einmal, als Ludwig 1339 auf einem Hoftag bekundete, dass der rechtmäßig Gewählte für den Fall, dass der Papst ihm die Approbation versage, die Kaiserkrone aus der Hand jedes beliebigen Bischofs erhalten könne. Gedanken, die wohl deutlich von Wilhelm von Ockham beeinflusst waren, der sich intensiv mit dem Problem der faktischen und strukturellen Unabhängigkeit des Kaisertums vom Papsttum beschäftigte und dabei hauptsächlich mit der Gottunmittelbarkeit des Kaisers argumentierte. Nach Wilhelm von Ockham stand über der kaiserlichen Macht allein diejenige des Allmächtigen.

Papst Clemens VI.

Als am 7. Mai 1342 Clemens VI. (1342–1352) gewählt wurde, gab es keine neue Verhandlungshoffnung, da der Papst sich ganz auf der Linie seiner beiden Vorgänger bewegte und Ludwig der Bayer zu keinerlei Zugeständnissen bereit war. Angesichts der Unvereinbarkeit der Positionen betrieb Clemens VI. mit Nachdruck die Wahl eines Gegenkönigs im Reich, wobei nur Karl, der Sohn Johanns von Böhmen, wirkliche Chancen besaß, da ihm die Unterstützung Balduins von Trier sicher war.

Am 22. April trafen sich Johann von Böhmen und sein Sohn Karl mit Clemens VI. in Avignon, um die päpstlichen Rechte ebenso zu klären wie die Rechte und Pflichten des römischen Königs und zukünftigen Kaisers. Karl erwies sich in den Verhandlungen rasch als geschickter Diplomat und es gelang ihm, das Reizwort Approbation zu umgehen und sich nicht auf eine beschneidende Einengung seines Königtums auf Deutschland einzulassen. Sollte er auf italienischem Boden Politik machen wollen, würde er allerdings die päpstliche Anerkennung benötigen. Obwohl Karl die Verurteilung Ludwigs des Bayern als Ketzer mittrug, war er dennoch nicht bereit, dessen gesamte Regierungsakte zu kassieren und für nichtig zu erklären.

Wahl Karls IV. 1346

Nach zähen Verhandlungen wählte die Mehrheit der Kurfürsten (König Johann von Böhmen, die Erzbischöfe von Mainz, Trier und Köln sowie der Herzog von Sachsen-Wittenberg) Karl 1346 in Rhens. Obwohl die Königsmacher auf der Einhaltung des Rhenser Weistums bestanden, erbaten sie dennoch die päpstliche Approbation, die am 6. November auch erfolgte. Wirklich durchsetzen konnte sich Karl aber erst, als Ludwig der Bayer am 11. Oktober 1347 bei Kloster Fürstenfeld einem Jagdunfall zum Opfer fiel.

Die Stellung der Universalgewalten nach dem Tod Ludwigs des Bayern

Der letzte lange Konflikt zwischen dem Kaiser und den Nachfolgern Petri offenbarte eine tiefe Entfremdung zwischen dem Reich nördlich der Alpen und dem Papsttum, was sicher auch damit zusammenhing, dass einige Reichsteile jahrelang mit dem Interdikt belegt waren. Dessen Einhaltung vor allem durch die Dominikaner führte zu großer Unsicherheit unter den Gläubigen, dessen Nichtbeachtung wiederum führte zu einer Untergrabung der päpstlichen Autorität sowie zu geistlichen Strafen. Da es an der Kurie keine deutschen Kardinäle gab, entfremdete sich auch der Klerus immer stärker dem Papsttum in Avignon. Zur gleichen Zeit wurde trotz vielversprechender Ansätze unter Benedikt XII. deutlich, dass das Papsttum zu einer grundlegenden Reform der Kirche und vor allem des Papsttums selbst nicht in der Lage war, weshalb sich die Kritik an den Nachfolgern Petri noch verschärfte.

Trotz der Fürsprache Clemens' VI. für Karl IV. wurde die deutsche Herrschersukzession von kurialen Einflüssen befreit, was den Weg bereitete für Verstaatungsprozesse, die in anderen europäischen Reichen bereits seit langem voranschritten. Die Kurie hielt indessen ihre Ansprüche theoretisch aufrecht; erst im großen abendländischen Schisma entpuppten sie sich endgültig als Fiktion.

Die Entfremdungs- und Emanzipationstendenzen führten dazu, dass das Kaisertum und das Papsttum nach dem Tod Ludwigs des Bayern im Grunde nicht mehr als die gottgewollte Einheit des frühen und hohen Mittelalters erschienen. Durch die theoretische Formulierung der jeweiligen Ansprüche war es dem Kaisertum gelungen, die eigene Sphäre klar zu umreißen und eindeutig von der Kurie zu scheiden. Die Institutionalisierung der beiden Universalgewalten schritt auf beiden Seiten voran, ohne dass die Verflechtung von Kirche und Staatlichkeit im 14. Jahrhundert schon als aufgelöst zu betrachten wäre.

5. Karl IV. und die Goldene Bulle von 1356

Sicherung des Königtums Karls IV.

Nach der Wahl am 11. Juli 1346 in Rhens empfing Karl IV. die Königskrone am 26. November 1346 in Bonn, da Aachen auf der Seite Ludwigs des Bayern stand und seine Tore verschlossen hielt. Obwohl die Königswahl zunächst ohne öffentliche Bedeutung blieb und von den Zeitgenossen kaum wahrgenommen wurde, hatten die Kurfürsten doch erfolgreich verhindert, dass die Neuwahl des römisch-deutschen Königs in Avignon durch den Papst entschieden wurde. Möglicherweise wollten sich die Kurfürsten mit der Erhebung nur einen Rechtstitel verschaffen, um für den Fall gerüstet zu sein, dass sich Ludwig der Bayer wider Erwarten mit dem Papsttum verständigen sollte (Ernst Schubert).

Nach Ludwigs Tod war Karls Königtum noch immer nicht gesichert. Zwar nahm Eduard III. von England seine Wahl (10. Januar 1348) nicht an, doch wählten die Kurfürsten von Mainz, Kurpfalz, Brandenburg und Sachsen am 30. Januar 1349 Günther von Schwarzburg, dessen Durchsetzungschancen allerdings gering waren. Bereits am 26. März 1349 verzichtete er in Eltville gegen eine finanzielle Entschädigung in aller Form auf seine Königswürde. Erst danach ließ sich Karl IV. noch einmal krönen; diesmal mit aller Pracht in Aachen, um jeden Zweifel an seiner Legitimität auszuräumen. Noch waren Wahl und Thronsetzung in gleicher Weise für das Königtum konstitutiv; erst mit der Goldenen Bulle erhielt die Wahl das entscheidende Übergewicht (Jörg Rogge).

Vorbereitungen für den Romzug

Nun konnte Karl IV. an den Erwerb der Kaiserkrone denken. In Rom hatte sich 1347 für mehrere Monate Cola di Rienzo zum Volkstribun aufgeschwungen, musste die Ewige Stadt aber fluchtartig verlassen und gelangte nach Prag, wo er sich als illegitimer Sohn Heinrichs VII. und somit als Onkel Karls ausgab. Er vertrat gegenüber dem König die Überzeugung, dass allein das römische Volk die Kaiserwürde vergebe und nicht der Papst. Mit diesen und anderen Thesen Colas sowie dessen Angebot, den König nach Rom zu führen und gemeinsam mit ihm die Kirche umfassend zu reformieren, setzte sich Karl intensiv auseinander. Noch während sich Cola in Böhmen aufhielt, erreichte den König ein Brief Francesco Petrarcas, in welchem er ihn anflehte, endlich nach Süden zu ziehen und Italien zu ordnen. Ohne auf die schwärmerischen Worte des Dichters einzugehen, antwortete der König kühl, stellte aber einen Romzug in Aussicht.

Mit dem Frühjahr 1350 begannen die Planungen für einen Italienzug, doch verbot Papst Clemens VI. die Werbung für das Unternehmen. An einem Bruch war dem Nachfolger Petri indessen nicht gelegen, was er durch die Ernennung von Karls illegitimem Halbbruder Nikolaus zum Patriarchen von Aquileja deutlich werden ließ. Durch vielerlei politische Querelen innerhalb der italienischen Signorien und gesundheitliche Probleme Karls IV. verzögerte sich der Romzug indessen. Erst Ende September 1354 verließ der König Nürnberg, um mit sehr kleinem Gefolge nach Süden zu ziehen.

Kaiserkrönung Karls IV.

Die Bedingungen für die Kaiserkrönung waren im Vorfeld zwischen Karl IV. und Innocenz VI. (1352–1362) minutiös ausgehandelt worden. So war es dem König untersagt, sich länger als zur eigentlichen Krönungszeremonie nötig in der Ewigen Stadt aufzuhalten, wogegen er freilich verstieß, da er als Pilger verkleidet mehrfach Rom inoffiziell besuchte. Zudem stand fest, dass der Papst nicht selbst an den Tiber kommen, sondern durch Kardinallegaten vertreten werden würde. Am Ostersonntag (5. April) 1355 empfing Karl IV. in St. Peter die Kaiserkrone und verließ – wie zuvor mit dem Papst ausgehandelt – unmittelbar darauf Rom, um eiligst zurückzukehren.

Bedeutung des Kaisertums für Karl IV.

Inhaltlich scheint das Kaisertum Karl IV. nur wenig bedeutet zu haben, wohl aber diente es ihm zur Durchsetzung seiner politischen Konzepte und zur Perfektionierung seiner Herrscher-Repräsentation. Dass ihm seine fluchtartige Rückkehr aus Rom in Italien verübelt wurde und Petrarca ihn deswegen heftig tadelte, berührte ihn nicht. Den Rang des Kaisertums wollte Karl IV. sicher nicht schmälern, wohl aber veränderte sich unter ihm seine Bedeutung. Nicht mehr in der politischen Realität, sondern vor allem in der Ideologie lebte der Kaisergedanke ungebrochen fort, wobei *regnum* und *imperium* immer stärker einander gleichgesetzt wurden. Damit entfernte sich das Kaisertum vom päpstlichen Einfluss, büßte aber zugleich an Universalität ein.

Dem Ziel Karls, seine Person und seine Familie zu verherrlichen, schadete diese Veränderung der Kaiseridee nicht. Unermüdlich verwies er auf die sakrale Legitimation seiner Macht, wozu ihm auch die Verbreitung des Wenzelskultes diente. Auf der von ihm gestifteten Reliquiar-Büste des heiligen Wenzel im Veitsdom zu Prag ruhte die Krone, mit welcher Karl 1347 zum König von Böhmen gekrönt worden war (Wenzelskrone). Für die Repräsentation des Kaisers wurde auch der sogenannte Weihnachtsdienst wichtig, den Karl erstmals 1347 leistete, als er in der Weihnachtsmesse die Stelle aus dem Lukasevangelium verlas, die an das Gebot des Kaisers Augustus erinnert (Lukas 2, 1–19). Die Zeitgenossen erkannten die Parallelen und betrachteten wunschgemäß Kaiser Augustus als Amtsvorgänger Karls IV. Damit aber wurde deutlich, dass das Kaisertum älter war als die christliche Kirche und damit unabhängig vom Papsttum. Zugleich schien der Kaiser befugt, aller Welt Anweisungen und Befehle zu geben. Obwohl der Anspruch auf das Kaisertum in seinen antiken Dimensionen und die tatsächliche Machtfülle Karls erheblich auseinanderklafften, stärkte der Anspruch ebenso wie das ausgefeilte, verfeinerte Hofzeremoniell und der herrscherliche Personenkult die ideologischen Grundlagen des Königtums, die weit über den Tod Karls hinaus wirkmächtig blieben.

Die Goldene Bulle

Da die politische Konzeption Karls zentral auf das Königtum ausgerichtet war, bemühte er sich, die Königswahl endgültig zu regeln. Zusammen mit den Kurfürsten des Reiches legte er auf den Hoftagen in Nürnberg im Januar sowie in Metz im Dezember 1356 ein Verfassungsdokument vor, das wegen seiner Besiegelung die „Goldene Bulle“ genannt wird und im Grundsatz bis 1806 in Kraft blieb. Das Dokument enthielt nichts gänzlich Neues, sondern brachte die Entwicklungen der vergangenen rund 100 Jahre in eine gültige Schriftfassung. Die sieben Kurfürsten erhielten das alleinige aktive Wahlrecht und wurden nach den Wirren der Linienteilungen klar definiert: die Erzbischöfe von Mainz, Köln und Trier, der Pfalzgraf bei Rhein (Truchsess), der Herzog von Sachsen-Wittenberg (Marschall), der Markgraf von Brandenburg (Kämmerer) und der König von Böhmen (Schenk). Die Goldene Bulle regelt die Ladungs- und Wahlmodalitäten sowie die Privilegien der Kurfürsten und legt das Mehrheitswahlrecht fest. Die von den Päpsten zuvor hartnäckig geforderte Approbation des Königs wird stillschweigend übergangen. Dies war von entscheidender Wichtigkeit, denn obwohl die Goldene Bulle nicht von Kaiserwahlen spricht, stellt sie doch den König als *rex Romanorum in imperatorem promovendus* und als *futurus caesar* dar. Eine Brüskierung des Papstes wurde vermieden und dennoch gelang es, ihn erfolgreich aus der Wahl des römisch-deutschen Königs zu verdrängen. Die Kaiserkrönung erschien als automatische Folge der Königswahl; eine Entwicklung, die sich seit der Stauferzeit abzeichnete.

Bemühungen um eine Rückkehr des Papstes an den Tiber

Die Rückkehr des Papstes nach Rom beschäftigte auch Karl IV. Die Vorleistungen für die Rückverlegung der Kurie in die Ewige Stadt trieb vor allem Papst Innocenz VI. erheblich dadurch voran, dass er Kardinal Albornoz zwischen 1353 und 1365 mit der militärischen Unterwerfung des Kirchenstaates betraute. Da der Kaiser an einer Reduzierung des französischen Einflusses auf das Papsttum interessiert sein musste, betrachtete er die päpstlichen Rekuperationsversuche auf italienischem Boden sehr wohlwollend, zumal Kaiser und Papst in Bernabó Visconti, dem Herrn von Mailand, einen gemeinsamen Gegner hatten, der sich freilich in Ober- und Mittelitalien behaupten konnte. Im Mai/Juni 1365 reiste Karl IV. nach Avignon, um dem neuen Papst Urban V. (1362–1370) kaiserliche Militärhilfe für die Rückkehr an den Tiber in Aussicht zu stellen. Die Nachricht, der Kaiser wolle den Nachfolger Petri nach Rom zurückführen, stieß in Italien jedoch nicht auf positive Resonanz, da man keine aktive Kaiserpolitik südlich der Alpen wünschte. Im Reich blieb der Aufruf zur Heerfahrt ebenfalls ohne große Wirkung; zu tiefe Wunden hatten die verheerenden Pestwellen seit 1348/49 geschlagen.

Neuerlicher Romzug Karls IV.

Trotz dieser Widrigkeiten reiste Urban V. aus Avignon ab und erreichte am 9. Juni 1367 Viterbo. Dort musste er erkennen, dass die Unterstützung des Kardinals Albornoz allein nicht ausreichen würde, um sicher an den Tiber zu gelangen, weshalb er den Kaiser dringend ermahnte, seinen Italienzug zu beschleunigen, um dem Nachfolger Petri zu Hilfe zu eilen. Dennoch verzögerte sich die Ankunft Karls, der erst im Oktober 1368 den Papst in die Ewige Stadt geleiten konnte, wobei er ihm den Stratordienst leistete. Zum Dank krönte Urban V. am 1. November 1368 Karls Gemahlin Elisabeth zur Kaiserin. Extreme Finanzknappheit jedoch zwang Karl IV. zur raschen Rückkehr nach Norden, was beim Papst zu Verstimmung führte. Der Ärger und die Verunsicherung gingen so tief, dass Urban V. statt auf kaiserliche Unterstützung künftig lieber auf die Hilfe König Ludwigs I. von Ungarn vertrauen wollte. Er kehrte nach Avignon zurück, um seine Vermittlung im wieder ausgebrochenen Hundertjährigen Krieg zwischen England und Frankreich anzubieten.

Trotz der Kürze des Italienzuges hatte Karl durch diplomatisches Geschick die rivalisierenden Machthaber Ober- und Mittelitaliens zu seinen Gunsten instrumentalisieren können, was ihm erheblichen materiellen Nutzen eintrug. Dabei übte er seine Kaiserherrschaft ungeniert auch auf Kosten des Papsttums aus, wenn er sich davon Vorteile versprach.

Nach seiner Rückkehr befasste sich Karl IV. nicht mehr erkennbar mit italienischen Angelegenheiten; erst Sigismund sollte den Reichsrechten südlich der Alpen wieder zur Geltung verhelfen.

Papst Gregor XI.

Der Nachfolger Urbans V., Gregor XI. (1370–1378), verharrte nicht im Groll seines Vorgängers gegenüber dem Kaiser, vielmehr unterhielt er sehr gute Beziehungen zu Karl IV., der dies zu nutzen versuchte, um noch zu seinen Lebzeiten die Nachfolgefrage zu regeln. Ab 1374 konzentrierte sich der Kaiser darauf, seinen Sohn Wenzel zum deutschen König wählen zu lassen; eine Regelung, welche nicht durch die Goldene Bulle gedeckt war, da diese Königswahlen nur nach dem Tod des amtierenden Herrschers gestattete. Der Papst zeigte zwar Verständnis für den Wunsch Karls, stellte aber seinerseits hohe Forderungen. Kaiser und zukünftiger König sollten persönlich in Avignon vorsprechen, um die Erlaubnis zur Königswahl zu erbitten. Sodann müssten sie die Eidesleistungen von 1346 erneuern und die päpstliche Wahl-Einladung an die Kurfürsten abwarten. Abschließend verlangte er, dass die Krönung erst nach der päpstlichen Approbation erfolgen dürfe. Karl gelang es, die Forderungen weder abzulehnen noch ihnen zuzustimmen. Stattdessen informierte er den Papst, dass als Wahltermin der 1. Juli 1376 festgelegt worden sei. Da Gregor XI. seit Jahren die Rückkehr an den Tiber plante und hierbei die militärische Unterstützung des Kaisers nicht entbehren konnte, akzeptierte er widerwillig die Wahl zu Lebzeiten des Kaisers (*vivente imperatore*); die Approbation sowie die Zusage des Papstes, Wenzel dereinst zum Kaiser zu krönen, konnte Karl indessen nicht erreichen.

Rückkehr Gregors XI. nach Rom

Am 13. September 1376 verließ Gregor XI. Avignon, um – bestärkt durch die drängenden Bitten Katharinas von Siena – auf Dauer nach Rom zurückzukehren. Eine Entwicklung, die freilich sowohl in Frankreich als auch in Mailand und Florenz auf heftigen Widerstand stieß. Auf aktive Hilfe des Kaisers konnte der Papst in dieser Situation nicht rechnen, da sich Karl IV. zu Beratungen an den französischen Hof begeben hatte und vor allem mit der Regelung seiner Nachfolge unter seinen beiden Söhnen Wenzel und Sigismund beschäftigt war.

Als Gregor XI. am 27. März 1378 in Rom starb (im selben Jahr wie der Kaiser), war es ihm nicht gelungen, die Kurie oder wenigstens die Mehrzahl der Kardinäle an den Tiber zurückzuholen. Zu seinem Nachfolger wurde am 8. April 1378 in Rom Bartolomeo Prignano, Erzbischof von Bari, gewählt, der sich Urban VI. (1378–1389) nannte. In völliger Überschätzung seiner Person und seiner politischen Möglichkeiten erhob der neue Papst in nur wenigen Wochen 29 neue Kardinäle, darunter 20 Italiener, um die Vorherrschaft des französischen Einflusses auf das Papsttum zu brechen. Da seine Wahl tumultuarisch und ungeordnet erfolgt war, mehrten sich bald die Stimmen, die an seiner Rechtmäßigkeit zweifelten, zumal immer häufiger auch der Vorwurf der *incapacitas* (Unfähigkeit) laut wurde, der freilich kirchenrechtlich nicht klar definiert war.

Kaum ein halbes Jahr nach der Wahl Urbans VI. hatte sich der Widerstand formiert und mit Rückendeckung des französischen Königs wählten die Oppositionellen am 20. September 1378 Kardinal Robert von Genf, der den Papstnamen Clemens VII. (1378–1394) annahm. Obwohl die Wahl in Fondi an der Grenze zum Kirchenstaat erfolgt war, gelang es Clemens VII. nicht, Urban VI. aus Rom zu vertreiben, weshalb Clemens 1379 die Kurie nach Avignon zurückverlegte.

6. Das große abendländische Schisma

Bemühungen um eine Lösung des großen abendländischen Schismas

Das mit der Wahl Clemens VII. ausgebrochene **Schisma** zwang zur eindeutigen Klärung, welcher der Päpste der legitime Nachfolger Petri sei. Entscheidend wurde die Obödienz der Herrscher, der Orden und der Geistlichkeit, wobei die Orden sich spalteten und zwei Lager bildeten. Zunächst hofften die Wähler Clemens' VII. auf Kaiser Karl IV., denn Urban VI. hatte König Wenzel schroff die Anerkennung verweigert, während Clemens VII. sein Einlenken signalisierte. Plötzlich jedoch schwenkte Urban VI. um und lud König Wenzel sogar zur Kaiserkrönung ein; damit war die Entscheidung gefallen. Der Kaiser bekannte sich offen zu Urban VI., aber sein Zögern zu Beginn des Schismas hatte zwei sich extrem rasch verhärtende Machtblöcke entstehen lassen, die von der kaiserlichen Parteinahme für einen der beiden Päpste nicht mehr beeinflusst werden konnten. Möglicherweise hatte Karl IV., beeinträchtigt durch schwere Krankheit und komplizierte politische Verhandlungen um einen allgemeinen Landfrieden, die Tragweite des Schismas unterschätzt. Die lange Kirchenspaltung ließ die enorme Machtfülle des Avignonesischen Papsttums dahinschwinden und zeitigte erhebliche politische Konsequenzen, die das Schisma verlängerten, denn auch die europäischen Herrscher teilten sich in zwei Lager. Während Frankreich, Neapel, Kastilien, Schottland (in Opposition zu England), Navarra, Aragón und Neapel auf der Seite Clemens' VII. standen, bekannten sich Deutschland, England, Flandern, Ungarn, Polen, Portugal und Skandinavien zu Urban VI. Aber das Wort des Königs von Frankreich wog in Fragen des Papsttums längst mehr als dasjenige des Kaisers, so dass die Bemühungen Karls IV., ein rasches Ende des Schismas herbeizuführen, ohne Erfolg blieben; vielleicht auch, weil der Kaiser bereits am 29. November 1378 starb.

E

Abendländisches Schisma
Der Begriff bezeichnet die längste, das gesamte Abendland ergreifende Spaltung der lateinischen Kirche, die durch die Frage nach dem rechtmäßigen Papst ohne Eingreifen eines weltlichen Herrschers entstanden war.

König Wenzel war nicht in der Lage, eine schwergewichtige Rolle im Kampf um die Beilegung des Schismas zu spielen. Schon bald nach seinem Herrschaftsantritt wurde deutlich, dass ihm die menschlichen und politischen Kompetenzen für sein Amt weitgehend fehlten.

Dennoch engagierte er sich im Schisma und gründete gemeinsam mit den rheinischen Kurfürsten am 27. Februar 1379 den sogenannten Urbansbund. Ziel dieses Bündnisses waren die Unterstützung Urbans VI. gegen Clemens VII. und das Bemühen, das Reich geschlossen an der Seite des römischen Papstes zu halten, was freilich misslang. Aber Urban VI. honorierte die Bemühungen Wenzels und lud ihn zur Kaiserkrönung nach Rom ein, wofür auch umfangreiche Vorbereitungen getroffen wurden. Allerdings war der König zwischen 1382 und 1388 so sehr mit Problemen der Dynastiesicherung beschäftigt, dass der Romzug in den Hintergrund trat.

Nach dem Tod Urbans VI. 1389 eröffnete sich die Möglichkeit, das Schisma zu beenden, und die Kurie in Avignon verhandelte mit der römischen Kurie, doch dort war man nicht zum Einlenken bereit und erhob Bonifaz IX. (1389–1404). Dieser wandte sich sogleich um Hilfe an König Wenzel und bot neuerlich die Kaiserkrönung an, worauf der König indessen nicht einging. Der alkoholabhängige Wenzel befand sich nach einer schweren Erkrankung seit 1388 nicht mehr ihm Vollbesitz seiner Kräfte.

1394 bot der Tod Clemens' VII. neuerlich die Chance auf ein Ende des Schismas. Doch auch diesmal fehlte die Bereitschaft zum Einlenken und man wählte in Avignon in größter Eile den Spanier Pedro de Luna, vormals Parteigänger Urbans VI. und Mitglied der Universität Montpellier, noch bevor die Proteste des französischen Hofes und der Universität Paris Wirkung zeigen konnten. Pedro de Luna nannte sich Benedikt XIII. (1394–1409/1417, † wohl 1423).

Haltung der Universität Paris zum Schisma

Vor allem die Universität Paris hatte sich offen dafür ausgesprochen, das Schisma durch ein Konzil lösen zu lassen. Besonders die beiden dort lehrenden deutschen Professoren Heinrich von Langenstein, der später nach Wien ging, und Konrad von Gelnhausen, der spätere Kanzler der Universität Heidelberg, setzten sich in mehreren Briefen (vor allem *Epistola concordiae* des Konrad von Gelnhausen 1380 und *Epistola consilii pacis* des Heinrich von Langenstein 1381) für die Konzilsidee ein und trugen dieses Gedankengut nach ihrer Abkehr von Paris an ihre neuen Wirkungsstätten in Wien und Heidelberg.

Haltung der französischen Krone zum Schisma

1395 entzog der französische Hof Benedikt XIII. die Unterstützung und forderte beide Päpste auf, zurückzutreten, worauf allerdings keiner von beiden einging. Vielmehr wollte Benedikt XIII. in direkter Diskussion mit Bonifaz IX. klären, welcher von beiden der legitime Papst sei. Da der französische Vorstoß bei den anderen europäischen Herrschern keinen Widerhall fand, scheiterten die Bemühungen. So beharrte der deutsche Herrscher darauf, dass eine Synode nur durch einen Papst einberufen werden könne, wofür wiederum nur der römische Papst als der vom deutschen König anerkannte Nachfolger Petri in Frage käme. Dies jedoch war für den französischen Hof nicht akzeptabel. Auch die jahrelange Eingeschlossenheit Benedikts XIII. durch königliche Truppen in Avignon änderte nichts an der verfahrenen Situation. 1403 kehrte Frankreich in die Obödienz Benedikts zurück und dieser versprach die Einberufung eines Konzils binnen eines Jahres, woran er sich indessen nicht gehalten hat. Vielmehr floh er aus Avignon, zog vergeblich gegen Rom und residierte schließlich 1406 in Marseille.

König Wenzel nahm bis zu seiner Absetzung am 20. August 1400 keinen Einfluss mehr auf das Schisma, obwohl ihn der französische Hof an Heinrichs III. Auftreten in Sutri 1046 erinnerte, um ihn zu entschlossenem Handeln zu animieren.

Wahl Ruprechts

Nur einen Tag nach Wenzels Absetzung wählte die Mehrheit der Kurfürsten den wittelsbachischen Pfalzgrafen Ruprecht III. (1400–1410) in Rhens zum neuen König. Trotz großer Probleme im Reich zog Ruprecht 1401/02 nach Italien, um die Reichsrechte südlich der Alpen neu zu beleben und die Kaiserkrone zu erlangen. Das Unternehmen scheiterte aber mangels Unterstützung kläglich. Dass Ruprecht 1403 die Approbation durch Papst Bonifaz IX. erhielt, wirkt vor diesem Hintergrund geradezu zynisch.

Konzil von Pisa

Wie gering die politischen Spielräume des neuen Königs waren, zeigte sich nicht nur im Reich, sondern auch in der Frage des Schismas. 1408 hatten römische und avignonesische Kardinäle zu einem **Konzil** nach Pisa geladen, um die leidige Kirchenspaltung endlich zu beenden. Da die Initiative stärker von Frankreich ausging, opponierte Ruprecht dagegen, um ein Wiedererstarken des französischen Einflusses auf das Papsttum zu verhindern. Dennoch trat das Konzil 1409 zusammen, wenn auch unter denkbar schlechten Vorzeichen, denn beide Päpste hatten auf ihre Vorladung mit der Planung und Einberufung jeweils eigener Konzilien geantwortet. Benedikt XIII. ließ seine Legitimität und Orthodoxie in Perpignan bestätigen und Gregor XII. (1406–1409/1415, † 1417) hatte sich nach Rimini begeben, um im Schutz der Familie Malatesta sein Konzil vorzubereiten.

E

Ökumenische Konzilien
Der Begriff ökumenisch stammt aus dem Griechischen. *Oikoumene* bedeutet „Erdkreis" und „die ganze bewohnte Erde". Unter ökumenischen Konzilien versteht die römisch-katholische Kirche Konzile, welche die gesamte Kirche betrafen. Dagegen erkennt die Kirche des Ostens nur das erste Konzil von Nicäa (325) und das erste Konzil von Konstantinopel (381) als ökumenisch an. Die altorientalische Kirche fügt diesen beiden noch das Konzil von Ephesos (431) hinzu.

Das Konzil von Pisa indessen erklärte nach kurzen Beratungen beide Päpste für Ketzer und setzte sie ab. Folgerichtig wählte das Konzil am 26. Juni 1409 einen eigenen Papst, Alexander V. (1409–1410). Damit jedoch war das Schisma nicht beendet, vielmehr hatte sich die Situation noch verschärft, da es nun drei gleichzeitig amtierende Päpste gab und die dringend notwendigen strukturellen Reformen vom Pisaner Konzil gleich auf ein späteres, für 1412 anberaumtes Konzil vertagt worden waren. Auch als der greise Alexander bereits 1410 starb, entspannte sich die Lage nicht, da seine Anhänger umgehend einen Nachfolger erhoben, Johannes XXIII. (1410–1415, † 1419).

Als König Ruprecht 1410 starb, vollzog sich die Neuwahl ganz im Schatten des Schismas. Die Kurfürsten der römischen Obödienz erhoben eiligst Sigismund (1410–1437), doch entschied sich die Mehrheit der Kurfürsten für Jost von Mähren (1410); zum großen abendländischen Schisma der Kirche kam nun noch eine Doppelwahl im deutschen Königtum hinzu, die allerdings durch einen biologischen Zufall nahezu ohne Folgen blieb, da Jost nur drei Monate nach seiner Wahl am 18. Januar 1411 starb.

7. Päpste – Kaiser – Konzilien: Sigismund und Friedrich III. auf den Konzilien von Konstanz und Basel

Rolle König Sigismunds im Schisma

Ebenso wie von seinen Vorgängern erwarteten die Zeitgenossen von Sigismund sichtbares Engagement zur Überwindung der Kirchenspaltung – und nicht vergeblich. Anders als seine Amtsvorgänger Wenzel und Ruprecht kamen ihm politische Entwicklungen zu Hilfe, die das Reich nur indirekt tangierten, aber das französische Königtum weitgehend lähmten und somit den Weg frei machten für einen verstärkten Einfluss des Reiches auf die Papstfrage. Frankreich versank nach der Ermordung des Herzogs von Orléans 1407 im Bürgerkrieg und musste sich zudem gegen Heinrich V. von England erwehren, der die Kampfhandlungen des Hundertjährigen Krieges wieder aufnahm, um aus der innenpolitischen Krise Frankreichs Profit zu schlagen.

Konzil von Konstanz

Die durch den Ausfall Frankreichs entstandene Lücke füllte Sigismund mit viel persönlichem Engagement und diplomatischem Geschick. Vor allem wollte er, dass ein über die Papstfrage entscheidendes Konzil nicht auf dem Boden des Kirchenstaates tagen sollte, sondern auf Reichsgebiet. Daher berief er Ende Oktober 1413 ein Konzil nach Konstanz ein. Pikanterweise erzwang er erst nachträglich die Zustimmung Papst Johannes' XXIII., der sich angesichts seiner politischen Lage dem Willen des Königs beugen musste. Dass Sigismund zunächst eigenmächtig aktiv wurde, stellte ein Problem dar, da die Einberufung eines Konzils seit dem 12. Jahrhundert als päpstliches Vorrecht galt, das indessen in jüngster Zeit aufgeweicht worden war. So galt Pisa auch ohne päpstliche Einberufung als legitimes Konzil. Allerdings hatte sich die Position der Kardinäle schon sehr weit verselbständigt und vom Papsttum emanzipiert; schließlich oblag den Kardinälen, dem Kaiser und dem römischen König die Aufgabe, die Kirche in Notlagen zu unterstützen und nötigenfalls auch ein Konzil zu erzwingen. Dabei wurde die Idee des Konziliarismus nicht erst aus dem Gedankengut des Marsilius von Padua und des Wilhelm von Ockham geboren, sondern existierte in Ansätzen seit dem Beginn der Kanonistik.

Die Versammlung in Konstanz sollte am Allerheiligentag 1414 zusammentreten und nicht nur über die in Pisa (1409) und Rom (1413) vertagten Reformen innerhalb der Kirche beraten, sondern sich des Schismas annehmen. Um eine realistische Chance zur Herstellung der Kircheneinheit zu wahren, verhandelte Sigismund seit Sommer 1414 auch mit den Päpsten Gregor XII. und Benedikt XIII. Es bedeutete einen Erfolg des Königs, dass beide signalisierten, Gesandte schicken zu wollen. Gregor XII. erschien dann sogar persönlich in Konstanz, da ihm seine schwindende Gefolgschaft keine andere Wahl ließ. Als das Konzil am 5. November 1414 seine Arbeit aufnahm, fehlte also nur Benedikt XIII.

Haec sancta

Sigismund fand sich am Weihnachtstag 1414 in Konstanz ein und nahm monatelang an den Generalsessionen teil. Als römischer König beanspruchte er faktisch die Leitung des Konzils, sah er sich doch als *defensor ecclesiae* und *protector concilii*. Als Johannes XXIII. aus Angst, abgesetzt zu werden, aus Konstanz floh, gefährdete dies die Fortsetzung des Konzils. Das diplomatische Geschick Sigismunds verhinderte indessen die Abreise der Konzilsväter. Aus seinem Exil beim Herzog von Österreich heraus versuchte Johannes XXIII., das Konzil 1415 aufzulösen. Doch die Konzilsväter kamen ihm zuvor und beschlossen am 6. April 1415 auf Anregung des gelehrten Kardinals Wilhelm Fillastres das Superioritätsdekret *Haec sancta*, wonach ein allgemeines Konzil in allen Fragen des Glaubens, der Reform und der Kircheneinheit jedermann und selbst dem Papst übergeordnet sei. – Mancher Kardinal hatte Bedenken gegenüber *Haec sancta*, vor allem der Florentiner Franciscus Zabarella. 1416 plädierte Pierre d'Ailly in seinem *Tractatus de ecclesiae auctoritate* dafür, dass das Kardinalskollegium das Problem des Schismas lösen müsse. Trotz einiger Bedenken, war aber bereits mit *Haec sancta* der Weg frei, Johannes XXIII. den Prozess zu machen. Am 29. Mai 1415 wurde er gefangen nach Konstanz zurückgebracht und als Simonist und Schismatiker abgesetzt.

Frequens

Im Juli 1415 verzichtete Gregor XII. auf sein Amt, doch weder das Konzil noch Sigismund konnten Benedikt XIII. zur Abdankung überreden. Er wurde am 26. Juli 1417 für abgesetzt erklärt, ohne diese Entscheidung bis zu seinem Tode 1423 zu akzeptieren. Nun wollte Sigismund sich eigentlich zunächst den Fragen der Kirchenreform zuwenden, konnte aber überzeugt werden, dass die Papstwahl nicht länger aufgeschoben werden dürfe. Nachdem am 9. Oktober 1417 das den königlichen Wünschen entsprechende, aber schon den Keim für eine weitere schwere Krise des Papsttums in sich tragende Dekret *Frequens* verabschiedet worden war, wonach der neue Papst verpflichtet sei, in festgelegten, regelmäßigen Abständen der Kirchenreform dienende Konzilien einzuberufen, stimmte auch Sigismund einer Papstneuwahl zu. Zudem wurde in dem Dekret *Si vero* klar geregelt, dass im Falle einer neuerlichen Doppelwahl eine Kirchenversammlung einzuberufen sei, an der alle weltlichen Fürsten teilzunehmen hätten, um die Einheit wiederherzustellen. Gescheitert war Sigismund indessen mit seinem Vorstoß, die *plenitudo potestatis* des Papstes durch einen Amtseid einzuschränken.

Papst Martin V.

Am 11. November 1417 wurde Odo Colonna gewählt, der sich Martin V. (1417–1431) nannte und von nun an das Konzil leitete, wodurch der Einfluss Sigismunds auf den Konzilsfortgang erheblich reduziert wurde; ihm fielen fortan nur noch repräsentative Aufgaben zu. Lediglich in der Frage der *causa unionis,* der Überwindung des Schismas, war das Konstanzer Konzil ein Erfolg, nicht hingegen in der *causa reformationis,* der innerkirchlichen Reform. In der Frage der *causa fidei,* der Ketzerbekämpfung, kam es zur Katastrophe, als der Wortführer der böhmischen Reformbewegung Johannes Hus 1415 auf dem Scheiterhaufen verbrannt wurde, wodurch die Bewegung nicht etwa ins Stocken geriet, sondern ungeahnte Dimensionen annahm. Die folgenden Hussitenkriege offenbarten in drastischer Weise die Schwäche des deutschen Königs.

Ende des Konzils von Konstanz

Am 22. April 1418 vertagte sich das Konzil von Konstanz auf die in *Frequens* beschlossene Versammlung in fünf Jahren. Dass Martin V. aber nicht gewillt war, den Konziliarismus zu unterstützen, zeigte sich unmissverständlich, als er noch in Konstanz die Appellation an ein Konzil ausdrücklich verbot.

An *Frequens* hielt sich der Papst indessen und berief 1423 turnusgemäß ein Konzil nach Pavia ein, das aber wegen des Ausbruchs einer Seuche eiligst nach Siena verlegt werden musste. Als die Diskussionsgegenstände sich gegen das Papsttum zu richten begannen, löste Martin V. das Konzil am 7. März 1424 auf und widmete sich lieber seinem politischen Großprojekt, der Wiederherstellung des Kirchenstaates und der Wiederbelebung des Papsttums in den Formen des 13. und 14. Jahrhunderts.

Einberufung des Konzils von Basel

Das nächste Konzil wurde pünktlich zum 23. Juli 1431 nach Basel einberufen, indessen nicht mehr von Martin V., sondern von dessen Nachfolger Eugen IV. (1431–1439, † 1447) eröffnet, der es wegen des geringen Besuchs und seines Misstrauens gegenüber dem Konzil rasch wieder schließen wollte. Aber die Konzilsväter beachteten die päpstliche Anweisung nicht und erlangten auch deshalb breite Anerkennung, weil es ihnen gelang, endlich die Hussiten zu befrieden und ein tragfähiges Vertragswerk auf den Weg zu bringen. 1432 musste sich Eugen IV. beugen und die Auflösung des Konzils offiziell rückgängig machen.

Das Interesse Sigismunds an dem neuerlichen Konzil war ungebrochen,

Rolle Sigismunds auf dem Konzil von Basel

doch gelang es ihm nicht, noch einmal eine so dominante Rolle zu spielen wie in den Konstanzer Anfangsjahren, vor allem weil es in Frankreich mit Hilfe Jeanne d'Arcs gelang, eine militärische Wende im Hundertjährigen Krieg herbeizuführen und die innere Krise zu überwinden.

Kaiserkrönung Sigismunds

Wenigstens konnte Sigismund nun nach vielen Anläufen endlich nach Rom zur Kaiserkrönung ziehen. Im Herbst 1431 überquerte er die Alpen in südlicher Richtung, doch sein Zug geriet im Juli 1432 in Siena ins Stocken. Hauptgrund für die neuerliche, gut neun Monate währende Verzögerung waren Streitigkeiten zwischen Eugen IV. und dem Konzil. Sigismund konnte nur mit größter Vorsicht intervenieren, durfte er doch keine der Streitparteien brüskieren, da er einerseits das Konzil dringend zur Klärung der Hussitenprobleme und andererseits den Papst für die Kaiserkrönung benötigte. Am Pfingstsonntag, den 31. Mai 1433, war es endlich so weit und Sigismund konnte die Kaiserkrone in Rom entgegennehmen. Die Zeremonie wurde mit aller Pracht begangen, war es doch mittlerweile fast 200 Jahre her, dass ein Papst in Rom einen Kaiser gekrönt hatte. Zum Dank vermittelte Sigismund nun seinerseits zugunsten Eugens IV. beim Konzil.

In Italien hat sich Sigismund nach seiner Kaiserkrönung nicht mehr aufgehalten, sondern er eilte zurück nach Norden. Im Oktober 1433 war er schon wieder in Basel, wo er sich mehrere Monate auf dem Konzil aufhielt; im Mai 1434 reiste er ab. Obwohl er sich noch immer als Beschützer des Konzils stilisierte, ließ sich der Kaiser auf den Sitzungen vertreten; er war 66 Jahre alt, gesundheitlich schwer gezeichnet und scheute die mühevollen Reisen nach Basel. Am 9. Dezember 1437 ist Sigismund in Znaim in Südmähren gestorben.

Obwohl das Konstanzer Konzil Sigismund noch einmal die Bühne bot für den glanzvollen Auftritt des römischen Königs als *defensor ecclesiae* und *defensor concilii*, wurde doch deutlich, dass ihm diese Rolle auch wegen der inneren Schwäche Frankreichs zugefallen war. Die Alleinvertretung des Schutzes der Kirche durch den römisch-deutschen König und zukünftigen Kaiser war nur noch ideologisch, aber nicht mehr faktisch aufrechtzuerhalten.

Die Nachfolge Kaiser Sigismunds

Sigismunds Nachfolger wurde wunschgemäß sein Schwiegersohn Albrecht V. von Österreich, der sowohl in Ungarn als auch in Böhmen und im Reich zum König gewählt wurde, sich aber den gleichen strukturellen Problemen gegenübersah wie sein Schwiegervater. Da der König mit politischen Schwierigkeiten überhäuft war, gelangten die Kurfürsten zu immer größerem Einfluss und vertraten das Reich selbständig gegenüber dem Konzil und dem mit diesem streitenden Papst. Der Konflikt der Konzilsväter mit Eugen IV. warf die Frage auf, ob und in welchem Umfang die Konzilsdekrete anzuerkennen und umzusetzen seien. In Frankreich klärte Karl VII. diese Problematik in der Pragmatischen Sanktion von Bourges (7. August 1438), indem er diejenigen Dekrete sammelte, die seinen politischen Intentionen entsprachen und die Sammlung dann als königliches Gesetz erließ. Im Reich bot sich diese Lösung nicht an, vielmehr legten die Kurfürsten in der Mainzer Akzeptanz fest, dass sie 26 Dekrete so lange befolgen wollten, bis ein unbestritten legitimes Konzil sie bestätigen oder verwerfen würde. Damit war aber wieder keine dauerhafte Lösung erreicht, sondern nur ein neues Provisorium geschaffen worden.

Die Verlegung des Konzils 1437 durch Eugen IV. nach Ferrara und die dort durch das Dekret *Laetentur coeli* 1439 geschlossene Union mit den Griechen wurden zwar wahrgenommen, erfolgten aber ohne nennenswerte Beteiligung des deutschen Königs. Auch das Faktum, dass seit 1437 zwei Konzilien tagten, da die Mehrheit der Konzilsväter in Basel geblieben war und man sich somit eigentlich in einem Konzilsschisma (Bernhard Schimmelpfennig) befand, bewog König Albrecht nicht zum Eingreifen. Da die politische Lage in Böhmen und Ungarn seine ständige Präsenz vor Ort erforderte, erfolgte auch die Absetzung Papst Eugens IV. am 25. Juni 1439 durch das Konzil ohne sein aktives Zutun. Die Wahl Felix' V. (Herzog Amadeus VIII. von Savoyen, 1439–1449, † 1451) am 5. November des gleichen Jahres erlebte der König nicht mehr, er starb am 27. Oktober 1439 an der Ruhr.

Verlegung des Konzils nach Ferrara

Sein Nachfolger wurde Friedrich III., der in den 53 Jahren seiner Amtszeit den Aufstieg der Habsburger begründete und festigte und der als letzter deutscher König die Kaiserkrone in Rom empfing.

Friedrich III.

Dem Basler Konzil wurden der Dauerstreit mit Eugen IV. und die Querelen mit konkurrierenden Konzilien in Ferrara und Florenz zum Verhängnis. Die Herrscher in Europa nutzten die Differenzen, um ihre politischen Interessen mit Hilfe einer der beiden Streitparteien durchzusetzen, und das eigentliche Konzilsgeschäft, die Reform der Kirche, geriet vollends ins Stocken. Friedrich III. tendierte von Anfang an zu Eugen IV., hielt sich aber aus Rücksicht auf die Reichsfürsten zurück, da diese überwiegend dem Konzil zuneigten. 1446 ergriff er aber die günstige Gelegenheit, sich vertraglich von Eugen IV. weitgehende Zugeständnisse hinsichtlich der Bischofserhebungen innerhalb der habsburgischen Erblande zusichern zu lassen. Damit wurde er zum Vorbild für die Kurfürsten, die ihrerseits vergleichbare Verträge mit dem Papst aushandelten. 1448 erwirkte Friedrich III. das Wiener Konkordat, das für das ganze Reich nördlich der Alpen gelten sollte und das die Rechte des Papsttums hinsichtlich der Pfründenvergabe im Reich definierte und zugleich erheblich beschnitt. Im Grunde regelte das Wiener Konkordat die Beziehungen zwischen der Reichskirche und dem Papsttum bis zum Ende des Alten Reiches. Durch das Konkordat verschob sich der Einfluss auf die Reichskirche zugunsten des Königs, der dank seiner sehr guten Kontakte zum römischen Papst weitere Meilensteine in seiner Kirchenpolitik zu setzen vermochte, so beispielsweise die Gründung des Bistums Wien.

Die europäischen Mächte und das zerstrittene Konzil

Das enge Miteinander von König und Papst schwächte das Basler Konzil entscheidend. Am 7. April 1449 entschloss sich Felix V. zum Rücktritt und am 25. April 1449 löste sich das Basler Konzil auf. Damit stellte der Konziliarismus keine Gefahr mehr für das Papsttum dar, nachdem er ohnehin seit der Beendigung des Schismas viel von seiner Bedeutung eingebüßt hatte.

Die Auflösung des Basler Konzils

Am Sonntag Laetare empfing Friedrich III. 1452 in Rom durch Papst Nikolaus V. (1447–1455) die Kaiserkrone mit all der Pracht, die dem sonst so verschlossenen und jeglichem Prunk abholden Habsburger fremd war. Am Tiber hat sich der neue und letzte mittelalterliche Kaiser nicht lange aufgehalten. Er eilte zurück über die Alpen, wo ihn bald die Nachricht erreichte, dass Konstantinopel in die Hände der Türken gefallen war, was zugleich das Ende des byzantinischen Kaisertums bedeutete. Damit hätte sich Friedrich III. eine ganz neue Dimension der Kaiserideologie eröffnet, die er indessen nicht ergriff. Vielmehr widmete er sich mit aller Kraft und Beharr-

Die Kaiserkrönung Friedrichs III.

lichkeit dem Ausbau seiner Erblande; ein Ziel, das sich erstmals in seinem Notizbuch aus dem Jahr 1437 unter der Abkürzung „aeiou" findet. Welches Motto er mit diesen Vokalen umreißen wollte, ist unklar. Die von der älteren Forschung favorisierte Deutung *Austriae est imperare orbi universo* (der gesamte Erdkreis ist Österreich untertan) lässt sich nicht sicher Friedrich III. zuschreiben. So sehr aber Friedrich III. alle Möglichkeiten entschieden nutzte, um seine Hausmacht auszubauen, so vergaß er darüber das Kaisertum doch nicht. Bewusst stellte er sich in die lange Reihe seiner kaiserlichen Vorgänger und instrumentalisierte die Symbolkraft des Kaisertums und seiner imperialen Legitimation zur Verdichtung seiner Macht vor allem in seinen späten Jahren. Die Universalität des Kaisertums wurde nur noch in ideologischer Hinsicht wirkmächtig, der praktische Nutzen manifestierte sich in der verdichtenden „Intensivierung der Reichspolitik" und im „Zusammenwachsen der Reichsstände", das ohne das „symbolische Kapital" des Kaisertums kaum denkbar gewesen wäre (Jörg Rogge).

Servus servorum Dei und *imperator Dei gratia* im Wandel – eine Zusammenfassung

Obwohl es streckenweise so erscheinen mag, gab es doch im Mittelalter kein andauerndes, jahrhundertelang währendes Ringen der beiden Universalgewalten um ihre theoretische Stellung zueinander, gleichsam zwischen der Entstehung des Papsttums und der Kaiserkrönung Friedrichs III. (1452). Vielmehr beherrschten zumeist politischer Alltag, faktische Machtverhältnisse und strategische Überlegungen das Zusammenspiel der beiden Kräfte. Horst Fuhrmann wies zu Recht darauf hin, dass auch nicht aus allen Handlungen der beiden Universalgewalten theoretische Lehren und Grundsätze hervorgingen, auch dann nicht, wenn die Aktionen durchaus bedeutsam waren.

Vor allem im frühen und beginnenden hohen Mittelalter erfolgte die theoretische Standortbestimmung der Universalgewalten nur ganz vereinzelt und situativ, jeweils unterbrochen von langen Phasen des politischen Tagesgeschäfts, in dem sich die Stellung von Kaisertum und Papsttum durch die Faktizität tatsächlicher Machtverhältnisse ständig neu definierte. Intensiviert wurde die Diskussion um die rechte Ordnung in der Welt erst in der Zeit der Kirchenreform und der damit verbundenen Hierarchisierung der Kirche und ihrer Zuspitzung auf ihr unumstrittenes Oberhaupt, den Papst. Gleichzeitig institutionalisierte sich die Kirche zunehmend und die Päpste emanzipierten sich vom kaiserlichen Einfluss, als sie auch andere Beschützer in Erwägung zogen. Vergleichbare Entwicklungen der Institutionalisierung und reflektierenden Selbstdefinition auf kaiserlicher Seite erfolgten ebenfalls, wenn auch mit spürbarer zeitlicher Verzögerung, da erst der Verlust an Sakralität während des Investiturstreites das Kaisertum zu legitimatorischer Herkunftsbestimmung zwang.

Im höchsten Maße effizient für die theoretische Begründung der papalen Positionen erwiesen sich der konsequente Einsatz der Schriftlichkeit sowie die sorgfältige Sammlung aller zweckdienlichen Argumente. Durch die schriftgestützte Perpetuierung der unterschiedlichen Begründungen des päpstlichen Primats innerhalb der Kirche und der Welt gelang den Nachfolgern Petri eine Kontinuität ihrer Beweisführung, wie sie das Kaisertum mangels vergleichbarer Nachschlagewerke nicht erzielen konnte. Es fällt indessen auf, dass sich beide Universalgewalten gleicher Argumente und Bibelstellen bedienten, sie jedoch zunehmend unterschiedlich auslegten, was vor allem in der gelasianischen Zweigewaltenlehre und der auf Lukas 22,35–38 basierenden Zweischwerterlehre deutlich wird. Dabei geriet das zunächst übermächtig erscheinende Kaisertum zunehmend unter legitimatorischen Begründungsdruck und wurde durch das sich immer stärker emanzipierende Papsttum zu neuen Interpretationen vor allem der Zweigewaltenlehre genötigt.

Aber auch wenn das Papsttum vielfach theoretisch besser positioniert zu sein schien als das Kaisertum, so erwiesen sich vermeintlich kurzlebige politische Niederlagen in der Rückschau doch als weitreichend und die mühsam errungene Stellung unterminierend.

Die enormen Umwälzungen im Verhältnis der beiden Universalgewalten zueinander lassen sich auch im Titel des Papstes ablesen. Bis in das 12. Jahrhundert bezeichneten sich die Päpste als *vicarius beati Petri*; seit den Tagen Innocenz' III. führten sie konsequent die Bezeichnung *vicarius Christi* und adaptierten damit einen Ehrentitel, den vormals die Kaiser geführt hatten und durch den diese ihre universale Stellung legitimatorisch begründet hatten.

Aber trotz aller Bemühungen auf beiden Seiten, das Übergewicht einer der beiden Universalgewalten nicht nur theoretisch zu begründen, sondern auch praktisch umzusetzen, blieb der Dualismus von Kaiser und Papst bis zum Ende des Mittelalters bestehen. Trotz oftmals erbitterter, sogar mit ausdrücklichem Vernichtungswillen geführter Auseinandersetzungen, vor allem in der späten Stauferzeit und unter Ludwig dem Bayern, aber auch im Spätmittelalter, als sich die Tendenz zur diplomatischen Regulierung schwerer Konflikte durchzusetzen begann, beeinflussten und bereicherten sich die beiden Universalgewalten stets gegenseitig. Das Ringen miteinander förderte die Besinnung auf die eigene Wertigkeit, die Konkretisierung tatsächlicher Herrschaftsrechte und die Konzentration auf die politische Autorität; deren theoretische Begründung trieb die Institutionalisierung auf beiden Seiten voran und führte, wenn auch zu Zeiten unfreiwillig, zu fruchtbarem Ideenaustausch und kulturellem Transfer. Formulierte die um 1160/70 in Paris entstandene *Summa Parisiensis* noch „der wahre Kaiser ist der Papst" (*ipse est verus imperator*), so hatten sich Kaisertum und Papsttum am Ende des Mittelalters doch schon sehr weit von dieser gegenseitigen Abhängigkeit befreit, ohne sich indessen ganz voneinander losgelöst zu haben.

Chronologische Liste der Kaiser des Mittelalters

Karl der Große * 747; 768 Okt. 9; imp. 800 Dez. 25; † 814 Jan. 28
Ludwig d. Fromme * 778; 781 Apr. 15; imp. 814 Jan. 28; † 840 Juni 20
Lothar I. * 795; Mitregent und imp. 817 Juni; † 855 Sept. 29
Ludwig II. * um 825; imp. 850 April; † 875 Aug. 12
Karl III. * 823 Juni 13; 876 Aug. 28; imp. 881 Febr. 12; † 888 Jan. 13
Arnulf * um 850; 887 Nov.; imp. 896 Ende Febr.; † 899 Dez. 8
Berengar I. * 850/853; imp. 915; † 924
Otto I. * 912 Nov. 23; 936 Aug. 8; imp. 962 Febr. 2; † 973 Mai 7
Otto II. * 955; 961 Mai 26; imp. 967 Dez. 25; † 983 Dez. 7
Otto III. * 980 Juni/Juli; 983 Dez. 25; imp. 996 Mai 21; † 1002 Jan. 23/24
Heinrich II. * 973 (978?) Mai 6; 1002 Juni 7; imp. 1014 Febr. 14; † 1024 Juli 13
Konrad II. * um 990; 1024 Sept. 8; imp. 1027 März 26; † 1039 Juni 4
Heinrich III. * 1017 Okt. 28; 1039 Juni 4; imp. 1046 Dez. 25; † 1056 Okt. 5
Heinrich IV. * 1050 Nov. 11; 1056 Okt. 5 (ordin. 1054 Juli 17); imp. 1084 März 31; † 1106 Aug. 7
Heinrich V. * 1086 Aug. 11; 1106 Jan. 5 (ordin. 1099 Jan. 6); imp. 1111 Apr. 13; † 1125 Mai 23
Lothar * 1075 Juni 9; 1125 Sept. 13; imp. 1133 Juni 4; † 1137 Dez. 4
Friedrich I. * um 1122; 1152 März 9; imp. 1155 Juni 18; † 1190 Juni 10
Heinrich VI. * 1165; 1169 Aug. 15; imp. 1191 Apr. 14; † 1197 Sept. 28
Otto IV. * 1175/76; 1198 Juni 9; imp. 1209 Okt. 4; † 1218 Mai 19
Friedrich II. *1196 Dez. 26; 1212 Dez. 9; imp. 1220 Nov. 22; † 1250 Dez. 13
Heinrich VII. * 1278/79; 1308 Nov. 27; imp. 1312 Juni 29; † 1313 Aug. 24
Ludwig der Bayer * 1281/82; 1314 Nov. 25; imp. 1328 Jan. 17; † 1347 Okt. 11
Karl IV. * 1316 Mai 14; 1346 Juli 11; imp. 1355 Apr. 5; † 1378 Nov. 29
Sigismund * 1368 Febr. 15; 1410 Sept. 20; imp. 1433 Mai 31; † 1437 Dez. 9
Friedrich III. *1415 Sept. 21; 1440 Apr. 6; imp. 1452 März 19; † 1493 Aug. 19

Chronologische Liste der Päpste bis zum Ende des Mittelalters

Petrus	33 – 67?
Linus	67? – 79?
Anaklet I.	79? – 91?
Clemens I.	91? – 101?
Evaristus	101? – 107?
Alexander I.	107? – 116?
Sixtus I.	116? – 125?
Telesphorus	125? – 138?
Hyginus	138? – 142?
Pius I.	142? – 155?
Anicetus	155? – 166?
Soter	166? – 174?
Eleutherus	174? – 189?
Viktor I.	189? – 198?
Zephyrinus	198? – 217?
Calixtus	217? – 222
Hippolyt	217? – 235 Gegenpapst
Urban I.	222 – 230
Pontianus	230 – 235
Anterus	235 – 236
Fabianus	236 – 250
Cornelius	251 – 253
Novatian	251 – um 258? Gegenpapst
Lucius I.	253 – 254
Stephan I.	254 – 257
Sixtus II.	257 – 258
Dionysius	259? – 268?
Felix I.	268? – 274?
Eutychianus	274? – 282?
Cajus	282? – 295?
Marcellinus	296? – 304
Marcellus I.	307? – 309?
Eusebius	309? – 310?
Miltiades	311 – 314
Silvester I.	314 – 335
Marcus	336
Julius I.	337 – 352
Liberius	352 – 366
Felix II.	355 – 358 Gegenpapst
Damasus I.	366 – 384
Ursinus	366 – 367 Gegenpapst
Siricius	384 – 399
Anastasius I.	399 – 402
Innocenz I.	402 Dez. 21 – 417 März 12
Zosimus	417 März 18 – 418 Dez. 26
Bonifatius I.	418 Dez. 29 – 422 Sept. 4
Eulalius	418 – 419 Gegenpapst
Coelestin I.	422 Sept. 10 – 432 Juli 27
Sixtus III.	432 Juli 31 – 440 Aug. 19
Leo I. d. Große	440 Sept. 29 – 461 Nov. 10
Hilarius	461 Nov. 19 – 468 Febr. 29
Simplicius	468 März 3 – 483 März 10
Felix II. (III.)	483 März 13 – 492 März 1
Gelasius I.	492 März 1 – 496 Nov. 19
Anastasius II.	496 Nov. 24 – 498 Nov. 17
Symmachus	498 Nov. 22 – 514 Juli 19
Laurentius	498 – 506 Gegenpapst
Hormisdas	514 Juli 20 – 523 Aug. 6
Johannes I.	523 Aug. 13 – 526 Mai 18
Felix III. (IV.)	526 Juli 12 – 530 Sept. 22
Dioskus	530 Gegenpapst
Bonifatius II.	530 Sept. 22 – 532 Okt. 17
Johannes II.	533 Jan. 2 – 535 Mai 8
Agapet I.	535 Mai – 536 Apr. 22
Silverius	536 Juni [Aug.?] 1 – 537 [März?] 11
Vigilius	537 Gegenpapst
Vigilius	537 März 29 – 555 Juni 7
Pelagius I.	556 Apr. 16 – 561 März 3
Johannes III.	561 Juli 17 – 574 Juli 13
Benedikt I.	575 Juni 2 – 579 Juli 30
Pelagius II.	579 – 590 Febr. 7
Gregor I., d. Große	* um 540; 590 Sept. 3 – 604 März 12
Sabinianus	604 Sept. 13 – 606 Febr. 22
Bonifatius III.	607 Febr. 19 – 607 Nov. 12
Bonifatius IV.	608 Sept. 15 – 615 Mai 8
Adeodatus I.	615 Okt. 19 – 618 Nov. 8
Bonifatius V.	619 Dez. 23 – 625 Okt. 25
Honorius I.	625 Okt. 27/ Nov. 7 (?) – 638 Okt. 12
Severinus	640 Mai 28 – 640 Aug. 2
Johannes IV.	640 Dez. 24 – 642 Okt. 6
Theodor I.	642 Nov. 24 – 649 Mai 14
Martin I.	649 Juli 5 – 653 Juni 17
Eugen I.	654 Aug. 10 – 657 Juni 2
Vitalian	657 Juli 30 – 672 Jan. 27
Adeodatus II.	672 Apr. 11 – 676 Juni 17
Donus	676 Nov. 2 – 678 Apr. 11
Agatho	678 Juni 27 – 681 Jan. 10
Leo II.	682 – 683 Juli 3
Benedikt II.	684 Juni 26 – 685 Mai 8
Johannes V.	685 Juli 23 – 686 Aug. 2
Konon	686 Okt. 21 – 687 Sept. 21
Sergius I.	687 Dez. 15 – 701 Sept. 8
Theodos II.	687 Gegenpapst

Paschalis I.	687 – 692 Gegenpapst
Johannes VI.	701 Okt. 30 – 705 Jan. 11
Johannes VII.	705 März 1 – 707 Okt. 18
Sisinnius	708 Jan. 15 – 708 Febr. 4
Konstantin I.	708 März 25 – 715 Apr. 9
Gregor II.	715 Mai 19 – 731 Febr. 11
Gregor III.	731 März 18 – 741 Nov. 28
Zacharias	741 Dez. 3 – 752 März 15
Stephan (II.)	752
Stephan II. (III.)	752 März – 757 Apr. 26
Paul I.	757 Mai 29 – 767 Juni 28
Konstantin II.	767 – 768 Gegenpapst
Philipp	768 Gegenpapst
Stephan III. (IV.)	768 Aug. 7 – 772 Jan. 24
Hadrian I.	772 Febr. 1; cons. Febr. 9 – 795 Dez. 25
Leo III.	795 Dez. 26; cons. Dez. 27 – 816 Juni 12
Stephan IV. (V.)	816 Juni 22 – 817 Jan. 24
Paschalis I.	817 Jan. 25 – 824 Febr. 11
Eugen II.	824 vor Juni 6 – 827 Aug. 17
Valentin	827 Aug. – 827 Sept.
Gregor IV.	827 Dez.; cons. 828 Jan. 5 – 844 Jan. 25
Sergius II.	844 Jan. – 847 Jan. 27
Johannes	844 Gegenpapst
Leo IV.	847 Apr. 10 – 855 Juli 17
Benedikt III.	855 Juli 17; cons. Sept. 29 – 858 Apr. 7
Anastasius	855 Gegenpapst
Nikolaus I.	858 Apr. 24 – 867 Nov. 13
Hadrian II.	867 Dez. 14 – 872 Nov./Dez.
Johannes VIII.	872 Dez. 14 – 882 Dez. 15
Marinus I.	882 Dez. 28 – 884 Mai 15
Hadrian III.	884 Mai 17 – 885 Sept.
Stephan V. (VI.)	885 Sept. – 891 Sept. 14
Formosus	891 Sept. 19 – 896 Apr. 4
Bonifatius VI.	896 Apr.
Stephan VI. (VII.)	896 Mai – 897 Aug.
Romanus	897 Ende Juli/Anf. Aug. – 897 Ende Nov.
Theodorus II.	897 Dez.
Johannes IX.	898 Apr. – 900 Mai
Sergius III.	898 Gegenpapst
Benedikt IV.	900 Mai – 903 Aug.
Leo V.	903 Aug. – 903 Sept.
Christophorus	903 – 904 Jan. Gegenpapst
Sergius III.	897 Nov./Dez.; cons. 904 Jan. 29 – 911 Apr. 14
Anastasius III.	911 [Apr.?] – 913 Juni (?)
Lando	913 Aug. – 914 März
Johannes X.	914 März – 928 Juni (abgesetzt); † 929
Leo VI.	928 Juni – 929 Febr.
Stephan VII. (VIII.)	929 Jan.? – 931 Febr.

Johannes XI.	931 März – 936 Jan.
Leo VII.	936 – 939 Juli 13
Stephan VIII. (IX.)	939 Juli 14 – 942 Okt.
Marinus II.	942 Okt. 30 – 946 Apr.
Agapet II.	946 Mai 10 – 955 Dez.
Johannes XII.	* um 937; 955 Dez. 16 – 964 Mai 14
Leo VIII.	963 Dez. 4 – 965 März
Benedikt V.	964 Mai/Juni – 964 Juni (abgesetzt); † 965/66 Juli 4
Johannes XIII.	965 Okt. 1 – 972 Sept. 6
Benedikt VI.	973 Jan. 19 – 974 Juli
Benedikt VII.	974 Okt. – 983 Juli 10
Johannes XIV.	983 Sept. – 984 Aug. 20
Bonifaz VII.	974 Ende Juni; vertrieben Aug.; 984 – 985 Ende Juli
Johannes XV.	985 Aug. – 996 März
Gregor V.	* um 969/972; 996 Mai 3 – 999 Febr. 18 (?)
Johannes XVI.	997 Mai – 998 März (abgesetzt); Gegenpapst; † 1001
Silvester II.	* um 940/50; 999 Apr. 9 – 1003 Mai 12
Johannes XVII.	1003 Mai 16 – 1003 Nov. 6
Johannes XVIII.	1003 Dez. 25 – 1009 Juni
Sergius IV.	1009 Juli 31 – 1012 Mai 12
Benedikt VIII.	1012 Mai 17 – 1024 Apr. 9
Gregor VI.	1012 Gegenpapst
Johannes XIX.	1024 Apr. – 1032 Okt. 20
Benedikt IX.	1032 Nov. 12 – 1045 Mai 1 (resigniert); 1047 Nov. 8 – 1048 Juli 16; † 1055
Silvester III.	1045 Jan. 21 – 1046 Dez. 20 (abgesetzt); Gegenpapst; † 1062/63
Gregor VI.	1045 Mai 1 – 1046 Dez. 20 (abgesetzt); † ca. Nov. 1047
Clemens II.	1046 Dez. 24; cons. Dez. 25 – 1047 Okt. 9
Benedikt IX.	1047 Nov. 8 – 1048 Juli 16 (vertrieben)
Damasus II.	1047 Dez. 25; cons. 1048 Juli 17 – 1048 Aug. 9
Leo IX.	* 1002; 1048 Dez.; cons. 1049 Febr. 12 – 1054 Apr. 19
Viktor II.	* um 1020; 1055 Apr. 13 – 1057 Juli 28
Stephan IX. (X.)	1057 Aug. 3 – 1058 März 29
Benedikt X.	1058 Apr. 5 – 1060 Apr. (abgesetzt); † nach 1073
Nikolaus II.	1058 Dez.; cons. 1059 Jan. 24 – 1061 Juli 27

Alexander II.	* um 1010/15; 1061 Sept. 30/Okt. 1 – 1073 Apr. 21
Honorius II.	1061 Okt. 28 – 1064 Mai 31 (abgesetzt) Gegenpapst
Gregor VII.	* um 1020/25; 1073 Apr. 22 – 1085 Mai 25
Clemens III.	* um 1020/30; 1080 Juni 25; cons. 1084 März 24 – 1100 Sept. 8
Viktor III.	* um 1027; 1086 Mai 24; cons. 1087 Mai 9 – 1087 Sept. 16
Urban II.	* um 1035; 1088 März 12 – 1099 Juli 29
Paschalis II.	1099 Aug. 13; cons. Aug. 14 – 1118 Jan. 21
Theodoricus	1100 Gegenpapst
Albertus	1102 Gegenpapst
Silvester IV.	1105 Nov. 18 – 1111 Apr. 12; Gegenpapst
Gelasius II.	1118 Jan. 24; cons. März 10 – 1119 Jan. 29
Gregor VIII.	1118 März 8 – 1121 (abgesetzt) Gegenpapst
Calixt II.	1119 Febr. 2; cons. Febr. 9 – 1124 Dez. 14
Coelestin II.	1124 Gegenpapst
Honorius II.	1124 Dez. 16; cons. Dez. 21 – 1130 Febr. 13
Innocenz II.	1130 Febr. 14 – 1143 Sept. 24
Anaklet II.	1130 Febr. 14; cons. Febr. 23 – 1138 Jan. 25; Gegenpapst
Viktor IV.	1138 März – 1139 Mai 29 (resigniert); Gegenpapst
Coelestin II.	1143 Sept. 26 – 1144 März 8
Lucius II.	1144 März 12 – 1145 Febr. 15
Eugen III.	1145 Febr. 15; cons. Febr. 18 – 1153 Juli 8
Anastasius IV.	1153 Juli 12 – 1154 Dez. 3
Hadrian IV.	* 1110/20; 1154 Dez. 4; cons. Dez. 5 – 1159 Sept. 1
Alexander III.	1159 Sept. 7; cons. Sept. 20 – 1181 Aug. 30
Viktor IV.	1159 Sept. 7; cons. Okt. 4 – 1164 Apr. 20; Gegenpapst
Paschalis III.	1164 Apr. 22; cons. Apr. 26 – 1168 Sept. 20; Gegenpapst
Calixt III.	1168 Sept. – 1178 Aug. 29 (resigniert); Gegenpapst
Innocenz III.	1179 Sept. 29 – 1180 Jan.; Gegenpapst
Lucius III.	1181 Sept. 1; cons. Sept. 6 – 1185 Nov. 25
Urban III.	1185 Nov. 25; cons. Dez. 1 – 1187 Okt. 20
Gregor VIII.	1187 Okt. 21; cons. Okt. 25 – 1187 Dez. 17
Clemens III.	1187 Dez. 19; cons. Dez. 20 – 1191 März 28
Coelestin III.	* um 1105/06; 1191 März 30; cons. Apr. 10 – 1198 Jan. 8
Innocenz III.	* 1160/61; 1198 Jan. 8; cons. Febr. 22 – 1216 Juli 16
Honorius III.	* vor 1160; 1216 Juli 18; cons. Juli 24 – 1227 März 18
Gregor IX.	* kurz vor 1170; 1227 März 19; cons. März 21 – 1241 Aug. 21
Coelestin IV.	1241 Okt. 25; cons. Okt. 27 – 1241 Nov. 10
Innocenz IV.	* um 1195 (1180/90?); 1243 Juni 25; cons. Juni 28 – 1254 Dez. 7
Alexander IV.	1254 Dez. 12; cons. Dez. 20 – 1261 Mai 25
Urban IV.	* um 1200; 1261 Aug. 29; cons. Sept. 4 – 1264 Okt. 2
Clemens IV.	* um 1200; 1265 Febr. 5; cons. Febr. 22 – 1268 Nov. 29
Gregor X.	* um 1210; 1271 Sept. 1; cons. 1272 März 27 – 1276 Jan. 10
Innocenz V.	* um 1224; 1276 Jan. 21; cons. Febr. 22 – 1276 Juni 22
Hadrian V.	* um 1220; 1276 Juli 11 – 1276 Aug. 18
Johannes XXI.	* nach 1210; 1276 Sept. 15/16 – 1277 Mai 20
Nikolaus III.	* 1212/1216; 1277 Nov. 25; cons. Dez. 26 – 1280 Aug. 22
Martin IV.	1281 Febr. 22; cons. März 23 – 1285 März 28
Honorius IV.	* um 1210; 1285 Apr. 2; cons. Mai 20 – 1287 Apr. 3
Nikolaus IV.	* 1227 Sept. 30; 1288 Febr. 15; cons. Febr. 22 – 1292 Apr. 4
Coelestin V.	* 1209/10; 1294 Juli 5; cons. Aug. 29 – 1294 Dez. 13 (resigniert); † 1296 Mai 19
Bonifaz VIII.	* um 1235; 1294 Dez. 24; cons. 1295 Jan. 23 – 1303 Okt. 11
Benedikt XI.	* 1240; 1303 Okt. 22; cons. Okt. 27 – 1304 Juli 7

In Avignon seit 1309

Clemens V.	* wohl um 1250; 1305 Juni 5; cons. Nov. 14 – 1314 Apr. 20
Johannes XXII.	* ca. 1244; 1316 Aug. 7; cons. Sept. 3 – 1334 Dez. 4
Nikolaus V.	1328 Mai 12; cons. Mai 15 – 1330 Juli 25 (resigniert); verst. 1333 Okt. 16; Gegenpapst
Benedikt XII.	* um 1285; 1334 Dez. 20; cons. 1335 Jan. 8 – 1342 Apr. 25
Clemens VI.	* 1290/91; 1342 Mai 7; cons. Mai 19 – 1352 Dez. 6
Innocenz VI.	* 1282; 1352 Dez. 18; cons. Dez. 30 – 1362 Sept. 12
Urban V.	* um 1310; 1362 Sept. 28; cons. Nov. 6 – 1370 Dez. 19
Gregor XI.	* 1329/30; 1370 Dez. 30; cons. 1371 – 1378 März 27
Clemens VII.	* 1342; 1378 Sept. 20; cons. Okt. 31 – 1394 Sept. 16
Benedikt XIII.	* ca. 1327; 1394 Sept. 28; cons. Okt. 11; 1409 Juni 5 (abgesetzt; Konzil v. Pisa), 1417 Juli 26 (abgesetzt; Konzil von Konstanz), † wohl 1423 Mai 23

In Rom

Urban VI.	* 1328; 1378 April 8; cons. Apr. 18 – 1389 Okt. 15
Bonifaz IX.	* um 1350; 1389 Nov. 2; cons. Nov. 9 – 1404 Okt. 1
Innocenz VII.	* um 1336; 1404 Okt. 17; cons. Nov. 11 – 1406 Nov. 6
Gregor XII.	* vor 1335; 1406 Nov. 30; cons. Dez. 19 – 1409 Juni 5 (abgesetzt; Konzil v. Pisa), 1415 Juli 4 (entsagt); † 1417 Okt. 18

In Pisa

Alexander V.	* um 1340; 1409 Juni 26; cons. Juli 7 – 1410 Mai 3
Johannes XXIII.	* um 1360; 1410 Mai 15; cons. Mai 25 – 1415 Mai 29 (abgesetzt; Konzil v. Konstanz); † 1419 Dez. 27

In Rom

Martin V.	* 1368; 1417 Nov. 11; cons. Nov. 21 – 1431 Febr. 20
Clemens VIII.	1424 Gegenpapst; nicht anerkannt, † 1429 Juli 26
Eugen IV.	* 1383; 1431 März 3; cons. März 12 – 1439 Juni 25 (abgesetzt; Konzil v. Basel), † 1447 Febr. 23
Felix V.	* 1383 Sept: 4; 1439 Nov. 5; cons. 1440 Juli 24 – 1149 April 7 (resigniert); Gegenpapst; † 1451 Jan. 7
Nikolaus V.	* 1397 Nov. 15; 1447 März 6; cons. März 19 – 1455 März 24/25
Calixt III.	* 1378 Dez. 31; 1455 Apr. 8; cons. Apr. 20 – 1458 Aug. 6
Pius II.	* 1405 Okt. 18; 1458 Aug. 18; cons. Sept. 3 – 1464 Aug. 14
Paul II.	* 1418 Febr. 23; 1464 Aug. 30; cons. Sept. 16 – 1471 Juli 26
Sixtus IV.	* 1414 Juli 21; 1471 Aug. 9; cons. Aug. 25 – 1484 Aug. 12
Innocenz VIII.	* 1432; 1484 Aug. 29; cons. Sept. 12 – 1492 Juli 25
Alexander VI.	*1431 (1432?) Jan. 1; 1492 Aug. 11; cons. Aug. 26 – 1503 Aug. 18

Auswahlbibliographie

Quellen

Acta imperii inedita saeculi XIII et XIV. Urkunden und Briefe zur Geschichte des Kaiserreiches und des Königreichs Sizilien, ed. E. Winkelmann, Bd. 1: In den Jahren 1198 bis 1273, Innsbruck 1880, Bd. 2: In den Jahren 1200 bis 1400, Innsbruck 1885

Acta imperii selecta. Urkunden deutscher Könige und Kaiser 928–1398 mit einem Anhang von Reichssachen. Gesammelt von Johann Friedrich Böhmer, aus dem Nachlaß von Julius Ficker, Innsbruck 1870

Alcvini sive Albini epistolae, in: Epistolae Karolini aevi, hg. v. E. Dümmler – K. Hampe (Monumenta Germaniae Historica, Epistolae IV) 1898–1899

Annales regni Francorum, hg. v. F. Kurze, Monumenta Germaniae Historica, Scriptores rerum Germanicarum in usum scholarum [6], 1895 (ND 1950) Übersetzt in: Quellen zur Karolingischen Reichsgeschichte, hg. v. R. Rau (Freiherr vom Stein-Gedächtnisausgabe V/1), Darmstadt 1955, S. 9–155

Baluze, E., Epistolarium Innocentii III Romani pontificis libri undecim, I–II, Parisiis 1682

Caspar, E., Das Register Gregors VII., MGH Epistolae selectae tom. II, Berlin 1920–1922, 2. unv. Aufl. Berlin 1955

Berger, É., Registres d'Innocent IV, 4 Bde., Paris 1884–1921

Alexander von Roes, Schriften, ed. Herbert Grundmann – Hermann Heimpel, Stuttgart 1958 (MGH Staatsschriften des späten Mittelalters Bd. 1,1)

Bourel de la Roncière, C. – De Loye, J. – De Cénival, P. – Coulon, A., Les registres d'Alexandre IV, 3 Bde., Paris 1895–1959

Das Constitutum Constantini, ed. H. Fuhrmann, MGH Fontes iuris 10, Hannover 1968

Documenti tratti dai Registri Vaticani (da Innocenzo III a Nicola IV), ed. D. Vendola, Trani 1940

Dölger, F., Regesten der Kaiserurkunden des oströmischen Reiches von 565–1453, Teil 2, München–-Berlin 1925, bearb. v. P. Wirth, 2. Aufl. München 1995

Duchesne, L. – Vogel, C. (Hgg.), Le Liber Pontificalis, 3 Bde., 2. Aufl., Paris 1955–1957

Epistolae saeculi XIII e regestis pontificum Romanorum selectae per Georg Heinrich Pertz, ed. C. Rodenberg (MGH Epp. Saec. XIII, 1), Berlin 1863

Friedberg, E., Decretum magistri Gratiani, Leipzig 1879 (ND Graz 1959)

Grandjean, Ch., Les registres de Benoît XI, Paris 1883–1905

Guiraud, J. – Clémencet, S., Les registres d' Urbain IV, 4 Bde., Paris 1899–1958

Hageneder, O. – Haidacher, A., Die Register Innocenz III., 1. Pontifikatsjahr 1198/99, Texte, Graz–-Köln 1964

Huillard-Bréholles, Jean-Louis-Alphonse, Historia diplomatica Friderici secundi sive Constitutiones, privilegia, mandata, instrumenta quae supersunt istius imperatoris et filiorum eius. Accedunt epistolae paparum et documenta varia, 12 Bde., Paris 1852–1861

Innocentius III., Regestorum sive epistolarum libri XVI, Migne PL 214–217, Paris 1889–1891

Jaffé, Ph., Regesta Pontificum Romanorum I, Leipzig 1885

Monumenta Germaniae Historica

Constitutiones et acta publica imperatorum et regum

Bd. 1 (911–1197) hg. v. Ludwig Weiland, Hannover 1893

Bd. 2 (1198–1272), hg. v. Ludwig Weiland, Hannover 1896

Bd. 3 (1273–1298), hg. v. Jakob Schwalm, Hannover–Leipzig 1904–1906

Bd. 4 (1298–1313), hg. v. Jakob Schwalm, Hannover 1906–1911

Bd. 5 (1313–1324), hg. v. Jakob Schwalm, Hannover 1909–1911

Bd. 6,1 (1325–1330), hg. v. Jakob Schwalm, Hannover 1914–1027

Bd. 6,1 (1331–1335), bearb. v. Ruth Bork und Wolfgang Eggert, Berlin 1989–2003

Bd. 8 (1345–1348), hg. v. Karl Zeumer und Richard Salomon, Hannover 1910–1926

Fontes iuris germanici antiqui

Bd. IX: Elze, R., Die Ordines für die Weihe und Krönung des Kaisers und der Kaiserin, Hannover 1960

Marsilius von Padua, Defensor Pacis, hg. v. Richard Scholz, Hannover 1932

Die Urkunden der deutschen Könige und Kaiser

Diplomata regum Germaniae ex stirpe Karolinorum

Die Urkunden Pippins, Karlmanns und Karls des Großen, bearb. v. E. Mühlbacher u. a., Hannover 1906 (ND München 1991)

Die Urkunden Ludwigs des Deutschen, Karlmanns und Ludwigs des Jüngeren, hg. v. P. Kehr, Berlin 1932–34 (ND 1980)

Die Urkunden Karls III., hg. v. P. Kehr, Berlin 1936–37 (ND 1984)

Die Urkunden Arnolfs, hg. v. P. Kehr, Berlin 1940 (ND 1988)

Die Urkunden Zwentibolds und Ludwigs des Kindes, hg. v. Th. Schieffer, Berlin 1960 (ND 2002)

Diplomata regum et imperatorum Germaniae

Bd. I: Die Urkunden Konrad I., Heinrich I. und Otto I., hg. v. Th. Sickel, Berlin 1879–1884 (ND 1997)

Bd. II/1: Die Urkunden Otto des II., hg. v. Th. Sickel, Berlin 1888 (ND 1999)

Bd. II/2: Die Urkunden Ottos des III., hg. v. Th. Sickel, Berlin 1893 (ND 1997)

Bd. III: Die Urkunden Heinrichs II. und Arduins, hg. v. H. Bresslau, H. Bloch – R. Holtzmann, Berlin 1900–1903 (ND 2001)

Bd. IV: Die Urkunden Konrads II, hg. v. H. Bresslau, Berlin 1909 (ND 2001)

Bd. V: Die Urkunden Heinrichs III., hg. v. H. Bresslau u. P. Kehr, Berlin 1926–1931 (ND. 1993)

Bd. VI: Die Urkunden Heinrichs IV., hg. v. D. v. Gladiss u. A. Gawlik, 1941/52/78

Bd. VIII: Die Urkunden Lothars III. und der Kaiserin Richenza, hg. v. E. v. Ottenthal u. H. Hirsch, Berlin 1927 (ND 1993)

Bd. IX: Die Urkunden Konrads III. und seines Sohnes Heinrich, hg. v. F. Hausmann, Berlin 1969 (ND 1987)

Bd. X/1–5: Die Urkunden Friedrichs I., hg. v. H. Appelt, Hannover 1975–1990

Bd. XI/3: Die Urkunden der Kaiserin Konstanze, hg. v. Th. Kölzer, Hannover 1990

Epistolae

Epistolae saeculi XIII e regestis pontificum Romanorum selectae, Bd. 1–3, hg. v. K. Rodenberg, Leipzig–Berlin 1883, 1887, 1894 (ND 1999, 2000, 2001)

Ottonis et Rahewini gesta Friderici I. imperatoris, ed. G. Waitz – B. v. Simson, Monumenta Germaniae Historica, Scriptores rerum Germanicarum in usum scholarum [45], Hannover–Leipzig 1912. Übersetzt: Die Taten Friedrichs, hg. v. A. Schmidt – F.-J. Schmale (Freiherr vom Stein-Gedächtnisausgabe XVII), Darmstadt 1965

Quellen zur Kirchenreform im Zeitalter der großen Konzilien des 15. Jahrhunderts. Erster Teil: Die Konzilien von Pisa (1409) und Konstanz (1414–1418), Darmstadt 1995

Regesta Honorii Papae III, ed. P. Pressutti, 2 Bde., Rom 1888–1895

Regestum Innocentii III papae super negotio Romani imperii, hg. v. F. Kempf (Miscellanea Historiae Pontificiae XII), Roma 1947

Die Sachsengeschichte des Widukind von Korvei (Widukindi monachi Corbeiensis rerum gestarum Saxonicarum libri III), hg. v. P. Hirsch – H.-E. Lohmann, Monumenta Germaniae Historica, Scriptores rerum Germanicarum in usum scholarum [60], 1935 (ND 1989) Übersetzt in: Quellen zur Geschichte der sächsischen Kaiserzeit, hg. v. A. Bauer – R. Rau (Freiherr vom Stein-Gedächtnisausgabe VIII), Darmstadt 1977

Vogel, C. – Elze, R., Le Pontifical romano-germanique du duxième siècle. Le texte I, Città del Vaticano 1963

Weiß, St., Die Urkunden der päpstlichen Legaten von Leo IX. bis Coelestin III. (1049–1198), Köln u. a. 1995

Literatur

Althoff, G., Heinrich IV., Darmstadt 2006

Althoff, G., Die Macht der Rituale. Symbolik und Herrschaft im Mittelalter, Darmstadt 2003

Althoff, G., Spielregeln der Politik im Mittelalter. Kommunikation in Frieden und Fehde, Darmstadt 1997

Angenendt, A., Kaiserherrschaft und Königstaufe. Kaiser, Könige und Päpste als geistliche Patrone in der abendländischen Missionsgeschichte, Berlin 1984

Anton, H. H., Der sogenannte Traktat „De ordine pontifice". Ein Rechtsgutachten in Zusammenhang mit der Synode von Sutri 81046), Bonn 1982

Appelt, H., Die Papstwahlordnung des III. Laterankonzils (1179), in: Ecclesia peregrinans, FS J. Lenzenweger, Wien 1986, S. 95–102

Aufbruch ins zweite Jahrtausend. Innovation und Kontinuität in der Mitte des Mittelalters, hg. v. A. Hubel – B. Schneidmüller, Ostfildern 2004

Baethgen, F., Zur Geschichte der Weltherrschaftsidee im späteren Mittelalter, in: FS P. E. Schramm, Bd. 1, 1964, S. 189–203

Baumgärtner, I., Rombeherrschung und Romerneuerung. Die römische Kommune im 12. Jahrhundert, in: QFIAB 69, 1989, S. 27–79

Becker, A., Papst Urban II. (1088–1099) (Schriften der MGH 19/1–2), Stuttgart 1964

Becker, H.-J., Das Mandat „Fidem catholicam" Ludwigs des Bayern von 1338, in: DA 26, 1970, S. 454–512

Berg, D., Staufische Herrschaftsideologie und Mendikantenspiritualität, Wissenschaft und Weisheit 51, 1988, S. 26–51, 185–209

Beumann, H., Das imperiale Königtum im 10. Jahrhundert, in: Ders., Wissenschaft vom Mittelalter, ausgew. Aufsätze, Köln–Wien 1972, S. 241–254

Beumann, H., Zur Entwicklung transpersonaler Staatsvorstellungen, in: Vorträge und Forschungen 3, Lindau–Konstanz 1956, S. 185–224

Blumenthal, U.-R., Gregor VII. Papst zwischen Canossa und Kirchenreform, Darmstadt 2001

Borst, A., Der Streit um das geistliche und das weltliche Schwert, in: Staat und Kirche im Wandel der Jahrhunderte, hg. v. W. P. Fuchs, 1966, S. 34–52

Boshof, E., Die Salier, 4. akt. Aufl., Stuttgart 2000

Classen, P., Corona imperii. Die Krone als Inbegriff des römisch-deutschen Reiches im 12. Jahrhundert, in: Ders., Ausgewählte Aufsätze, hg. v. J. Fleckenstein, Sigmaringen 1983, S. 503–514

Classen, P., Karl der Große, das Papsttum und Byzanz. Die Begründung des karolingischen Kaisertums, Sigmaringen 1985

Cottrell, A., „Auctoritas" und „Potestas". A Reevaluation of the Correspondence of Gelasius I on Papal-Imperial Relations, in: Mediaeval Studies 55, 1993, S. 95–109

Cowdrey, H. E. J., Pope Gregory VII, 1073–1085, Oxford 1998

Csendes, P., Heinrich VI., Darmstadt 1993

Dempf, A., Sacrum Imperium. Geschichts- und Staatsphilosophie des Mittelalters und der politischen Renaissance, 1929, 3. Aufl. 1962

Dünnebeil, S., Außenpolitisches Handeln im ausgehenden Mittelalter: Akteure und Ziele, Wien 2007

Ecclesia et regnum, FS F.-J. Schmale, Bochum 1989, S. 21–38

Eichmann, E., Die Kaiserkrönung im Abendland. Ein Beitrag zur Geistesgeschichte des Mittelalters, 2 Bde., 1942

Elze, R. (Hg.), Päpste – Kaiser – Könige und die mittelalterliche Herrschaftssymbolik, London 1982

Engels, O., Zum Konstanzer Vertrag von 1153, in: Deus qui mutat tempora, FS A. Becker, Sigmaringen 1987, S. 235–258

Englberger, J., Gregor VII. und die Investiturfrage. Quellenkritische Studien zum angeblichen Investiturverbot von 1075, Köln–Weimar–Wien 1996

Epp, S., Konstantinszyklen in Rom. Die päpstliche Interpretation der Geschichte Konstantins des Großen bis zur Gegenreformation, München 1988

Erkens, F.-R., Herrschersakralität im Mittelalter. Von den Anfängen bis zum Investiturstreit, Stuttgart 2006

Erkens, F.-R., Konrad II. Herrschaft und Reich des ersten Salierkaisers, Regensburg 1998

Erkens, F.-R., Kurfürsten und Königswahl. Zu neuen Theorien über den Königswahlparagraphen im Sachsenspiegel und die Entstehung des Kurkollegiums, Hannover 2002

Erkens, F.-R. (Hg.), Die Sakralität von Herrschaft. Herrschaftslegitimierung im Wechsel der Zeiten und Räume, Berlin 2002

Erkens, F.-R., Sol iusticie und regis regum vicarius – Ludwig der Bayer als „Priester der Gerechtigkeit", in: Zeitschrift für bayerische Landesgeschichte 66, 2003, S. 795–818

Erkens, F.-R. (Hg.), Von Sacerdotium und Regnum.

Geistliche und weltliche Gewalt im frühen und hohen Mittelalter, FS Egon Boshof, Köln 2002
Fink, K. A., Papsttum und Kirche im abendländischen Mittelalter, 1981
Fuhrmann, H., „Der wahre Kaiser ist der Papst". Von der irdischen Gewalt im Mittelalter, in: Das antike Rom in Europa, Regensburg 1985, S. 99–121
Goez, W., Kirchenreform und Investiturstreit, 2. erw. Aufl. Stuttgart 2008
Goez, W., Translatio imperii. Ein Beitrag zur Geschichte des Geschichtsdenkens und der politischen Theorie im Mittelalter und in der frühen Neuzeit, Tübingen 1958
Görich, K., Die Ehre Friedrich Barbarossas. Kommunikation, Konflikt und politisches Handeln im 12. Jahrhundert, Darmstadt 2001
Görich, K., Otto III. Romanus Saxonicus et Italicus. Kaiserliche Rompolitik und sächsische Historiographie, Sigmaringen 1993
Gregorio Magno e il suo tempo, XIX incontro di studiosi dell' antichità cristiana in collaborazione con l'école française de Rome, Roma: 9–12 maggio 1990, 2 Bde., Roma 1991
Hack, A. T., Das Empfangszeremoniell bei mittelalterlichen Papst-Kaiser-Treffen, Köln 1999
Hageneder, O., Das Sonne-Mond-Gleichnis bei Innocenz III., in: MIÖG 65, 1957, S. 340–368
Hageneder, O., Weltherrschaft im Mittelalter, in: MIÖG 93, 1985, S. 258–278
Hägermann, D., Karl der Große. Herrscher des Abendlandes, Berlin–München 2000
Haller, J., Das Papsttum. Idee und Wirklichkeit, 5 Bde., ND 1965
Hechelhammer, B., Kreuzzug und Herrschaft unter Friedrich II. Handlungsspielräume von Kreuzzugspolitik (1215–1230) (Mittelalter-Forschungen 13), Ostfildern 2004
Hehl, E.-D., Der wohlberatene Papst. Die römische Synode Johannes XII' vom Februar 964, in: Ex ipsis rerum documentis. Festschrift für Harald Zimmermann zum 65. Geburtstag, hg. v. K. Herbers – H.-H. Kortüm – C. Servatius, Sigmaringen 1991, S. 257–275
Hehl, E.-D., Kaisertum, Rom und Papstbezug im Zeitalter Ottos I., in: Ottonische Neuanfänge, hg. v. B. Schneidmüller – St. Weinfurter, Mainz 2001, S. 213–235
Heilig – Römisch – Deutsch. Das Reich im mittelalterlichen Europa, hg. v. B. Schneidmüller, Dresden 2006
Herde, P., Ein Pamphlet der päpstlichen Kurie gegen Kaiser Friedrich II. von 1245/46 („Eger cui lena"), in: DA 23, 1967, S. 468–538
Hlavácek, I. – Patschovsky, A. (Hgg.), Reform von Kirche und Reich zur Zeit der Konzilien von Konstanz (1414–1418) und Basel (1432–1449), Konstanz 1996
Jeismann, M, Das 11. Jahrhundert – Kaiser und Papst, München 2000
Die Kaiser des Mittelalters von Karl dem Großen bis Maximilian I., hg. v. B. Schneidmüller, München 2007
Kantorowicz, E., The King's Two Bodies. A Study in Mediaeval Political Theology, 2. Aufl. Princeton 1996
Kaufhold, M. (Hg.), Politische Reflexion in der Welt des späten Mittelalters, Essays in honour of Jürgen Miethke, Leiden 2004
Keller, H., Herrscherbild und Herrschaftslegitimation. Zur Deutung der ottonischen Denkmäler, in: FMSt 19, 1985, S. 240–311
Kempf, F., Das mittelalterliche Kaisertum. Ein Deutungsversuch, in: Das Königtum. Seine geistigen und rechtlichen Grundlagen (VuF 3), Lindau–Konstanz 1956, S. 224–242
Kempf, F., Papsttum und Kaisertum bei Innocenz III. Die geistigen und rechtlichen Grundlagen seiner Thronstreitpolitik (Miscellanea Historiae Pontificiae 19), 1954
Kerner, M. (Hg.), Ideologie und Herrschaft im Mittelalter (Wege der Forschung 530), 1982
Kintzinger, M., Westbindungen im spätmittelalterlichen Europa. Auswärtige Politik zwischen dem Reich, Frankreich, Burgund und England in der Regierungszeit Kaiser Sigmunds, Stuttgart 2000
Kirk, M., „Die kaiserlose, die schreckliche Zeit." Das Interregnum im Wandel der Geschichtsschreibung vom ausgehenden 15. Jahrhundert bis zur Gegenwart, Frankfurt a. M. 2002
Koch, G., Auf dem Weg zum Sacrum Imperium. Studien zur ideologischen Herrschaftsbegründung der deutschen Zentralgewalt im 11. und 12. Jahrhundert, Wien–Köln–Graz 1972
Kölmel, W., Regimen Christianum. Wege und Ergebnisse des Gewaltenverhältnisses und des Gewaltenverständnisses (8. bis 14. Jahrhundert), 1970
Krieger, K.-F., Rudolf von Habsburg, Darmstadt 2003
Krynen, J., L'empire du roi. Idées et croyances politiques en France, XIIIe–XVe siècles, Paris 1993
Laudage, J., Otto der Große. Eine Biographie, Regensburg 2001
Leppin, V., Wilhelm von Ockham, Gelehrter, Streiter, Bettelmönch, Darmstadt 2003
Löwe, H., Dante und das Kaisertum, in: HZ 190, 1960, S. 517–552
Löwe, H., Kaisertum und Abendland in ottonischer und frühsalischer Zeit, in: HZ 196, 1963, S. 529–562
Maccarrone, M., Papato e impero dalla elezione di

Federico I alla morte die Adriano IV (1152–1159), 1959
Maccarrone, M., Ubi est papa, ibi est Roma, in: Aus Kirche und Reich, FS F. Kempf, Sigmaringen 1983, S. 371–382
Maccarrone, M., Vicarius Christi. Storia del titolo papale, 1952
Maleczek, W., Das Papsttum und die Anfänge der Universität im Mittelalter, in: RHM 27, 1985, S. 85–143
Miethke, J. – Bühler, A., Kaiser und Papst im Konflikt. Zum Verhältnis von Staat und Kirche im späten Mittelalter, Düsseldorf 1988
Miethke, J., De potestate papae. Die päpstliche Amtskompetenz im Widerstreit der politischen Theorie von Thomas von Aquin bis Wilhelm Ockham, Tübingen 2000
Miethke, J., Geschichtsprozeß und zeitgenössisches Bewußtsein – Die Theorie des monarchischen Papats im hohen und späteren Mittelalter, in: HZ 226, 1978, S. 564–599
Miethke, J., Kaiser und Papst im späten Mittelalter. Die beiden Universalgewalten im Kampf um die Vorherrschaft, im Druck
Miethke, J., Kaiser und Papst im Spätmittelalter. Zu den Ausgleichsbemühungen zwischen Ludwig dem Bayern und der Kurie in Avignon, in: ZhF 10, 1983, S. 421–446
Miethke, J., Politiktheorie im Mittelalter von Thomas von Aquin bis Wilhelm Ockham, Tübingen 2008
Miethke, J., Politisches Denken und monarchische Theorie. Das Kaisertum als supranationale Institution im späteren Mittelalter, in: Ansätze und Diskontinuität deutscher Nationsbildung im Mittelalter, hg. v. J. Ehlers, Sigmaringen 1989, S. 121–144
Millotat, P., Transpersonale Staatsvorstellungen in den Beziehungen zwischen Kirchen und Königtum der ausgehenden Salierzeit, Rheinfelden 1989
Möhring, H., Der Weltkaiser der Endzeit. Entstehung, Wandel und Wirkung einer tausendjährigen Weissagung, Stuttgart 2000
Mordek, H., Rom, Byzanz und die Franken im 8. Jahrhundert. Zur Überlieferung und kirchenpolitischen Bedeutung der Synodus Romana Papst Gregors III. vom Jahre 732, in: Person und Gemeinschaft im Mittelalter, FS K. Schmid, Sigmaringen 1988, S. 123–156
Morris, C., The Papal Monarchy. The Western Church from 1050 to 1250, Oxford 1989
Niehues, B., Geschichte des Verhältnisses zwischen Kaisertum und Papsttum im Mittelalter, 2. Aufl. Münster 1877
Ohnsorge, W., Das Mitkaisertum in der abendländischen Geschichte des frühen Mittelalters, Wiederabdruck in: Ders., Abendland und Byzanz, Darmstadt 1979, S. 261–287
Ohnsorge, W., Das Zweikaiserproblem im frühen Mittelalter, Hildesheim 1947
Ottonische Neuanfänge, hg. v. B. Schneidmüller – St. Weinfurter, Mainz 2001
Papsttum und Kirchenreform, FS G. Schwaiger, hg. v. M. Weitlauff, St. Ottilien 1990
Pauler, R., Die Auseinandersetzungen zwischen Kaiser Karl IV. und den Päpsten. Italien als Schachbrett der Diplomatie, Neuried 1996
Pennington, K., Pope and Bishops: The Papal Monarchy in the Twelfth and Thirteenth Centuries, Philadelphia 1984
Postel, V., Die Ursprünge Europas. Migration und Integration im frühen Mittelalter, Stuttgart 2004
Rodberg, B., Das zweite Konzil von Lyon (1274), Paderborn 1990
Rogge, J., Die deutschen Könige im Mittelalter. Wahl und Krönung, Darmstadt 2006
Schieffer, R., Die Karolinger, Stuttgart 1992
Schimmelpfennig, B., Das Papsttum. Von der Antike bis zur Renaissance, 5. unv. Aufl. Darmstadt 2005
Schimmelpfennig, B., Könige und Fürsten, Kaiser und Papst nach dem Wormser Konkordat, München 1996
Schmid, T., Der Bonifaz-Prozeß. Verfahren der Papstanklage in der Zeit Bonifaz' VIII. und Clemens' V., Köln 1989
Schneider, W. Chr., Heinrich II. als „Romanorum rex", in: QFIAB 67, 1987, S. 421–446
Schneidmüller, B., Konsensuale Herrschaft. Ein Essay über Formen und Konzepte politischer Ordnung im Mittelalter, in: Reich, Regionen und Europa in Mittelalter und Neuzeit, Berlin 2000, S. 53–87
Schneidmüller, B. (Hg.), Ordnungskonfigurationen im hohen Mittelalter, Ostfildern 2006
Schneidmüller, B. – Weinfurter, St. (Hg.), Salisches Kaisertum und neues Europa. Die Zeit Heinrichs IV. und Heinrichs V., Darmstadt 2007
Schramm, P. E., Kaiser, Könige und Päpste, ges. Aufsätze zur Geschichte des Mittelalters, Bd. I–IV, Stuttgart 1968–1971
Schramm, P. E., Sacerdotium und regnum im Austausch ihrer Vorrechte, in: Studi Gregoriani 2, 1947, S. 403–457
Schwaiger, G., Das Papsttum im Spätmittelalter und in der Renaissance (1294–1534) (Geschichte der Päpste 4), München 1957
Seegrün, W., Kirche, Papst und Kaiser nach den Anschauungen Kaiser Friedrichs II., in: HZ 207, 1968, S. 4–41
Seibt, F., Karl IV. Ein Kaiser in Europa 1346 bis 1378, München 1978

Somerville, R., Papacy, Councils and Canon Law in the 11th–12th Centuries, London 1990
Stauferreich im Wandel. Ordnungsvorstellungen und Politik in der Zeit Friedrich Barbarossas, hg. v. St. Weinfurter, Stuttgart 2002
Stickler, A. M., Imperator vicarius Papae. Die Lehren der französisch-deutschen Dekretistenschule des 12. und beginnenden 13. Jahrhunderts über die Beziehungen zwischen Papst und Kaiser, in: MIÖG 62, 1954, S. 165–212
Struve, T., Die Stellung des Königtums in der politischen Theorie der Salierzeit, in: Die Salier und das Reich, Bd. III: Gesellschaftlicher und ideengeschichtlicher Wandel im Reich der Staufer, hg. v. Stefan Weinfurter, Sigmaringen 1991, S. 217–244
Struve, T., Kaisertum und Romgedanke in salischer Zeit, in: DA 44, 1988, S. 424–454
Studt, B., Papst Martin V. (1417–1431) und die Kirchenreform in Deutschland, Köln 2004
Stürner, W., Peccatum und Potestas. Der Sündenfall und die Entstehung der herrscherlichen Gewalt im mittelalterlichen Staatsdenken, Sigmaringen 1987
Stürner, W., Rerum necessitas und divina provisio. Zur Interpretation des Prooemiums der Konstitutionen von Melfi (1231), in: DA 39, 1983, S. 467–554
Stürner, W., Friedrich II., 2 Bde., Darmstadt 1992/2000
Tellenbach, G., Die westliche Kirche vom 10. bis 12. Jahrhundert, Göttingen 1988
Tellenbach, G., Libertas. Kirche und Weltordnung im Zeitalter des Investiturstreites, Stuttgart 1936 (ND 1996)
Tewes, G.-R., Die römische Kurie und die europäischen Länder am Vorabend der Reformation, Tübingen 2001
Thomas, H., Ludwig der Bayer. Kaiser und Ketzer, Regensburg 1993
Ullmann, W., The Growth of Papal Gouvernment in the Middle Ages, 1955, neubearb. u. übersetzt: Die Machtstellung des Papsttums im Mittelalter. Idee und Geschichte, 1960
Unverhau, D., Approbatio-Reprobatio. Studien zum päpstlichen Mitspracherecht bei Kaiserkrönungen und Königswahl vom Investiturstreit bis zum ersten Prozeß Johanns XXII. gegen Ludwig IV., Lübeck 1973
Von sacerdotium und regnum. Geistliche und weltliche Gewalt im frühen und hohen Mittelalter, FS für Egon Boshof, hg. v. F.-R. Erkens – H. Wolff, Köln 2002
Walther, H. G., Imperiales Königtum, Konziliarismus und Volkssouveränität. Studien zu den Grenzen des mittelalterlichen Souveränitätsgedankens, München 1976
Weinfurter, St., Canossa. Die Entzauberung der Welt, München 2006
Weinfurter, St., Das Jahrhundert der Salier. Kaiser oder Papst?, Ostfildern 2004
Weinfurter, St., Gelebte Ordnung – gedachte Ordnung. Ausgewählte Beiträge zu König, Kirche und Reich, Ostfildern 2005
Weinfurter, St., Heinrich II. (1002–1024). Herrscher am Ende der Zeiten, Regensburg 2002
Weinfurter, St., Sakralkönigtum und Herrschaftsbegründung um die Jahrtausendwende. Die Kaiser Otto III. und Heinrich II. in ihren Bildern, Freiburg i. B. 1995
Weinfurter St. (Hg.), Stauferreich im Wandel. Ordnungsvorstellungen und Politik zur Zeit Friedrich Barbarossas, Stuttgart 2002
Wolf, G. (Hg.), Stupor mundi. Zur Geschichte Kaiser Friedrichs II. von Hohenstaufen (Wege der Forschung 101), 2. Aufl. 1982
Wucher, A., Die Päpste. Ihre Geschichte von den Anfängen bis zur Gegenwart, Freiburg–Basel–-Wien 2000
Zimmermann, H., Papstabsetzungen des Mittelalters, Graz–Wien–Köln 1968

Register

Sachbegriffe werden nur selektiv aufgenommen. Belegstellen für Rom, Italien, Deutschland, Papst, König, Kaiser wurden wegen ihrer Häufigkeit nicht aufgenommen